Regensburger Beiträge zum Staats- und Verwaltungsrecht

Herausgegeben von Gerrit Manssen

Band 16

PETER LANG
Frankfurt am Main · Berlin · Bern · Bruxelles · New York · Oxford · Wien

Initiativermittlungen im Bereich der Organisierten Kriminalität

Ines Jahnes

Initiativermittlungen im Bereich der Organisierten Kriminalität

PETER LANG
Internationaler Verlag der Wissenschaften

Bibliografische Information der Deutschen Nationalbibliothek
Die Deutsche Nationalbibliothek verzeichnet diese Publikation in der Deutschen Nationalbibliografie; detaillierte bibliografische Daten sind im Internet über http://dnb.d-nb.de abrufbar.

Zugl.: Regensburg, Univ., Diss., 2010

Gedruckt auf alterungsbeständigem,
säurefreiem Papier.

D 355
ISSN 1860-319X
ISBN 978-3-631-61007-7

www.peterlang.de

Vorwort

Die vorliegende Abhandlung wurde von der Juristischen Fakultät der Universität Regensburg als Dissertation angenommen.

Mein besonderer Dank gilt meinem Doktorvater Herrn Prof. Dr. Henning Ernst Müller, der die Durchführung dieser Arbeit ermöglicht hat und deren Entwicklung an entscheidenden Stellen mit konstruktiver Kritik gefördert hat.

Danken möchte ich auch Herrn Prof. Dr. Schmidbauer, welcher das Zweitgutachten in kürzester Zeit erstellt hat.

Die um Unterstützung gebetenen Polizeibehörden und Staatsanwaltschaften haben meine Anfragen trotz der sensiblen Thematik auf unbürokratische Weise behandelt. Ohne sie hätte diese Untersuchung nicht verwirklicht werden können. Deshalb danke ich auch ihnen.

Mein Dank gilt des weiteren den einzelnen Polizistinnen und Polizisten und den Staatsanwälten, die sich Zeit für mich nahmen und mich so freundlich an ihren Arbeitsplätzen empfingen. Die Offenheit, die sie meinem Vorhaben entgegenbrachten, war für mich persönlich eine überraschende und sehr erfreuliche Erfahrung. Die Gespräche haben mir auf eindrucksvolle Weise gezeigt, wie engagiert sie alle ihren Auftrag einer Bekämpfung der Organisierten Kriminalität verfolgen.

Abschließend möchte ich meinen Eltern danken, die mir das Studium ermöglicht haben.

Mein besonderer Dank gilt meiner Schwester Dr. Karen Esther Jacobi für ihre wertvolle und unverzichtbare Unterstützung. Sie hat die Arbeit unzählige Male Korrektur gelesen.
Nicht zuletzt durch ihre stetige Motivation hat sie einen wesentlichen Beitrag geleistet, weswegen ich ihr diese Arbeit widmen möchte.

Inhaltsübersicht

Inhaltsverzeichnis

Anhang:

Abkürzungsverzeichnis

AR	Allgemeine Rechtssache
ASOG Bln	Allgemeines Gesetz zum Schutz der öffentlichen Sicherheit und Ordnung in Berlin (Allgemeines Sicherheits- und Ordnungsgesetz – ASOG Bln)
ASTOK	Analyse- und Auswertestelle Organisierte Kriminalität
BayPAG	Gesetz über die Aufgaben und Befugnisse der Bayerischen Staatlichen Polizei (Polizeiaufgabengesetz – PAG)
BbgPolG	Gesetz über die Aufgaben, Befugnisse, Organisation und Zuständigkeit der Polizei im Land Brandenburg (Brandenburgisches Polizeigesetz – BbgPolG)
BGH	Bundesgerichtshof
BKA	Bundeskriminalamt
BremPolG	Bremisches Polizeigesetz
CR	Computer und Recht
DRiZ	Deutsche Richterzeitung
DuD	Datenschutz und Datensicherheit
GPS	Global Positioning System
GSM	Global System Mobil Communication
HbgGDVP	Hamburgisches Gesetz über die Datenverarbeitung der Polizei
HSOG	Hessisches Sicherheits- und Ordnungsgesetz
IMEI	International Mobile Equipment Identity

IMSI	International Mobile Subsciber Identity
JuS	Juristische Schulung
LKA/LKÄ	Landeskriminalamt/Landeskriminalämter
LVwGSH	Allgemeines Verwaltungsgesetz für das Land Schleswig-Holstein (Landesverwaltungsgesetz - LVwG)
MAC	Media Access Control
ME	Musterentwurf
Nds.SOG	Niedersächsisches Gesetz über die öffentliche Sicherheit und Ordnung
NoeP	Nicht offen ermittelnder Polizeibeamter
NStZ	Neue Zeitschrift für Strafrecht
OK	Organisierte Kriminalität
OrgKG	Gesetz zur Bekämpfung des illegalen Rauschgifthandels und anderer Erscheinungsformen der organisierten Kriminalität
PKS	Polizeiliche Kriminalstatistik
PolG BW	Polizeigesetz Baden-Württemberg
PolG NRW	Polizeigesetz Nordrhein-Westfalen
PP	Polizeipräsidium
RhPfPOG	Polizei und Ordnungsbehördengesetz –POG- (Rheinland-Pfalz)
RiStBV	Richtlinien für das Straf- und Bußgeldverfahren
RDV	Recht der Datenverarbeitung
SächsPolG	Polizeigesetz des Freistaates Sachsen (SächsPolG)

SIM	Subscriber Identity Module
SOG LSA	Gesetz über die öffentliche Sicherheit und Ordnung des Landes Sachsen-Anhalt
SOG M-V	Gesetz über die öffentliche Sicherheit und Ordnung in Mecklenburg-Vorpommern (Sicherheits- und Ordnungsgesetz – SOG M-V)
SOKO	Sonderkommission
SPolG	Saarländisches Polizeigesetz (SPolG)
StA	Staatsanwaltschaft
StGB	Strafgesetzbuch
StPO	Strafprozessordnung
StV	Strafverteidiger
ThürPAG	Thüringer Gesetz über die Aufgaben und Befugnisse der Polizei (Polizeiaufgabengesetz- PAG)
TKÜ	Telekommunikationsüberwachung
TÜ	Telefonüberwachung
VE	Verdeckte(r) Ermittler
VP	Vertrauensperson(en)
VS	Verschlusssache
W-LAN	Wireless Local Area Network
ZOK	Zentrale Stelle Organisierte Kriminalität und Korruption

Einleitung

Meist sind es Überschriften wie „Der Polizei gelingt ein Schlag gegen das organisierte Verbrechen“, die uns die Existenz eines Kriminalitätsbereiches ins Gedächtnis rufen, der seit den Ereignissen des 11. September 2001 nicht nur in den Medien hinter dem Staatsschutz beziehungsweise der Terrorismusbekämpfung zurückgetreten ist.
Denn während der Terrorismus gerade über seine Außenwirkung „funktioniert“, indem Gewaltakte Angst und Schrecken bei der Allgemeinheit verbreiten sollen und so Zeugnis für dessen Existenz und Omnipräsenz abgeben, findet Organisierte Kriminalität[1] in der Regel nur im Verborgenen statt. Kriminalitätsbereiche wie die Betäubungsmittelkriminalität oder die Wirtschaftskriminalität sind zwar sozialschädlich, aber es gibt häufig keine direkten Opfer. Entsprechend tendiert das Anzeigeverhalten gegen Null. In anderen Bereichen der Organisierten Kriminalität, wie beispielsweise in den Bereichen Menschenhandel und Prostitution, kommt es bei den Opfern aus Angst vor Repressalien nicht zu einer Anzeigenerstattung.
Es handelt sich um Kontrolldelikte, auch „Holkriminalität“ genannt, um Straftaten, die erst geholt, also zur Kenntnis gebracht werden müssen durch Aufklärungs- oder Streifentätigkeit. Die Strafverfolgungsbehörden beschaffen initiativ Informationen, die Grundlage strafrechtlicher Ermittlungen und wirksamer Strafverfolgung sein können.

Hintergründe, Phänomene und Entwicklungen der Organisierten Kriminalität (OK) liegen oft im Dunkelfeld der Öffentlichkeit und häufig auch der polizeilichen Wahrnehmung.
Wer die derzeitige Berichterstattung in den Medien verfolgt, bekommt daher schnell den Eindruck, die Bekämpfung des Terrorismus habe alle weiteren Phänomene aus dem Fokus des Interesses der mit der Inneren Sicherheit befassten Stellen verdrängt.
Die Bekämpfung der Organisierten Kriminalität gehört aber immer noch zu den Schwerpunktaufgaben des Bundesinnenministeriums, wie das aktuelle Bundeslagebild „Organisierte Kriminalität 2007“[2] belegt. Danach waren im Jahr 2007 insgesamt 602 Ermittlungsverfahren anhängig, die im Zusammenhang mit der Organisierten Kriminalität standen und es wurde gegen 10356 Tatverdächtige ermittelt.

---

1 Im Folgenden wird für „Organisierte Kriminalität“ die in der Literatur verbreitete Großschreibung verwandt, die zum Ausdruck bringen soll, dass es sich um ein selbständiges Phänomen, eine neue Qualität von Kriminalität handelt.

2 Bundeskriminalamt: >http://www.bka.de/lageberichte/ok/2007kf/lagebild_ok_2007_kurzlage.pdf< abgerufen am 31.12.2008.

Initiatives oder proaktives Tätigwerden der Strafverfolgungsbehörden, also Initiativermittlungen bei der Bekämpfung der Organisierten Kriminalität, stehen im Zentrum der Untersuchung, die klären soll, auf welche Weise etwas bekämpft werden kann und wird, über das kaum mehr als dessen Existenz bekannt ist.
Der Mythos des Verborgenen, der der Organisierten Kriminalität anhaftet, hat das Interesse daran geweckt, der Frage nachzugehen, wie die Arbeit von Polizei und Staatsanwaltschaft beginnend mit der Verdachtsschöpfung bis hin zur Einleitung des Ermittlungsverfahrens faktisch aussieht.

Zunächst werden Inhalt und Bedeutung von Initiativermittlungen herausgearbeitet und die Begrifflichkeit wird abgegrenzt. Diese Abgrenzung soll vor allem einen möglichst genau definierten zeitlichen Rahmen der Phase liefern, in der ein Tätigwerden der Strafverfolgungsbehörden mit „Initiativermittlungen" gerechtfertigt werden kann.
Vorfeldtätigkeiten können nur mit Blick auf ihre Rechtsgrundlagen bewertet werden.
Zur Bekämpfung der Organisierten Kriminalität wurden in der Vergangenheit die in den Ländergesetzen geregelten Befugnisse der Polizei erheblich erweitert. Der tatsächliche Einsatz dieser Instrumente bei Initiativermittlungen im Bereich der Bekämpfung der Organisierten Kriminalität soll daher ebenso erforscht werden, wie die Verarbeitung der auf diese Weise gewonnenen Daten und deren Austausch innerhalb der Strafverfolgungsbehörden.

Die Untersuchung wird zeigen, ob die Rechtsgrundlagen für Initiativermittlungen in der Form, wie sie derzeit existieren, ausreichend sind. Gesetzliche Grundlagen, welche die Aufgaben und Befugnisse der Staatsanwaltschaft bei Initiativermittlungen regeln, gibt es bislang nicht.
Am Ende der Arbeit wird aufgrund der gewonnenen empirischen Erkenntnisse deutlich werden, ob die mit „Initiativermittlungen" umschriebene Phase strafverfolgungsbehördlicher Tätigkeit für justitielle Belange eine rechtliche „Grauzone" geblieben ist.

Im ersten Teil der Arbeit (Abschnitt A) wird der Untersuchungsgegenstand herausgearbeitet.
Hierzu muss zunächst eine Abgrenzung der verschiedenen Begrifflichkeiten vorgenommen werden, die in Literatur und Praxis neben der Bezeichnung „Initiativermittlungen" verwandt werden. Nur wenn der Gegenstand der Untersuchung genau festgelegt ist, können die Rechtsgrundlagen für ein Tätigwerden der Strafverfolgungsbehörden bestimmt werden und als Maßstab dienen.

Eine exakte Abgrenzung ist auch notwendig, weil die Frage der Zuordnung zum Strafverfahrensrecht oder zum Gefahrenabwehrrecht mitunter Auswirkung auf das Verhältnis Polizei-Staatsanwaltschaft hat, das Teil der Untersuchung ist.

Im Anschluss hieran werden die Rechtsgrundlagen von Initiativermittlungen aufgezeigt und es wird ein Überblick über die wichtigsten operativen Maßnahmen der Informationsgewinnung gegeben, die im Vorfeld von Ermittlungsverfahren zur Verfügung stehen (Abschnitt B). Dabei soll eine Auswertung der Ländergesetze zeigen, in welch unterschiedlicher Ausgestaltung und Umfang die besonderen Ermittlungsmaßnahmen zur vorbeugenden Bekämpfung von Straftaten Einzug in die Polizeigesetze gehalten haben.

Nachdem der Bereich für Initiativermittlungen festgelegt worden ist und die Rechtsgrundlagen erarbeitet worden sind, folgt der empirische Teil der Untersuchung.
Im Anschluss an einen kurzen Überblick über die bisherige Forschung, wird der verbleibende Forschungsbedarf eruiert (Abschnitt C).

Im Abschnitt D werden zunächst die Ziele der eigenen Untersuchung bestimmt. Nachdem das Experteninterview als Erhebungsmethode festgelegt ist, folgen Ausführungen zur Auswahl der befragten Personen sowie zur praktischen Durchführung der Interviews.

Die Darstellung der aus den Experteninterviews gewonnenen Erkenntnisse im Abschnitt E beginnt mit einer Beschreibung des Verlaufes von Initiativermittlungen ausgehend von der Verdachtsschöpfung bis zur Einleitung des Ermittlungsverfahrens. Danach werden in einzelnen Abschnitten die gesammelten Erkenntnisse zu den in der untersuchten Phase eingesetzten Instrumenten, zur Datenverarbeitung, zu Organisation und Zusammenarbeit sowie zu den Rahmenbedingungen dargestellt. In einem weiteren Abschnitt wird die Nachbereitung von OK-Verfahren dahingehend untersucht, ob sich auf diese Weise neue Erkenntnisse zur Generierung von Verfahren gewinnen lassen.

Abschließend werden im Abschnitt F die wesentlichen Ergebnisse zusammengefasst und entsprechende Schlussfolgerungen abgeleitet.

A. Gegenstand der Untersuchung

I. Fragestellung und Ziel der Untersuchung

„OK ist erst dann „gute OK“, wenn sie nicht zu erkennen ist“[3].
Diese häufige Aussage trifft den Kern der Problematik, um die es in dieser Arbeit geht.
Traditionelle Ermittlungsmethoden alleine sind aufgrund veränderter Kriminalitätsphänomene nicht mehr ausreichend.
Die Frage danach, ob überhaupt etwas untersucht werden kann, dessen Existenz zwar anerkannt, dessen Hintergründe, Phänomene und Entwicklungen jedoch oft im Dunkelfeld der öffentlichen und häufig auch der polizeilichen Wahrnehmung liegen[4], erscheint mir mehr als berechtigt.
Meist handelt es sich zudem um Bereiche, in denen keine Anzeigen erstattet werden, weil es entweder keine Geschädigten gibt (Rauschgifthandel, Wirtschaftskriminalität) oder Personen, die zur Anzeige bereit wären, mit Gewalt oder mit Drohungen daran gehindert werden (Schutzgelderpressung, organisierte Prostitution, organisierter Menschenhandel).
Erste Voraussetzung für eine erfolgreiche Straftatenaufklärung ist und insofern hat sich nichts verändert eine ausreichende Verfügbarkeit von Informationen an richtiger Stelle zur richtigen Zeit[5]. Was aber heißt zur richtigen Zeit? Wo darf Vorfeldarbeit ansetzen?

II. Begrifflichkeiten

Da mit dieser Untersuchung die Tätigkeiten im Vorfeld des Ermittlungsverfahrens nachvollzogen werden sollen, kann dies nur geschehen, wenn der zu untersuchende Bereich exakt festgelegt und die „Initiativermittlungen“ zu anderen Erscheinungsformen der Ermittlungen abgegrenzt werden können. Eine saubere Differenzierung der Begrifflichkeiten erfolgt in der Literatur nicht immer. Da eine empirische Untersuchung jedoch nicht ohne Begriffsbestimmung erfolgen kann, gilt es zuerst, die durchaus vorhandenen unterschiedlichen Nuancen der teilweise synonym verwandten Begriffe herauszuarbeiten. Diese sind
- Vorfeldermittlungen[6];

3 Wagner/Boberg/Beckmann, Kriminalistik 2005, 85(85).
4 Vgl. Wagner/Boberg/Beckmann, Kriminalistik 2005, 85(85).
5 Vgl. Soiné, Kriminalistik 1997, 252(252).
6 Jäger, Kriminalistik 1995, 189(189); Ratzel/Brisach/Soiné, Kriminalistik 2001,530(533).

- Vorfeldaufklärung[7];
- Vorbeugende Bekämpfung von Straftaten[8];
- Initiativermittlungen[9];
- Vorbereitung des späteren Ermittlungsverfahrens[10];
- Kontrolle im Vorfeld[11];
- proaktive Polizei[12];
- Vorermittlungen[13];
- offensive Erkenntnisgewinnung;
- Verdachtsschöpfung;
- Strukturermittlungen[14];
- strategische Kriminalitätsanalyse;
- Intelligence-Arbeit[15];
- OK-Analyse;
- proaktive Strategien[16];
- proaktive Ermittlungstätigkeit[17];
- täterbezogener Ansatz[18];
-antizipierte Strafverfolgung[19].

Bislang hat sich keine einheitliche Begrifflichkeit herausgebildet, noch besteht Klarheit, was genau mit den einzelnen Termini bezeichnet werden soll.
Gemeinsam ist den unter diese Begriffe fallenden Formen polizeilichen Tätigwerdens, dass sie (mit Ausnahme der Strukturermittlungen für die das nicht zwingend ist, wie noch herausgearbeitet werden wird) bereits im Vorfeld des präventiv-polizeilichen Gefahrenverdachts sowie des strafprozessualen Tatverdachts ansetzen[20].
Der Begriff der Vorfeldtätigkeiten gewinnt im Polizeirecht seinen Gehalt aus der rein negativen Abgrenzung gegen die „klassischen" tätigkeitsauslösenden Kriterien der Gefahr und des Verdachts[21].

---

7 Jäger, Kriminalistik 1995, 189(189).
8 § 20 Abs. 3 PolG BW.
9 RiStBV, Anlage E, Nr. 6, abgedruckt in: Meyer-Goßner, S. 2047.
10 Jäger, Kriminalistik 1995, 189(189).
11 Jäger, Kriminalistik 1995, 189(189).
12 Weßlau, Vorfeldermittlungen, S. 25.
13 Meyer-Goßner § 152 Rn 4a; Lange, DRiZ 2002, 264(264); Soiné, Kriminalistik 1997, 252(252).
14 Soiné, Kriminalistik 1997, 252(252).
15 Ratzel/Brisach/Soiné, Kriminalistik 2001, 530(533).
16 Soiné, Kriminalistik 1997, 252(252); Brisach, Kriminalistik 1997, 247(247).
17 Kammann, Anfangsverdacht, S. 149.
18 Soiné, Kriminalistik 1997, 252(253).
19 Rudolph, Antizipierte Strafverfolgung, S. 6.
20 Vgl. Albers, Determination polizeilicher Tätigkeit, S. 111.
21 Albers, Determination polizeilicher Tätigkeit, S. 111.

Ausgangspunkt für die Bestimmung dieses Stadiums sind also die Fixpunkte „Anfangsverdacht" und „konkrete Gefahr".

Dabei ist eine „Gefahr" gegeben, wenn ein Zustand nach verständiger, auf allgemeiner Lebenserfahrung beruhender Beurteilung in näherer Zeit, bei ungehindertem Ablauf des objektiv zu erwartenden Geschehens mit hinreichender Wahrscheinlichkeit den Eintritt eines Schadens für die öffentliche Sicherheit oder Ordnung erwarten lässt[22]. Eine konkrete Gefahr ist eine nur im Einzelfall bestehende Gefahr[23].

Die für den „Anfangsverdacht" maßgebliche Norm des § 152 Abs. 2 StPO, beziehungsweise das enthaltene Legalitätsprinzip, verpflichtet die Staatsanwaltschaft, wegen aller verfolgbaren Straftaten einzuschreiten, sofern zureichende tatsächliche Anhaltspunkte vorliegen.
Die Worte „zureichende tatsächliche Anhaltspunkte" beschreiben den sogenannten Anfangsverdacht, der nach kriminalistischer Erfahrung das Vorliegen einer verfolgbaren Straftat als möglich erscheinen lassen muss. Während dazu auch entfernte Indizien genügen, reichen bloße Vermutungen nicht aus[24]. Eine gewisse, wenn auch noch geringe Wahrscheinlichkeit genügt, wenn sie über die allgemeine theoretische Möglichkeit des Vorliegens von Straftaten hinausgeht[25]. Dabei handelt es sich nicht um eine Ermessensentscheidung[26]. Staatsanwaltschaft und Polizei ist jedoch bei der Ausfüllung des unbestimmten Rechtsbegriffs ein beträchtlicher Beurteilungsspielraum eingeräumt[27].
§ 152 Abs. 2 StPO kommt aber auch eine Schutzfunktion zu, indem vor der Schwelle des Anfangsverdachts niemand mit strafprozessualen Ermittlungen überzogen werden darf und keine strafprozessualen Ermittlungsinstrumente eingesetzt werden dürfen.

Dies vorausgeschickt sind folgende Stadien von Ermittlungen zu unterscheiden:

1. Vorermittlungen

Wird die Staatsanwaltschaft tätig, um zu klären, ob aufgrund vorliegender tatsächlicher Anhaltspunkte die Einleitung eines Ermittlungsverfahrens veranlasst

---

22 Gusy, Polizeirecht, S. 52; Schenke, Polizeirecht, S. 36 f.
23 Götz, Lehrbuch, S. 58; Staats, DÖV 1979, 155(158); Schenke, Polizeirecht, S. 37.
24 BGH NStZ 1994, 499(500); Meyer-Goßner § 152 Rn 4.
25 Löwe-Rosenberg(Beulke) § 152 Rn 23.
26 Löwe-Rosenberg(Beulke) § 152 Rn 28.
27 Löwe-Rosenberg(Beulke) § 152 Rn 28.

ist, so ist von Vorermittlungen die Rede[28]. Gemeint ist die Phase, in der sich die Frage, ob zureichende tatsächliche Anhaltspunkte vorliegen, trotz „gewisser" Hinweise noch nicht abschließend beantworten lässt, also noch nicht sicher ist, ob die Schwelle zum Anfangsverdacht bereits überschritten ist. Das sind die Fälle, in denen die Polizei ihr bekannt gewordene Umstände ohne weitere Maßnahmen der Staatsanwaltschaft zur Entscheidung über das weitere Vorgehen übermittelt oder in denen die Staatsanwaltschaft lediglich behördenintern die ihr bekannten Verdachtsgründe in rechtlicher und tatsächlicher Hinsicht daraufhin überprüft, ob sie überhaupt ein Einschreiten rechtfertigen[29]. Die Zulässigkeit solcher Vorermittlungen wird damit begründet, dass „die Pflicht des Staatsanwaltes zum Einschreiten, wenn zureichende tatsächliche Anhaltspunkte bestehen", eine „Pflicht zur Prüfung, ob zureichende tatsächliche Anhaltspunkte bestehen", impliziert[30]. Weder der Staatsanwaltschaft, noch der Polizei stehen die prozessualen Möglichkeiten der StPO zur Verfügung, weil es um ein Handeln in der unmittelbaren Vorstufe der zureichenden tatsächlichen Anhaltspunkte geht[31]. Insofern wird das dem Ermittlungsverfahren regelmäßig vorangehende Vorermittlungsverfahren nicht als Teil des Ermittlungsverfahrens, sondern als ein dem Strafverfahren zuzuordnender selbständiger Verfahrensabschnitt beurteilt[32]. In diesem werden der Polizei gewisse Vorermittlungen auch ohne Anfangsverdacht zugestanden, die unter anderem als informatorische Ermittlungen, Vorermittlungen, das heißt formlose informatorische Befragungen und Einholen von Auskünften, Vorklärungen von Sachverhalten oder Sondierungsverfahren[33] bezeichnet werden[34]. Da in erster Linie durch informatorische Befragung festgestellt werden soll, ob ein Anfangsverdacht gegeben ist, bezeichnet *Geppert* diese Phase auch als „Informationsverfahren"[35]. Bei solchen informatorischen Befragungen werden die Strafverfolgungsorgane zu ihrer Orientierung aktiv und nicht, weil sie bereits eine bestimmte Tatbegehung für möglich halten[36]. Der Staatsanwalt kann sich in dieser Phase durch Einholung behördlicher Auskünfte, Einsichtnahme in Akten und ähnliche interne Ermittlungsmaßnahmen (unter In-

---

28 Haas, Vorermittlungen, S. 11 m.w.N.

29 Artzt, Vorfeldermittlungen, S. 12.

30 Lange, DRiZ 2002, 264(265); Auf eine Darstellung des Meinungsstreites zur Zulässigkeit von Vorermittlungen wird verzichtet, da die Vorermittlungen nicht Gegenstand dieser Arbeit sind und es vorliegend allein um die Abgrenzung der Vorermittlungen zu den Vorfeldermittlungen geht. Vgl. zum Meinungsstand die ausführliche Streitdarstellung bei Lange, DRiZ 2002, 264(265) mit umfangreichen Quellenangaben.

31 Vgl. dazu Kühne, Strafprozessrecht, S. 196.

32 Lange, DRiZ 2002, 264(266).

33 Marxen, Straftatsystem und Strafprozess, S. 185.

34 Soiné, Kriminalistik 1997, 252(253).

35 Geppert, FS Oehler, S. 324.

36 Artzt, Vorfeldermittlungen, S. 15 f.

anspruchnahme staatlicher Dienststellen) eine Entscheidungsgrundlage verschaffen[37]. Zwangsmaßnahmen setzen aber einen Anfangsverdacht voraus, der die starke Gewichtung staatlichen Vorgehens begründet[38]. Maßnahmen mit Zwangs- und Eingriffscharakter dürfen schon mangels gesetzlicher Regelung in dieser Phase keinesfalls vorgenommen werden[39].
Von den Vorermittlungen sind „Vorfeldermittlungen" und „Initiativermittlungen" zu unterscheiden. Teilweise werden die Begrifflichkeiten in der Literatur synonym verwandt[40].

2. Vorfeldermittlungen

Im Gegensatz zu Vorermittlungen dienen Vorfeldermittlungen erst dazu, solche Anhaltspunkte, wie sie bei den Vorermittlungen bereits vorliegen, zu gewinnen[41]. Damit ist diese Phase zeitlich vor den Vorermittlungen anzusiedeln.
Auch der Anknüpfungspunkt ist ein anderer. Während die Verdachtsermittlung im Vorermittlungsverfahren an eine bereits begangene mögliche Straftat anknüpft, setzen die Vorfeldermittlungen dort an, wo weder eine konkrete Straftat noch eine konkrete Gefahr gegeben sind[42].
Vorfeldermittlungen sollen verbrecherische Organisationen aufspüren und deren Struktur zerstören[43].
Nach *Weßlau*[44] handelt es sich somit bei Vorfeldermittlungen um die Zusammenfassung „operativer Maßnahmen der Informationsgewinnung, die weder eine bestimmte, bereits begangene Straftat, die es aufzuklären gilt, noch eine konkrete Gefahr, die abzuwehren ist, zur Voraussetzung haben". Vielmehr dienen sie der „vorbeugenden Bekämpfung von Straftaten"[45].
Vorfeldtätigkeiten sind vor allem bei der Bekämpfung der Organisierten Kriminalität von wesentlicher Bedeutung. Hieran lassen sich daher auch ihre Ziele anschaulich machen. Im Bereich der Organisierten Kriminalität kommt es „ganz wesentlich nicht darauf an, eine oder einige bestimmte Taten beweiskräftig festzustellen und zur Aburteilung zu bringen (repressives Ziel) noch einige weitere Straftaten zu verhindern (präventives Ziel), sondern darauf, dass eine kriminelle

37 Lange, DRiZ 2002, 264(270).
38 Löwe-Rosenberg(Beulke) § 152 Rn 34.
39 Lange, DRiZ 2002, 264(270).
40 Jäger, Kriminalistik 1995, 189(190) setzt „Vorfeldermittlungen" und „Vorermittlungen" gleich; Wolter, ZStW 107, 793(824) verwendet „Vorermittlungen" und „Initiativermittlungen" als synonyme Begriffe; so auch Artzt, Vorfeldermittlungen, S. 12.
41 Meyer-Goßner § 152 Rn 4a.
42 Lange, Vorermittlungen, S. 23 f.
43 Kammann, Anfangsverdacht, S. 149 f.
44 Weßlau, Vorfeldermittlungen, S. 27.
45 Kammann, Anfangsverdacht, S. 149.

Organisation oder Bande umfassend in ihrer Aktivität zum Erlöschen gebracht werden kann (operatives Ziel)“[46].

3. Initiativermittlungen

Vorfeldtätigkeiten sind eng mit Initiativermittlungen verbunden. Nach der Definition in Nr. 6.1 der Anlage E der RiStBV liegen „Initiativermittlungen“ vor, wenn Staatsanwaltschaft und Polizei zur Aufklärung und wirksamen Verfolgung der Organisierten Kriminalität „von sich aus im Rahmen ihrer gesetzlichen Befugnisse Informationen gewinnen oder bereits erhobene Informationen zusammenführen, um Ansätze zu weiteren Ermittlungen zu erhalten“.
„Alle Arten von Initiativermittlungen im Bereich der OK haben grundsätzlich eine repressive Zielrichtung. Hier ist das Erkennen latent vorhandener krimineller Strukturen erforderlich, um den strafrechtlich aktiven Mitgliedern bisher unbekannt gebliebene oder ihnen nicht zuzuordnende Straftaten nachzuweisen“[47].
Initiativermittlungen oder – umfassender- proaktives Handeln umschreibt die Loslösung von dem reaktiven Handlungsmuster, bei dem die Polizei auf ein in ihrer Umwelt stattfindendes, polizeirelevantes Geschehen reagiert[48]. Das polizeiliche Tätigwerden erfolgt wir bei den Vorfeldermittlungen ohne Vorliegen einer konkreten Gefahr oder eines Straftatverdachtes. Der Begriff der Initiativermittlungen hat aber einen anderen Akzent, weil er die Initiative der Polizei herausstellt und impliziert, dass ermittlungsauslösende Gesichtspunkte der Polizei nicht fremdbestimmt vorgegeben werden[49]. Die Polizei soll ihr Handeln an kriminalstrategischen Überlegungen ausrichten dürfen[50].

4. Strukturermittlungen

Der Begriff „Strukturermittlungen“ hat ausschließlich kriminalistische Bedeutung. Der Gegenstand beziehungsweise das Ziel solcher Ermittlungen ist auf die Aufklärung von Strukturen und – wo diese erkennbar sind – auf deren Zerschlagung ausgerichtet. Die AG Kripo umschreibt den Begriffsinhalt wie folgt: „Die Ermittlungen gehen über die Aufklärung von Einzeldelikten hinaus und umfassen insbesondere Aufklärungsmaßnahmen zur Organisation, zu den Hintermännern, zu den Tatplanungen und –vorbereitungen, zur Beuteverwertung und er-

---

46 Stümper, Kriminalistik 1975, 49(50).
47 BOK, Abschlussbericht der Bund-Länder-Projektgruppe „Struktur- und Initiativermittlungen“, 30.01.2002- unveröffentlicht-.
48 Albers, Determination polizeilicher Tätigkeit, S. 112.
49 Albers, Determination polizeilicher Tätigkeit, S. 112.
50 Albers, Determination polizeilicher Tätigkeit, S. 112.

folgen gezielt täterorientiert“[51]. „Zur vollständigen inhaltlichen Beschreibung des Begriffs „Strukturermittlungen“ bezogen auf Organisierte Kriminalität ist eine Ergänzung der täterorientierten Ermittlungen um organisationsbezogene Aspekte ebenso notwendig wie die Einbeziehung weiterer Analysefelder“[52]. Da der Begriff „Strukturermittlungen“ folglich nur das Ziel, nämlich die Aufhellung von Strukturen umschreibt, sind solche Ermittlungen vom Zeitpunkt des Anfangsverdachtes losgelöst. Strukturermittlungen richten sich bei bereits vorliegendem Anfangsverdacht nach den Bestimmungen der StPO, ansonsten nach den Regelungen der Polizeigesetze.

5. Proaktive Strategien

Der Begriff „Proaktive Strategien“ wird ebenfalls verwandt um auszudrücken, dass es nicht um die Reaktion der Polizei auf ein polizeirelevantes Geschehen geht. „Proaktive Strategien“ zeichnen Verfahren aus, bei denen, meist auf sogenannte Intelligence-Projekte oder zentrale Auswertung aufbauend, vor Einleitung des Ermittlungsverfahrens Initiativermittlungen stattfinden[53]. Diese Initiativermittlungen beinhalten neben Vor- und Strukturermittlungen zur Organisation oder Person auch Kontakt- und Bewegungsbilder[54]. Sie weisen sich durch regelmäßiges Abschätzen der Möglichkeit einer Einleitung staatsanwaltlicher Ermittlungen aus[55].

„Proaktive Strategien“ sind alternative Strategien zur althergebrachten polizeilichen Erkenntnisgewinnung, die mit dem Gedanken entwickelt wurden, (kriminelle) Strukturen zu erkennen, bevor Straftaten offenkundig werden[56]. Auf diese Weise soll der Verfestigung krimineller Strukturen entgegengewirkt werden[57].

6. Intelligence-Arbeit

Auf der Grundlage von Erkenntnissen einer umfassenden (aktiven) Auswertung sämtlicher den Strafverfolgungsbehörden zur Verfügung stehenden Daten, sowie

51 AG-Kripo, Organisierte Kriminalität: Intensivierung der Bekämpfung der Eigentumskriminalität durch überörtlich agierende osteuropäische Straftäter, 134. Tagung, TOP 6.2., Mainz 1995 (2) – unveröffentlicht-.

52 Ratzel/Brisach/Soiné, Kriminalistik 2001, 530(534).

53 Soiné, Kriminalistik 1997, 252(252).

54 Soiné, Kriminalistik 1997, 252(252).

55 Soiné, Kriminalistik 1997, 252(252); Brisach, Kriminalistik 1997, 247(247); ähnlich Lersch, Kriminalistik 1995, 179(183); Sielaff in: Mayerhofer/Jehle, Organisierte Kriminalität, S. 151 f.

56 Brisach, Kriminalistik 1997, 247(247).

57 Brisach, Kriminalistik 1997, 247(247).

sonstiger von dritter Seite zur Verfügung gestellter Informationen, einschließlich solcher aus öffentlich zugänglichern Quellen, werden die strukturellen Gefahrenpotentiale herausgearbeitet. Hier setzen die „Intelligence"-Projekte an, in denen gezielt erkannte oder vermutete Brennpunkte der OK schwerpunktmäßig aufgearbeitet und schließlich in Ermittlungsverfahren umgesetzt werden[58].

III. Schwierigkeiten der Einhegung des Begriffs Vorfeldtätigkeiten

Da wie aufgezeigt der Begriff der Vorfeldtätigkeiten im Polizeirecht seinen Gehalt allein aus der negativen Abgrenzung gegen die „klassischen" tätigkeitsauslösenden Kriterien der Gefahr und des Verdachts gewinnt, bleiben die nicht zu dieser Seite hin gelegenen Grenzen des Vorfeldes ohne Kontur[59]. Wie weit aber darf das Vorfeld ausgedehnt werden? Ist es gar grenzenlos oder wie muss es begrenzt werden? Welche Voraussetzungen müssen für die Polizei bestehen, um überhaupt tätig zu werden? Soweit ersichtlich bleibt diese Frage in den bisherigen Untersuchungen zu Vorfeldermittlungen unbeantwortet. Gerade aber für die polizeiliche Tätigkeit, die vor der Schwelle des § 152 StPO beginnt, ist sie von besonderer Bedeutung, untersteht doch die Polizei hier de lege lata gerade nicht der Leitung der Staatsanwaltschaft. Soll die Polizei also nicht der Gefahr ausgesetzt werden, ihre Befugnisse zu überschreiten, müssen die Grenzen ihrer Tätigkeit genau festgelegt sein.
Das sollen die folgenden Beispiele verdeutlichen:

1. Fall: In der Großstadt G werden zunehmend Schlägereien vor Diskotheken registriert, in welche auch die dortigen „Türsteher" verwickelt sind. Zu schweren Verletzungen kommt es nicht. Strafanträge werden nicht gestellt. Nach Angaben aller Beteiligten handelt es sich um „harmlose Prügeleien aufgrund kleinerer Meinungsverschiedenheiten". Die Polizei stellt die Personalien der Beteiligten fest. An den Schlägereien sind immer wieder Personen beteiligt, die nach polizeilichen Erkenntnissen einer Gruppe angehören, die in der Vergangenheit im Bereich Schutzgelderpressung tätig war.

2. Fall: In einer westdeutschen Großstadt befindet sich ein Gebäude mit ausschließlich Gewerbeeinheiten. Angemietet sind die Flächen von osteuropäischen Firmen, die als GmbHs mit einem Grundkapital von 25.000 € eingetragen sind, jedoch überwiegend ohne erkennbare Aktivitäten sind. Die Beschäftigten osteuropäischer Herkunft haben alle gültige Papiere,

58 Ratzel/Brisach/Soiné, Kriminalistik 2001, 530(533).
59 Albers, Determination polizeilicher Tätigkeit, S. 111.

verfügen aber nicht über einschlägige Erfahrungen im Bereich Vertrieb, Verkauf, etc.

Ist die Schwelle des § 152 StPO jeweils überschritten oder nicht? Liegen Indizien vor, die nach kriminalistischer Erfahrung das Vorliegen einer verfolgbaren Straftat als möglich erscheinen lassen? Oder ist das gar noch weniger als eine Vermutung? Handelt es sich doch zumindest beim zweiten Fall um Verhaltensweisen, die als solches gar nicht strafbar sind.
Was aber darf die Polizei tun? Dürfen hier Initiativermittlungen ansetzen? Oder wird der Polizei damit gleichsam die Befugnis zu Ermittlungen „ins Blaue" hinein eingeräumt?
Es werden wohl auch dem nicht kriminalistisch geschulten Leser beim Lesen der Fallbeispiele Bedenken gekommen sein, ob „hier alles mit rechten Dingen zugeht". Dennoch ist der Polizei mit der „vorbeugenden Bekämpfung von Straftaten" kein Mittel an die Hand gegeben worden, das den Befugnissen der Nachrichtendienste gleichkommen soll. Daher muss auch deutlich werden, wie weit sich die Initiativermittlungen von Kategorien wie Gefahr und Verdacht entfernen dürfen.

Die Polizeigesetze enthalten keine Definition des Gefahrenvorfeldes.
Sie umschreiben diesen Bereich in unterschiedlicher Weise. Teilweise müssen *Tatsachen die Annahme rechtfertigen*[60], dass Straftaten von erheblicher Bedeutung begangen werden. In anderen Bundesländern genügen *tatsächliche Anhaltspunke*[61].
Außerdem sind teilweise Maßnahmen der Datenerhebung zulässig *zur Gefahrenabwehr, insbesondere zur vorbeugenden Bekämpfung von Straftaten*[62] oder *zur vorbeugenden Bekämpfung von Straftaten*[63].
Die Gesetzesbegründungen helfen in der Abgrenzungsfrage kaum weiter. So sind Aussagen wie „ausreichend seien bestimmte Indizien, die es nach polizeilicher Erfahrung möglich erscheinen lassen, dass eine Rechtsverletzung entsteht[64]" für eine Abgrenzung zu unspezifisch. Aus ihnen ergibt sich lediglich eine Herabsetzung der Anforderungen, die an den Grad der Eintrittswahrscheinlichkeit gestellt werden[65].

---

60 § 31 Abs. 2 Nr. 1 Nds.SOG; § 16 Abs. 1 S. 1 Nr. 2 PolG NRW; § 39 Abs. 1 Nr. 2 SächsPolG; § 17 Abs. 2 S. 1 SOG LSA.
61 § 20 Abs. 3 Nr. 1 PolG BW; § 13 Abs. 2 Nr. 1 HSOG; § 27 Abs. 3 Nr. 1 SOG M-V.
62 Art. 31 Abs. 1 Nr. 1 BayPAG; § 30 Abs. 1 Nr. 1 BbgPolG; 32 Abs. 1 Nr. 1 ThürPAG.
63 § 20 Abs. 3 PolG BW; § 16 Abs. 1 S. 1 Nr. 2 PolG NRW; § 26 Abs. 3 RhPfPOG; 26 Abs. 2 SPolG; § 39 Abs. 1 Nr. 3 SächsPolG.
64 Vgl. LT-Drs. HH 13/5422, S. 24; MBl. LSA Nr. 2/1994, S. 13; 13.1.1 VVHSOG.
65 Vgl. LT-Drs. MV 2/2468, S. 25.

Sofern durch die Gesetze der Bundesländer[66] Datenerhebungen zur vorbeugenden Bekämpfung von Straftaten zugelassen werden und damit Ermittlungen im Vorfeldbereich gestattet werden, ergibt sich aus den Vorschriften nicht, unter welchen tatsächlichen Gegebenheiten die Maßnahmen ergriffen werden dürfen. Eine verfassungskonforme Auslegung, nach der Erhebungen „ins Blaue hinein" nicht zulässig sein sollen und somit zumindest ein hinreichender Anlass gegeben sein muss[67], wirft die Folgefrage auf, wann denn ein solcher Anlass „hinreichend" ist. Unklar bleibt beispielsweise, ob das Vorgehen auch auf allgemeine kriminalistische Erfahrungssätze gestützt werden darf[68].

Sowohl die Auslegung der Gesetzesbegründungen zur Abgrenzung des Vorfelds von der Gefahr, als auch die der einschlägigen Bestimmungen selbst führen demnach nicht zu einer praxisgerechten Lösung. Die Literatur hat eine solche, soweit erkennbar, bislang ebenfalls nicht hervorgebracht. Nach *Weßlau* sind Maßnahmen der Strafverfolgung von operativen Vorfeldermittlungen insofern abzugrenzen, als operative Methoden immer dann eingesetzt werden, wenn aufgrund allgemeiner Erkenntnisse, das heißt ohne konkrete Anhaltspunkte im Einzellfall, Nachforschungen über strafbare Vorkommnisse angestellt werden, oder wenn zwar aufgrund konkreter Anhaltspunkte ermittelt wird, diese Anhaltspunkte jedoch nur einen unspezifischen „Verdacht" begründen, das heißt keinen Verdacht einer bestimmten Straftat[69].

Allein die rein negative Abgrenzung gegen die tätigkeitsauslösenden Kriterien der Gefahr und des Verdachts reicht aber nicht, um den Gehalt des Begriffes der Vorfeldtätigkeiten im Polizeirecht zu bestimmen. Vielmehr kann sich ein Gehalt nur aus einer Begrenzung zu beiden Seiten ergeben.

---

66 Vgl. § 20 Abs. 2, 3, 4, 5 PolG BW; Art. 31 BayPAG; § 18 Abs. 1 S. 2, 3 ASOG Bln; § 30 BbgPolG; § 28 Abs. 1, 2 BremPolG; § 6 HbgGDVP; § 13 Abs. 1, 2 HSOG; § 27 Abs. 1, 2, 3 SOG M-V; § 31 Abs. 1, 2, 3 NdsSOG; § 9 Abs. 1, 3 S. 2 PolG NRW; § 26 RhPfPOG; § 26 SPolG; § 37 Abs. 1 SächsPolG; § 15 Abs. 1, 2 SOG LSA; § 32 ThürPAG; § 179 LVwGSH.

67 Vgl. hierzu u.a. BFH, BStBl. II 1987, 484; BStBl. II 1990, 280; ferner SächsVerfGH, DVBl. 1996, 1423(1438).

68 Vgl. Koch, Datenerhebung, S. 84.

69 Weßlau, Vorfeldermittlungen, S. 40.

B. Rechtsgrundlagen

I. Historische Entwicklung

Die Vorfeldermittlungen sind heute geregelt als vorbeugende Bekämpfung von Straftaten in den Polizeigesetzen der Länder[70].
Zuvor wurden sie ohne gesetzliche Grundlage geführt, da sie als eingriffslos angesehen wurden.
Der Weiterentwicklung des Polizeirechts lag das „Volkszählungsurteil" des Bundesverfassungsgerichts vom 15.12.1983[71] zugrunde, in dem die Richter erstmals das Recht auf informationelle Selbstbestimmung als Teil des allgemeinen Persönlichkeitsrecht gemäß Art. 2 Abs. 1 i.V.m. Art. 1 Abs. 1 GG anerkannten und damit die Erforderlichkeit einer Befugnisnorm zur Datenerhebung und –verarbeitung feststellten[72]. Das Recht der informationellen Selbstbestimmung gebe so die Richter dem einzelnen die Befugnis, grundsätzlich selbst über die Preisgabe und die Verwendung seiner persönlichen Daten zu entscheiden. Da das Recht auf informationelle Selbstbestimmung aber wie das allgemeine Persönlichkeitsrecht nicht schrankenlos gewährt werde, müsse der Bürger Beeinträchtigungen hinnehmen, die auf einer verfassungsmäßigen und normenklaren Grundlage beruhten[73].
Nach dieser Feststellung des BVerfG bedurften auch Maßnahmen der vorbeugenden Verbrechensbekämpfung, die in das Recht auf informationelle Selbstbestimmung eingreifen, einer gesetzlichen Grundlage, womit weitreichende Änderungen im Polizeirecht erforderlich wurden.

Die Bundesländer sind jedoch schon bei der Aufgabenbeschreibung der vorbeugenden Verbrechensbekämpfung nicht einheitlich vorgegangen.
Nach der Definition, wie sie im Musterentwurf eines einheitlichen Polizeigesetzes vom 25.11.1977, ergänzt durch den Verbesserungsentwurf zur Änderung des Musterentwurfs vom 12.03.1986, vorgeschlagen worden ist, soll unter vorbeugender Verbrechensbekämpfung die Verhütung von Straftaten und die Vorsorge für die Verfolgung von künftigen Straftaten zu verstehen sein[74].
In Anlehnung an § 1 VE MEPolG ist die Aufgabe der vorbeugenden Bekämpfung von Straftaten teilweise ausdrücklich in die Aufgabenzuweisung aufge-

70 Die rechtliche Einordnung von Vorfeldermittlungen ist in der Literatur ausführlich diskutiert worden, vgl. Weßlau, Vorfeldermittlungen, S. 111 ff., und soll nicht Gegenstand dieser Arbeit sein. Deren Perspektive ist eine andere: Untersucht wird die Arbeit von Polizei und Staatsanwaltschaft auf der Grundlage, die Ihnen die nach geltendem Recht zur Verfügung steht.

71 BVerfGE 65, S. 1 ff.

72 BVerfGE 65, 1(43).

73 BVerfGE 65, 1(43 f.).

74 § 1 Abs. 1 S. 2 VE ME PolG, abgedruckt in: Kniesel/Vahle, VE ME PolG, S. 1.

nommen worden[75]. Andere Bundesländer benutzen die Formulierung, die Polizei habe im Rahmen ihrer Aufgabe der Gefahrenabwehr Straftaten zu verhüten sowie für die Verfolgung von Straftaten[76] (oder für die Verfolgung künftiger Straftaten[77]) vorzusorgen. In Brandenburg sieht die Neufassung der Aufgabenzuweisungsnorm eine Beschränkung der vorbeugenden Bekämpfung von Straftaten auf die Straftatenverhütung vor[78].
Soweit auf eine Aufnahme in die Aufgabenzuweisung verzichtet wird, sind in die jeweiligen Polizeigesetze Befugnisnormen aufgenommen worden, die auf ein Verständnis der Gefahrenabwehraufgabe hinweisen, das Verhütungs- und Vorsorgeaspekte einschließt[79]. Nach dem Gesetz über die Datenverarbeitung der Polizei in Hamburg gehört zu den Gefahrenabwehraufgaben auch die Erhebung und weitere Verarbeitung von Daten zur Verhütung von Straftaten und zur Vorsorge für die Verfolgung künftiger Straftaten (vorbeugende Bekämpfung von Straftaten)[80].

Vorschriften zu Initiativermittlungen enthalten darüber hinaus die Richtlinien für das Strafverfahren und das Bußgeldverfahren (RiStBV)[81].
Die Justiz- und Innenminister der Bundesländer haben bei ihrer Konferenz in München vom 28.-31.5.1990 Gemeinsame Richtlinien über die Zusammenarbeit von Staatsanwaltschaft und Polizei bei der Verfolgung der Organisierten Kriminalität erarbeitet, die ausdrücklich auch Initiativermittlungen betreffen[82]. In den Richtlinien heißt es unter 6.3 obligatorisch[83]: „Die Befugnisse der Polizei zu Initiativermittlungen im Rahmen der Gefahrenabwehr richten sich nach den Polizeigesetzen“.

---

75 § 1 Abs. 3 ASOG Bln; § 1 Abs. 1 S. 2 BbgPolG; § 1 Abs. 4 HSOG; § 1 Abs. 1 S. 3 RhPfPOG; § 2 Abs. 1 SOG LSA; § 2 Abs. 1 S. 2 ThürPAG; § 1 Abs. 1 S. 2 PolG NRW; § 1 Abs. 1 S. 2 Nr. 2 SächsPolG.

76 § 1 Abs. 1 S. 3 Nds.SOG; § 1 Abs. 3 ASOG Bln; § 1 Abs. 1 S. 3 RhPfPOG; § 2 Abs. 1 S. 2 ThürPAG.

77 § 1 Abs. 4 HSOG; § 7 Abs. 1 Nr 4 SOG M-V; § 1 Abs. 1 S. 2 PolG NRW; § 2 Abs. 1 SOG LSA.

78 § 1 Abs. 1 S. 2 BbgPolG

79 Vgl. nur §§ 20 Abs. 3, 22 Abs. 2 PolG BW; Art. 31 Abs. 1 Nr. 1 BayPAG, §§ 26 Abs. 2, 28 Abs. 1 SPolG.

80 § 1 Abs. 1 S. 2 Nr. 1 HbgGDVP.

81 Abgedruckt in: Meyer-Goßner.

82 Abgedruckt in: Meyer-Goßner, S. 2047.

83 Bek. von Bayern v. 29.1.1991.

II. Datenerhebung

Im Fokus des Interesses stehen damit vor allem die operativen Maßnahmen der Informationsgewinnung, die typischer Weise heimlich und verdeckt erfolgen, und die geschaffen wurden, um der Polizei bereits im Vorfeld der Straftat Möglichkeiten zu geben, die Struktur und Logistik Organisierter Kriminalität zu beseitigen[84]. Teilweise enthalten die Regelungen aber auch bloße Verrechtlichungen des faktischen status quo, dessen Regelungsbedürfnis erst im Laufe der datenschutzrechtlichen Diskussion festgestellt worden ist[85].

Dem Anliegen dieser Arbeit entsprechend sollen sich die nachfolgenden Ausführungen auf eine Zusammenstellung der für die Praxis der OK-Bekämpfung wichtigsten Maßnahmen bei der vorbeugenden Verbrechensbekämpfung und auf Aussagen zum Umfang, in welchem sie eine Regelung erfahren haben, beschränken. Sie sollen dem Leser als Grundlage dafür dienen, die im empirischen Teil dieser Arbeit erhobenen Daten vor dem Hintergrund dessen zu bewerten, was die Polizei darf.

1. Einfache (verdeckte) Informationserhebung

Der Grundfall eines Eingriffs, der nicht als polizeiliche Maßnahme erkennbar sein soll, ist die einfache verdeckte Informationserhebung.

Die Polizeigesetze sehen eine allgemeine Ermächtigung zur Erhebung von personenbezogenen Daten vor[86], die der allgemeinen polizeilichen Generalklausel vorgeht, aber ihrerseits durch speziellere Datenerhebungsklauseln verdrängt wird. Grundsätzlich sind personenbezogene Daten offen zu erheben. Eine verdeckte Datenerhebung kann zulässig sein, wenn auf andere Weise die Erfüllung polizeilicher Aufgaben erheblich gefährdet würde (oder nur mit unverhältnismäßig hohem Aufwand möglich ist) oder wenn anzunehmen ist, dass dies dem überwiegenden Interesse der betroffenen Person entspricht[87]. In den

84 Vgl. Ahlers, Grenzbereich, S.134.

85 Gusy, StV 1993, 269(271).

86 § 20 Abs. 2, 3, 4, 5 PolG BW; Art. 31 BayPAG; § 18 Abs. 1 S. 2, 3 ASOG Bln; § 30 BbgPolG; § 28 Abs. 1, 2 BremPolG; § 6 HbgGDVP; § 13 Abs. 1, 2 HSOG; § 27 Abs. 1, 2, 3 SOG M-V; § 31 Abs. 1, 2, 3 NdsSOG; § 9 Abs. 1, 3 S. 2 PolG NRW; § 26 RhPfPOG; § 26 SPolG; § 37 Abs. 1 SächsPolG; § 15 Abs. 1, 2 SOG LSA; § 32 ThürPAG; § 179 LVwGSH.

87 Vgl. § 19 Abs. 2 PolG BW; Art. 30 Abs. 3 BayPAG; § 18 Abs. 2 ASOG Bln; § 13 Abs. 7 HSOG; § 26 Abs. 2 SOG M-V; § 30 Abs. 2 S. 2 Nrn 4, 5; § 26 Abs. 5 RhPfPOG; § 25 Abs. 3 SPolG; § 37 Abs. 5 S. 1 SächsPolG; § 15 Abs. 6 SOG LSA; § 31 Abs. 3 S. 1, 2 ThürPAG; § 178 Abs. 2 S. 1, 2 LVwGSH.

Polizeigesetzen anderer Bundesländer ist eine verdeckte Datenerhebung nur in bestimmten Fällen zulässig[88].
Soweit eine Datenerhebung dann zulässig ist, wenn sie zur Erfüllung einer bestimmten polizeilichen Aufgabe erforderlich ist, umfassen die Befugnisse auch die Vorsorge für die künftige Strafverfolgung, soweit diese Aufgabe der Polizei zugewiesen ist[89]. In einigen Ländergesetzen ist eine Datenerhebung allgemein zur vorbeugenden Bekämpfung von Straftaten ausdrücklich und ohne Einschränkung auf bestimmte Personen vorgesehen[90]. Nach anderen Gesetzen ist eine Informationserhebung, soweit sie zur vorbeugenden Bekämpfung von Straftaten (mit erheblicher Bedeutung) erforderlich ist, nur zulässig bei Personen, bei denen Anhaltspunkte oder tatsächliche Anhaltspunkte bestehen oder Tatsachen dafür sprechen, dass sie zukünftig Straftaten begehen, ebenso von Kontakt- und Begleitpersonen derartiger Personen sowie von Personen, bei denen Anhaltspunkte bestehen, dass sie Opfer von Straftaten werden, als auch von Personen im räumlichen Umfeld einer in besonderem Maße als gefährdet erscheinenden Person, sowie von Zeugen, Hinweisgebern oder sonstigen Auskunftspersonen[91].

2. Offene Bild- und Tonaufzeichnungen (Videoaufnahmen)

Von der in den Ländergesetzen[92] eröffneten Möglichkeit, Daten mittels offener Bild- und Tonaufzeichnungen (Videoaufnahmen) bei öffentlichen Veranstaltungen und Ansammlungen sowie an gefährlichen und gefährdeten Orten zu erheben, ist in den letzten Jahren vermehrt Gebrauch gemacht worden. Eine Bildübertragung von öffentlich zugänglichen Orten ist zulässig, sofern die Beobachtung zur Aufgabenerfüllung erforderlich ist und offen stattfindet[93]. Dies schließt überwiegend die Aufgaben der Straftatenverhütung und der Verfolgungsvorsorge ein. Teilweise müssen als Legitimation für eine Anfertigung von

---

88 § 29 Abs. 3 BbgPolG; § 9 Abs. 4 PolG NRW;
die Anforderungen kumulativ enthält § 2 Abs. 3 S. 3 HbgGDVP.

89 Vgl. §§ 9 Abs. 3 S. 2 i.V.m. Abs. 1, 1 Abs. 1 PolG NRW;
§§ 37 Abs. 1 i.V.m. § 1 Abs. 1 S. 2 Nr. 2 SächsPolG.

90 Art. 31 Abs. 1 BayPAG; § 18 Abs. 1 S. 3 ASOG Bln; § 32 Abs. 1 Nr. 1 ThürPAG;
§ 30 Abs. 1 Nr. 1 BbgPolG.

91 Vgl. § 20 Abs. 3 PolG BW; § 6 Nrn 4-7 HbgGDVP; § 13 Abs. 2 Nrn 1-3, 3 HSOG;
§ 27 Abs. 3 SOG M-V; § 31 Abs. 2 Nds.SOG; § 26 Abs. 3 RhPfPOG;
§ 26 Abs. 2 SPolG; § 15 Abs. 2 Nrn 1-3 SOG LSA; § 179 Abs. 2 LVwGSH.

92 § 21 PolG BW; Art. 32 BayPAG; §§ 24, 24a ASOG Bln; § 31 BbgPolG;
§ 29 BremPolG; § 8 HbgGDVP; § 14 HSOG; § 32 SOG M-V; § 32 Nds.SOG;
§§ 15, 15a PolG NRW; § 27 RhPfPOG; § 27 SPolG; § 38 SächsPolG; § 16 SOG LSA;
§ 184 LVwGSH; § 33 ThürPAG.

93 §§ 32 Abs. 3 S. 1 SOG M-V.

Bildaufzeichnungen tatsächliche Anhaltspunkte die Annahme einer Begehung von Straftaten (von erheblicher Bedeutung) rechtfertigen oder Tatsachen im Einzelfall für eine Begehung von Straftaten (von erheblicher Bedeutung) sprechen[94].

3. Besondere Mittel der Datenerhebung

Die Polizeigesetze enthalten darüber hinaus in unterschiedlichem Umfang spezielle Regelungen über besondere Mittel der Datenerhebung, die typischerweise verdeckt erfolgen und daher hier von besonderem Interesse sind. Dazu gehören die längerfristige Observation, der verdeckte Einsatz technischer Mittel, der Einsatz verdeckter Ermittler, der Einsatz nicht offen ermittelnder Polizeibeamter und der Einsatz von Vertrauenspersonen. Der verdeckte Einsatz technischer Mittel zur Erhebung personenbezogener Daten in oder aus Wohnungen ist gesondert geregelt. Darüber hinaus finden sich vereinzelt gesondert geregelte Befugnisse zur Überwachung der Telekommunikation sowie zur polizeilichen Beobachtung.
Der Einsatz von besonderen Mitteln der Datenerhebung ist weitestgehend unter den gleichen Voraussetzungen zulässig beziehungsweise an die gleichen Zwecke gebunden. Auf diese wird daher wegen ihrer Allgemeingültigkeit im Anschluss an eine kurze Darstellung der einzelnen Mittel eingegangen.

a) Längerfristige Observation

Zu den besonderen Mitteln der Erhebung personenbezogener Daten gehört die längerfristige Observation. Sie wird in den meisten Polizeigesetzen definiert[95]. Sie ist planmäßig angelegt und liegt vor, wenn die Beobachtung voraussichtlich oder tatsächlich innerhalb eines Monats länger als 24 Stunden dauert[96] beziehungsweise durchgehend länger als 24 Stunden oder an mehr als zwei Tagen durchgeführt werden soll[97] oder über den Zeitraum einer Woche[98] oder eines Monats[99] hinaus stattfindet.

94 §§ 14 Abs. 3 S. 1 und Abs. 4 S. 1 Nr. 1 HSOG; § 32 Abs. 3 S. 2 SOG M-V.
95 Ausnahme: § 28 Abs. 2 Nr. 1 SPolG.
96 § 36 Abs. 2 Nr. 1 SächsPolG.
97 Art. 33 Abs. 1 Nr. 1 BayPAG; § 25 Abs. 1 S. 1 Nr. 1 ASOG Bln; § 32 Abs. 1 S. 1 BbgPolG; § 16 Abs.1 S. 1 PolG NRW; § 34 Abs. 1 Nr. 1 ThürPAG.
98 § 28 Abs. 2 Nr. 1 RhPfPOG; § 22 Abs. 1 Nr. 1 PolG BW; § 9 Abs. 1 S. 1 HbgGDVP; § 15 Abs. 1 Nr. 1 HSOG; § 33 Abs. 1 Nr. 1 SOG M-V; § 34 Abs. 1 S.1 Nds.SOG; § 17 Abs. 1 Nr. 1 SOG LSA; § 185 Abs. 1 Nr. 1 LVwGSH.
99 § 36 Abs. 2 Nr. 1 SächsPolG.

Voraussetzung für eine längerfristige Observation ist somit zunächst das Vorliegen einer planmäßig angelegten Beobachtung[100]. Solche Maßnahmen haben eine hohe Eingriffsqualität, die sich darauf erstrecken, durch sie möglichst viele Erkenntnisse über eine Person zu sammeln und die einen bestimmten organisatorischen, personellen und sachlichen Aufwand erfordern[101].
Die längerfristige Observation ist also gekennzeichnet durch die Aspekte der zeitlichen Dauer und der Finalität.

Nach § 9 Abs. 5 HbgGDVP ist der Polizei in Hamburg ausdrücklich der Einsatz von besonderen, für Observationszwecke bestimmten, technischen Mitteln zur Ermittlung des Aufenthaltsort des Betroffenen erlaubt, soweit Tatsachen die Annahme rechtfertigen, dass diese Personen Straftaten von erheblicher Bedeutung begehen werden, wenn die Datenerhebung zur vorbeugenden Bekämpfung dieser Straftaten erforderlich ist sowie bei deren Kontakt- und Begleitpersonen, wenn die Aufklärung des Sachverhaltes auf andere Weise aussichtslos wäre.
Die Vorschrift könnte damit den Einsatz satellitengestützter Ortungssysteme (GPS) ermöglichen[102]. Solche satelliten- und netzunterstützten geografischen Ortungssysteme (GPS und GSM) machen es möglich, die exakte Position von Objekten zu bestimmen. Beim „Global Positioning System“ (GPS) werden mittels eines am Fahrzeug befestigten Empfangsgerätes Daten, die der integrierte GPS-Empfänger von Satelliten empfängt, ausgewertet und so Bewegungen und Standzeiten verfolgt und aufzeichnet[103].
Dem GSM („Global System Mobil Communication“) als europäischem Standard für digitale Mobilfunkdienste liegt ein Verfahren zugrunde, das auf Geoinformationen aus einem GSM-Netz basiert. Wird beispielsweise ein GSM-Sender in einem Handy aktiviert, sucht er die für ihn erreichbare Basisstation, welche wiederum das Handy ortet[104].
§ 9 Abs. 5 HbgGDVP orientiert sich am Wortlaut des § 100 f Abs. 1 Nr. 2 StPO. Die Rechtsprechung hat sich grundlegend mit dem Einsatz von GPS zu repressiven Zwecken auseinandergesetzt. Das OLG Düsseldorf hielt die „Fahndung per Satellit“ in dem von ihm zu entscheidenden Fall für Rechtens[105]. Das GPS sei ein sonstiges besonderes für Observationszwecke bestimmtes Mittel im Sinne des Gesetzes. Auch der BGH hat sich dieser Auffassung mit der Feststellung angeschlossen, die Beweisgewinnung unter Verwendung des satellitengestützten Navigationssystems „GPS“ sei von der strafprozessualen Ermächtigung

100 Tegtmeyer/Vahle(Tegtmeyer), § 16 Rn 2.
101 Tegtmeyer/Vahle(Tegtmeyer), § 16 Rn 2; Schmidbauer/Steiner(Schmidbauer) Art. 33 Rn 3.
102 So: Schwemer/Heinze, § 9 PolDVG Rn 2.
103 Keller, Kriminalistik 2006, 537(541).
104 Keller, Kriminalistik 2006, 537(541).
105 OLG Düsseldorf NStZ 1998, 268(268).

(§ 100c Abs. 1 Nr. 1 lit. b a.F. StPO) gedeckt[106]. Beim Zusammentreffen von „GPS“ mit anderen zulässigen Eingriffsmaßnahmen kann eine umfassende Überwachung einer Person jedoch zu einem Verstoß gegen den Grundsatz der Verhältnismäßigkeit führen. Letztlich hat sich auch das BVerfG[107] mit der Überwachung mittels GPS auseinandergesetzt und die Verfassungsmäßigkeit der strafprozessualen Norm festgestellt.

So genüge die Norm dem Bestimmtheitsgebot, da das in der Norm verwendete Merkmal „besondere für Observationszwecke bestimmte Mittel“ genügend konkretisiert sei. Ist also nach der Rechtsprechung das GPS ein sonstiges besonderes für Observationszwecke bestimmtes Mittel, so ist auch die Hamburger Polizei nach dem Wortlaut des § 9 Abs. 5 HbgGDVP zum Einsatz von GPS zur vorbeugenden Bekämpfung von Straftaten befugt. Die Nutzung von GPS ist auf den Bereich der Gefahrenabwehr ausgedehnt worden[108]. Dabei wurde den durch das BVerfG[109] für den GPS-Einsatz nach der StPO aufgestellten verfahrensrechtlichen Anforderungen durch die Verweisung in § 9 Abs. 5 S. 2 HbgGDVP Rechnung getragen.

b) Verdeckter Einsatz technischer Mittel

Die Polizeigesetze sehen als besonderes Mittel der Datenerhebung auch den verdeckten Einsatz technischer Mittel vor[110]. Welche einzelnen technischen Mittel hiervon erfasst sind, geht aus dem Wortlaut der Gesetze nicht hervor. Es handelt sich um solche zur Anfertigung von Bildaufnahmen oder -aufzeichnungen und zum Abhören oder zur Aufzeichnung des gesprochenen, teilweise auch nur des nicht öffentlich gesprochenen Wortes.

Technische Mittel zu Anfertigung von Bildaufnahmen sind Fotoapparate und Kameras.

Zum Abhören und Aufzeichnen des gesprochenen Wortes werden meist Mikrofone mit Sendeanlage verwandt. Mit diesen werden die aufgenommenen Daten direkt an die Polizei gesandt und dort gespeichert. Ebenfalls eingesetzt werden Richtmikrofone oder Geräte, die die Daten vor Ort aufzeichnen und von der Polizei zu einem späteren Zeitpunkt abgehört werden.

---

106 BGH NStZ 2001, 386(386).

107 BVerfG NJW 2005, 1338 ff.

108 So auch: Schwemer/Heinze § 9 PolDVG Rn 2.

109 BVerfG NJW 2005, 1338 ff.

110 Art. 33 Abs. 1 Nr. 2 BayPAG; § 22 Abs. 1 Nr. 2 PolG BW; § 33 Abs. 1 BbgPolG; § 33 Abs. 1 BremPolG; § 10 Abs. 1 HbgGDVP; § 15 Abs. 1 Nr. 2, Abs. 2 HSOG; § 33 Abs. 1 Nr. 2 SOG M-V; § 35 Abs. 1 S. 1 Nds.SOG; §§ 17, 18 PolG NRW; § 28 Abs. 1, 2 Nr. 2 RhPfPOG; § 28 Abs. 2 Nr. 2 SPolG; §§ 36 Abs. 2 Nr. 2, 39 SächsPolG; § 17 Abs. 1 Nr. 2, Abs. 2 SOG LSA; § 185 Abs. 1 Nr. 2, Abs. 2 LVwGSH; § 34 Abs. 1 Nr. 2, Abs. 2 ThürPAG.

In einigen Bundesländern wird der Einsatz von Peilsendern[111] und GPS-Empfängern[112] nicht wie in Hamburg über die Befugnis zur längerfristigen Observation, sondern über die Ermächtigung zum verdeckten Einsatz technischer Mittel zur Feststellung des Standortes (oder Aufenthaltsortes) oder der Bewegungen einer Person oder einer beweglichen Sache legitimiert[113].

Der Einsatz von technischen Mitteln zur Erhebung personenbezogener Daten in oder aus Wohnungen ist regelmäßig gesondert geregelt[114]. In einigen Bundesländern war die Wohnraumüberwachung in der Vergangenheit auch zur vorbeugenden Bekämpfung von Straftaten zugelassen. Dies ist mit der neuen Fassung des Art. 13 GG unvereinbar.
Nach dem BayPAG in der geltenden Fassung müssen konkrete Vorbereitungshandlungen für sich oder zusammen mit weiteren bestimmten Tatsachen die begründete Annahme rechtfertigen, dass Personen eine schwerwiegende Straftat begehen werden[115]. Sieht man hierin eine Regelung zur vorbeugenden Verbrechensbekämpfung, ist diese Befugnis vom Wortlaut des Art. 13 Abs. 4 GG in der neuen Fassung nicht gedeckt, nach dem eine dringende Gefahr vorliegen muss[116]. Nach der Interpretation von *Schmidbauer* setzt die Wohnraumüberwachung auch bei der Abwehr von Straftaten eine konkrete Gefahr voraus[117]. Da sich das ThürPAG im Wortlaut an Bayerisches Recht anlehnt[118], lässt sich diese Auslegung übertragen. Soweit die Landespolizeigesetze aber den verdeckten Einsatz technischer Mittel in oder aus Wohnungen zur vorbeugenden Bekämpfung von Straftaten ermöglichen, liegt hierin eine Überschreitung der verfassungsrechtlichen Vorgaben. In Folge haben einige Länder die Befugnisse neu geregelt. Zuletzt hat Brandenburg mit § 33a BbgPolG[119] eine Neuregelung der Wohnraumüberwachung geschaffen, nach der entsprechend der verfassungsrechtlichen Vorgaben nunmehr die Datenerhebung zur Abwehr der mit den dort aufgezählten Straftaten verbundenen dringenden Gefahr erforderlich sein

111 Schmidt § 33 Rn 7.
112 Schmidbauer/Steiner(Schmidbauer) Art. 33 Rn. 25.
113 Art. 33 Abs. 1 Nr. 2 b BayPAG; § 33 Abs. 1 S. 1 BremPolG; § 35 Abs. 1 S. 1 Nds.SOG; § 28 Abs. 2 Nr. 5 RhPfPOG; § 34 Abs. 1 Nr. 2 ThürPAG.
114 Art. 34 BayPAG; § 23 PolG BW; § 33a BbgPolG; § 10 Abs. 2 HbgGDVP; § 15 Abs. 4 HSOG; § 34 b SOG M-V; § 35 Abs. 2 Nds.SOG; §§ 17 Abs. 2, 18 Abs. 2 PolG NRW; § 29 RhPfPOG; § 28 Abs. 4 SPolG; § 40 SächsPolG; § 17 Abs. 4 SOG LSA; § 185 Abs. 3 LVwGSH; § 35 ThürPAG.
115 Art. 34 Abs. 1 S. 1 Nr. 2 BayPAG; ähnlich § 35 Abs. 1 Nr. 2 ThürPAG.
116 So auch Albers, Determination polizeilicher Tätigkeit, S. 143 f; Kötter, DÖV 2005, 225(227); Koch, DuD 1999, 451(452).
117 Schmidbauer/Steiner(Schmidbauer) Art. 34 Rn 53.
118 Ebert/Honnacker/Seel § 35 Rn 5.
119 In der Neufassung gültig ab 15.05.07.

muss[120]. In Niedersachsen und Rheinland-Pfalz ist die Wohnraumüberwachung in Bezug auf die vorbeugende Bekämpfung von Straftaten auf die Straftatenverhütung beschränkt worden[121].

c) Einsatz von Vertrauenspersonen und Informanten

Der Einsatz von Vertrauenspersonen ist mittlerweile in den meisten Polizeigesetzen geregelt[122]. Bei einer Vertrauenspersonen (VP) oder einem V-Mann handelt es sich um eine (Privat)person, deren Zusammenarbeit mit der Polizei Dritten nicht bekannt ist. Über den Begriff der dauerhaften Zusammenarbeit sind V-Personen abzugrenzen von Gelegenheitsinformanten[123]. Der Informant ist eine Person, die im Einzelfall gegen Zusicherung der Vertraulichkeit bereit ist, der Polizei Informationen zu geben.
Soweit in den Landesgesetzen keine Regelungen über Vertrauenspersonen aufgenommen wurden[124], handelt es sich hierbei um bewusste Entscheidungen der Gesetzgeber, mit der nachdrücklich bekundet werden soll, dass der V-Mann keinerlei Hoheitsbefugnisse hat[125].

d) Einsatz von Verdeckten Ermittlern

Verdeckte Ermittler sind Polizeivollzugsbeamte, die unter Geheimhaltung ihrer wahren Identität und damit unter einer Legende eingesetzt werden[126]. Sehen die Gesetze ihren Einsatz vor, enthalten sie auch Bestimmungen, nach denen die benötigten Urkunden hergestellt, verändert oder gebraucht werden dürfen, ein verdeckter Ermittler am Rechtsverkehr teilnehmen und unter seiner Legende mit Einverständnis des Berechtigten dessen Wohnung betreten darf[127]. Die Einwilli-

120 Vgl. § 33 Abs. 3 S. 1 Nr. 2 BbgPolG a.F.
121 Vgl. § 35 Abs. 2 Nr. 2 Nds.SOG; § 29 Abs. 1 Nr. 2 PhPfPOG.
122 § 19 PolG NRW; § 28 Abs. 2 Nr. 3 SPolG; § 16 HSOG; § 26 ASOG Bln; § 11 HbgGDVP; § 185 Abs. 1 Nr. 3 LVwGSH; § 36 Nds.SOG; § 28 Abs. 2 Nr. 4 RhPfPOG; § 34 BbgPolG; § 33 Abs. 1 Nr. 3 SOG M-V; § 34 Abs. 1 Nr. 5 ThürPAG; § 18 Abs. 1 S. 1 SOG LSA.
123 Kniesel/Vahle, Informationsverarbeitung, § 8c Rn 81.
124 So in Bayern, Baden-Württemberg und Sachsen.
125 Schmidbauer/Steiner(Schmidbauer) Art. 33 Rn 38.
126 Art. 33 Abs. 1 Nr. 3 BayPAG; § 26 Abs. 1 Nr. 2 ASOG Bln; § 35 Abs. 1 BbgPolG; § 12 Abs. 1 S. 1 HbgGDVP; § 16 Abs. 2 HSOG; § 33 Abs. 1 Nr. 4 SOG M-V; § 36a Abs. 1 S. 1 Nds.SOG; § 20 Abs. 1 PolG NRW; § 28 Abs. 2 Nr. 3 RhPfPOG; § 28 Abs. 2 Nr. 4 SPolG; § 18 Abs. 2 SOG LSA; § 36 Abs. 2 Nr. 3 SächsPolG; § 34 Abs. 1 Nr. 3 ThürPAG.
127 Vgl. § 24 Abs. 1, 2 PolG BW; Art. 35 BayPAG; § 26 Abs. 2, 3 S. 1 ASOG Bln; § 35 Abs. 2, 3 S. 1 BbgPolG; § 12 Abs. 2, 3 S. 1 HbgGDVP;

gung darf nicht durch ein über die Nutzung der Legende hinausgehendes Vortäuschen eines Zutrittsrechts herbeigeführt werden[128]. Eine heimliche Durchsuchung ist unzulässig[129].

Vereinzelt ist auch der Einsatz von nicht offen ermittelnden Polizeibeamten (NoeP) vorgesehen[130]. Der NoeP arbeitet im Gegensatz zum verdeckten Ermittler nicht auf Dauer unter einer Legende, sondern täuscht nur im Einzelfall über seine wahre Identität als Polizeibeamter, beispielsweise beim kurzfristigen Auftreten als Scheinkäufer von Rauschgift[131].

e) Gemeinsame Voraussetzungen der Anwendbarkeit

Die Observation, der verdeckte Einsatz technischer Mittel, der Einsatz verdeckter Ermittler und der Einsatz von Vertrauenspersonen sind grundsätzlich nicht nur zu Gefahrenabwehrzwecken, sondern auch zum Zwecke der Straftatenverhütung und der Verfolgungsvorsorge zugelassen[132]. Dies gilt jedoch nicht uneingeschränkt:
Teilweise findet in den Ländergesetzen eine Begrenzung der vorbeugenden Verbrechensbekämpfung auf bestimmte Straftaten statt, so auf „Straftaten von erheblicher Bedeutung“[133], auf „Verbrechen“[134] oder „eine andere Straftat, wenn

---

§ 16 Abs. 3 S. 3, 4, Abs. 4 S. 1 HSOG; § 33 Abs. 4, 5 SOG M-V; § 36a Abs. 2 S. 1, 2 Nds.SOG; § 20 Abs. 2, 3 S. 1 PolG NRW; § 28 Abs. 7 RhPfPOG; § 18 Abs. 3, 4 S. 1 SOG LSA; § 41 Abs. 1, 2 S. 1 SächsPolG; § 36 Abs. 1, 2 S. 1 ThürPAG; Ausnahme: Saarland, wo keine gesonderten Bestimmungen im Polizeigesetz enthalten sind.

128 § 24 Abs. 2 PolG BW; Art. 35 Abs. 2 S. 2 BayPAG i.V.m. § 110c S.2 StPO; § 26 Abs. 3 S. 2 ASOG Bln; § 35 Abs. 3 S. 2 BbgPolG; § 12 Abs. 2 S. 3 HbgGDVP; § 16 Abs. 4 S. 3 HSOG; § 36a Abs. 2 S. 3 Nds.SOG; § 20 Abs. 3 S. 2 PolG NRW; § 28 Abs. 7 S. 2 RhPfPOG; § 18 Abs. 4 S. 2 SOG LSA; § 41 Abs. 2 S. 2 SächsPolG.

129 § 26 Abs. 3 S. 3 ASOG Bln; § 16 Abs. 4 S. 4 HSOG; § 18 Abs. 4 S. 3 SOG LSA.

130 § 34 Abs. 1 Nr. 4 ThürPAG.

131 Vgl. Schmidbauer/Steiner(Schmidbauer), Art. 33 Rn. 36.

132 Ausnahme: § 185 Abs. 2 LVwGSH.

133 § 22 Abs. 3 PolG BW, Art. 33 Abs. 3 Nr. 2 BayPAG; §§ 25 Abs. 1 S. 1, 26 Abs. 1 ASOG Bln; §§ 32 Abs. 1 S. 1 Nr. 2 und 3, 33 Abs. 1 S. 1 Nr. 2 und 3, 34 Abs. 1 S. 1 Nr. 2 und 3, 35 Abs. 1 Nr. 2 BbgPolG; §§ 9 Abs. 1 S. 1 Nr. 2, 10 Abs. 1 S. 1 und 2, 11 Abs. 1 S. 1, 12 Abs.1 S. 1 Nr. 2 HbgGDVP; § 15 Abs. 2 S. 1 Nr. 2 und 3 HSOG; § 33 Abs. 2 SOG M-V; §§ 34 Abs. 1 S. 1 Nr. 2 und 3, 35 Abs. 1 S. 1, 36 Abs. 1 S. 1, 36 a Abs. 1 S. 1 Nds.SOG; §§ 16 Abs. 1 S. 1 Nr. 2, 17 Abs. 1 S. 1 Nr. 2, 18 Abs. 1 S.1 Nr. 2, 19 Abs. 1 S. 1 Nr. 2, 20 Abs. 1 Nr. 2 PolG NRW; §§ 17 Abs. 2 S. 1, 18 Abs. 1 S. 1, Abs. 2 SOG LSA; § 39 Abs. 1 Nr. 2 SächsPolG; § 34 Abs. 3 S. 1 Nr. 2 ThürPAG.

134 § 28 Abs. 1 S. 1 Nr. 1 SPolG.

tatsächliche Anhaltspunkte die Annahme rechtfertigen, dass diese gewerbsmäßig, gewohnheitsmäßig oder von Banden oder Organisationen begangen werden soll"[135].

Des Weiteren müssen „Tatsachen"[136] oder „tatsächliche Anhaltspunkte"[137] oder „hinreichend sichere Anhaltspunkte"[138] die (dringende[139]) Annahme rechtfertigen, dass die aufgelisteten Straftaten oder Straftaten von erheblicher Bedeutung begangen werden sollen. Teilweise muss die Datenerhebung mit einem besonderen Mittel „unerlässlich"[140] oder zu dem jeweiligen Zweck erforderlich sein[141] oder andere Maßnahmen müssen erheblich weniger Erfolg versprechen[142], die Datenerhebung ohne Gefährdung der Aufgabenerfüllung auf andere Weise nicht möglich[143] oder die vorbeugende Bekämpfung der Straftat oder die Aufklärung des Sachverhaltes auf andere Weise aussichtslos sein[144].

Sämtliche besonderen Mittel der Datenerhebung dürfen sich gegen Personen richten, bei denen tatsächliche Anhaltspunkte vorliegen oder Tatsachen die Annahme rechtfertigen, dass sie künftig Straftaten begehen wollen, sowie mit wenigen Ausnahmen gegen deren Kontakt- und Begleitpersonen[145].

---

135 § 28 Abs. 1 S. 1 Nr. 2 SPolG

136 §§ 25 Abs. 1, 26 Abs. 1 ASOG Bln; § 35 Abs. 1 Nr. 2 BbgPolG;
§§ 9 Abs. 1 S. 1 Nr. 2, 10 Abs. 1 S. 1 und 2, 11 Abs. 1 S.1 , 12 Abs. 1 S.1 Nr. 2 HbgGDVP; § 33 Abs. 2 S. 1 SOG M-V;
§§ 34 Abs. 1 S. 1 Nr. 2, 35 Abs. 1 S. 1, 36 Abs. 1 S. 1, 36a Abs. 1 S. 1 Nds.SOG;
§§ 16 Abs. 1 S. 1 Nr. 2, 17 Abs. 1 S. 1 Nr. 2, 18 Abs. 1 S. 1 Nr. 2, 19 Abs. 1 S. 1 Nr. 2, 20 Abs. 1 Nr. 2 PolG NRW; § 28 Abs. 1 S. 1 Nr. 2 RhPfPOG;
§ 39 Abs. 1 Nr. 2 SächsPolG; § 34 Abs. 3 Nr. 2 ThürPAG.

137 §§ 15 Abs. 2 S. 1 Nr. 2 und 3, 16 Abs. 1 S. 2, Abs. 2 HSOG;
§ 28 Abs. 1 S. 1 SPolG; §§ 17 Abs. 2 S. 1, 18 Abs. 1 S. 1, Abs. 2 SOG LSA.

138 §§ 32 Abs. 1 S. 1 Nr. 2, 33 Abs. 1 S. 1 Nr. 2, 34 Abs. 1 S. 1 Nr. 2 BbgPolG.

139 §§ 10 Abs. 1 S. 2, 12 Abs. 1 S. 1 Nr. 2 HbgGDVP.

140 §§ 32 Abs. 1 S. 1 Nr. 3, 33 Abs. 1 S. 1 Nr. 3, 34 Abs. 1 S. 1 Nr. 3 BbgPolG;
§§ 34 Abs. 1 S.1 Nr. 3, 35 Abs. 1 S. 1, 36 Abs. 1 S. 1, 36a Abs. 1 S. 1 Nds.SOG.

141 Art. 33 Abs. 3 Nr. 2 BayPAG; § 26 Abs. 1 ASOG Bln; § 32 Abs. 1 S.1 Nr. 2, 33 Abs. 1 S. 1 Nr. 2, 34 Abs. 1 S.1 Nr. 2, 35 Abs. 1 Nr. 2 BbgPolG; §§ 9 Abs. 1 S. 1 Nr. 2, 10 Abs. 1 S. 1 und 2, 11 Abs. 1 S. 1, 12 Abs. 1 S. 1 Nr. 2 HbgGDVP;
§§ 15 Abs. 2 S. 1 Nr. 3, 16 Abs. 1 S. 2, Abs. 2 HSOG;
§§ 16 Abs. 1 S. 1 Nr. 2, 17 Abs. 1 S. 1 Nr. 2, 18 Abs. 1 S.1 Nr. 2, 19 Abs. 1 S. 1 Nr. 2, 20 Abs. 1 Nr. 2 PolG NRW; § 28 Abs. 1 S. 1 SPolG; § 39 Abs. 1 Nr. 3 SächsPolG;
§ 18 Abs. 1 S. 1 und Abs. 2 SOG LSA; § 34 Abs. 3 S. 3 ThürPAG.

142 §§ 15 Abs. 2 S. 2, 16 Abs. 3 S. 1 HSOG.

143 § 33 Abs. 2 S. 1 SOG M-V;
§§ 34 Abs. 1 S. 1 Nr. 2, 35 Abs. 1 S. 1, 36 Abs. 1 S. 1, 36a Abs. 1 S. 1 Nds.SOG.

144 § 25 Abs. 1 ASOG Bln;
§§ 9 Abs. 1 S. 1 Nr. 2, 10 Abs. 1 S. 1, 11 Abs. 1 S. 1, 12 Abs. 1 S. 1 Nr. 2 HbgGDVP;
§ 28 Abs. 1 S. 2 SPolG.

145 Ausnahme: § 12 Abs. 1 S. 1 Nr. 2 HbgGDVP.

Darüber hinaus ist in Thüringen der Einsatz von VP und NoeP auch dann zulässig, wenn tatsächliche Anhaltspunkte für die Begehung künftiger Straftaten von erheblicher Bedeutung und in organisierter Form vorliegen, ohne dass diese bereits bestimmten Personen zuzurechnen sind (Strukturermittlungen)[146].

f) Eingriffe in den Telekommunikationsbereich

In einzelnen Bundesländern ist der Polizei in jüngster Zeit die Befugnis eingeräumt worden, durch die Überwachung und Aufzeichnung der Telekommunikation personenbezogene Daten zu erheben über die für eine Gefahr Verantwortlichen, soweit dies zur Abwehr einer dringenden Gefahr für den Bestand oder die Sicherheit des Bundes oder eines Landes oder für Leib, Leben oder Freiheit einer Person (oder für Sachen, soweit eine gemeine Gefahr besteht), erforderlich ist[147] und zudem mit Einschränkungen über Kontakt- und Begleitpersonen[148] oder über andere Personen, wenn deren Leben oder Gesundheit gefährdet ist[149].
Ähnlich ist die Rechtslage in Hamburg, Hessen, Niedersachsen, Rheinland-Pfalz und Schleswig-Holstein, wo eine Überwachung der Telekommunikation zur Abwehr gegenwärtiger Gefahren für Leib, Leben oder Freiheit einer Person zulässig ist[150].
Allein in Bayern, Thüringen und nun auch in Brandenburg sind Eingriffe in den Telekommunikationsbereich zur vorbeugenden Bekämpfung von Straftaten vorgesehen[151], weswegen die diesen Ländern verliehenen Befugnisse im Folgenden genauer untersucht werden.

In Bayern ist die Datenerhebung durch Überwachung und Aufzeichnung der Telekommunikation über Personen (sowie unter besonderen Voraussetzungen über deren Kontakt- und Begleitpersonen[152]) zulässig, wenn konkrete Vorbereitungshandlungen für sich oder zusammen mit weiteren bestimmten Tatsachen die begründete Annahme rechtfertigen, dass sie eine schwerwiegende Straftat begehen werden[153].

---

146 § 34 Abs. 3 S. 2 ThürPAG.
147 Art. 34a Abs. 1 S. 1 Nr. 1 BayPAG; § 34a Abs. 1 S. 1 Nr. 1 SOG M-V; vgl. § 33b BbgPolG.
148 Art. 34a Abs. 1 S. 1 Nr. 3 BayPAG.
149 § 34a Abs. 1 S. 1 Nr. 2 SOG M-V.
150 § 10a Abs. 1 S. 1 HbgGDVP; § 15a Abs. 1 HSOG; § 33a Abs. 1 Nr. 1 Nds.SOG; § 31 Abs. 1 RhPfPOG; § 185a Abs. 1 LVwGSH.
151 Art. 34a Abs. 1 S. 1 Nr. 2 BayPAG; § 33 b Abs. 2 S. 2 BbgPolG; § 34a Abs. 1 ThürPAG.
152 Art. 34a Abs. 1 S. 1 Nr. 3 BayPAG.
153 Art. 34a Abs. 1 S. 1 Nr. 2 BayPAG; ähnlich § 33b Abs. 1, 2 S. 2 BbgPolG.

Die Polizei darf Daten auffangen, sie hörbar, sichtbar oder in sonstiger Weise wahrnehmbar machen. Verschlüsselte oder codierte Daten dürfen entschlüsselt werden. Teilweise wird vertreten, der Polizei stehe damit auch die Befugnis zum Einsatz von Spionageprogrammen in EDV-Systemen (Trojanern) zu[154].
Auch das Abhören von Telekommunikationsdaten im Wireless Local Area Network (W-LAN) falle unter die Befugnisnorm[155].
Art. 34a BayPAG erfasst als Form der Nachrichtenübermittlung die Datenkommunikation zwischen zwei Personen, die von einem Dritten abgehört wird. Fraglich könnte sein, ob beim Abhören des W-LAN Kommunikation im Sinne des Fernmeldegeheimnisses vorliegt. Nach allgemeinem Sprachgebrauch setzt Kommunikation eine Verständigung zwischen Menschen voraus. Diese wird jedenfalls bei aktiver Nutzung der Netzwerkverbindung mit der Begründung bejaht, es würden Daten menschlich veranlasst empfangen und gesendet[156]. Da beim W-LAN Abhören Daten zwischen zwei Rechnern (menschlich veranlasst) ausgetauscht und von einem Dritten zur Kenntnis genommen werden, unterfällt der Fall Art. 34a BayPAG. Folglich ist auch das W-LAN Abhören nach Art. 34a Abs. 1 S. 1 Nr. 2 BayPAG zulässig, wenn konkrete Vorbereitungshandlungen für sich oder zusammen mit weiteren bestimmten Tatsachen die begründete Annahme rechtfertigen, dass Personen eine schwerwiegende Straftat begehen werden.
Darüber hinaus ist die Polizei zur Aufzeichnung, also zur Speicherung der aufgefangenen Daten befugt[157].

§ 33a Abs. 1 Nr. 2 Nds.SOG, der eine Datenerhebung vorsah über Personen, bei denen Tatsachen die Annahme rechtfertigten, dass sie Straftaten von erheblicher Bedeutung begehen werden, wenn die Vorsorge für die Verfolgung oder die Verhütung dieser Straftaten auf andere Weise nicht möglich erschien, wurde durch das BVerfG[158] ebenso wie die hieran anknüpfende, für Kontakt- und Begleitpersonen geltende Vorschrift des § 33a Abs. 1 Nr. 3 Nds.SOG aus kompetenzrechtlichen Gründen wie auch wegen Verstoßes gegen den rechtsstaatlichen Bestimmtheitsgrundsatz und das Verhältnismäßigkeitsprinzip für nichtig erklärt.
Es wurde beanstandet, § 33a Abs. 1 Nrn. 2 und 3 Nds.SOG sei mit den Vorschriften des Grundgesetzes zur Gesetzgebungsbefugnis insofern nicht vereinbar, als die Telekommunikationsüberwachung auch zur Vorsorge für die Verfolgung von Straftaten ermöglicht werde[159]. Die Vorsoge für die spätere Verfol-

---

154 Schmidbauer/Steiner(Schmidbauer) Art. 34a Rn 60.
155 Schmidbauer/Steiner(Schmidbauer) Art. 34a Rn 61.
156 Jordan, Kriminalistik 2005, 514(515).
157 Schmidbauer/Steiner(Schmidbauer) Art. 34a Rn 62.
158 BVerfG, Urt. v. 27.07.2005 – 1 BvR 668/04, abgedruckt in: NJW 2005, 2603 ff.
159 BVerfG, NJW 2005, 2603(2605).

gung von Straftaten sei kompetenzmäßig dem „gerichtlichen Verfahren" i.S.d. Art. 74 Abs. 1 Nr. 1 GG zuzuordnen[160]. Der Bundesgesetzgeber habe mit der Regelung der Telekommunikationsüberwachung in der Strafprozessordnung eine abschließende Regelung getroffen[161].
Die Regelung in Bayern ist insofern nicht angreifbar, weil auf die Tatbestandsmerkmale der Verhütung von Straftaten und der Vorsorge für die Verfolgung von Straftaten gänzlich verzichtet wird.

Nach Ansicht der Richter genügte das Tatbestandsmerkmal „Tatsache" in § 33a Abs. 1 Nr. 2 Nds.SOG in seiner Bezugnahme auf eine künftige Straftatenbegehung zudem nicht dem Bestimmtheitsgebot[162]. Soweit der Gesetzgeber Grundechtseingriffe vorsehe, habe er die den Anlass bildenden Straftaten sowie die Anforderungen an Tatsachen, die auf die künftige Begehung hindeuten, so bestimmt zu umschreiben, dass das im Bereich der Vorfeldermittlung besonders hohe Risiko einer Fehlprognose gleichwohl verfassungsrechtlich noch hinnehmbar sei[163].
Diesen Anforderungen versucht Art. 34a Abs. 1 S. 1 Nr. 2 BayPAG nun gerecht zu werden, indem nicht nur Tatsachen sondern konkrete Vorbereitungshandlungen für sich oder zusammen mit weiteren bestimmten Tatsachen die begründete Annahme der Begehung einer schwerwiegenden Straftat rechtfertigen müssen.

Nach Ansicht der Richter des BVerfG genügte § 33a Abs. 1 Nrn. 2 und 3 Nds.SOG nicht den Anforderungen der Verhältnismäßigkeit im engeren Sinne. Die vorgesehenen Eingriffe in das Grundrecht aus Art. 10 Abs. 1 GG seien nicht verhältnismäßig im engeren Sinne, da die durch die Polizei zu schützenden Gemeinwohlbelange nicht auf derart gewichtige begrenzt seien, dass sie solche schweren Eingriffe rechtfertigen könnten[164]. Knüpfe das Gesetz nicht einmal an Planungs- oder sonstige Vorbereitungshandlungen an, sondern begnüge sich mit nicht näher eingegrenzten Tatsachen, die die Annahme einer künftigen Straftat rechtfertigen, stiegen die Anforderungen an das Gewicht des Schutzgutes weiter[165]. Das vom Gesetzgeber gewählte Tatbestandsmerkmal der „Straftaten von erheblicher Bedeutung" trage den Anforderungen an das besondere Gewicht des zu verfolgenden Rechtsguts nicht Rechnung[166].

160 BVerfG, NJW 2005, 2603(2605).
161 BVerfG, NJW 2005, 2603(2606).
162 BVerfG, NJW 2005, 2603(2608).
163 BVerfG, NJW 2005, 2603(2608).
164 BVerfG, NJW 2005, 2603(2610).
165 BVerfG, NJW 2005, 2603(2610).
166 BVerfG, NJW 2005, 2603(2610).

Der Bayerische Gesetzgeber hat versucht diesen Anforderungen gerecht zu werden, indem die Telefonüberwachung zur vorbeugenden Bekämpfung von Straftaten an das Vorliegen von konkreten Vorbereitungshandlungen geknüpft wird und das Tatbestandsmerkmal der „schwerwiegenden Straftat" gewählt wurde.

In Thüringen kann die Polizei von den Betreibern, die geschäftsmäßig Telekommunikationsdienste erbringen, Auskunft über den Inhalt einschließlich der innerhalb des Telekommunikationsnetzes in Datenspeichern abgelegten Inhalte und die näheren Umstände der Telekommunikation einschließlich der Daten über den Standort nicht ortsfester Telekommunikationsanlagen verlangen. Weitergehende Befugnisse hat sie nicht.
Nach § 34a Abs. 1 Nr. 1 ThürPAG müssen Tatsachen die Annahme rechtfertigen, dass Personen Straftaten im Sinne des § 100a StPO begehen wollen. Bei Kontakt- und Begleitpersonen dieser Personen ist die Datenerhebung auf die Gewinnung von Hinweisen bezüglich der angenommenen Straftaten beschränkt und muss zu deren vorbeugender Bekämpfung zwingend erforderlich sein[167].

Der Eingriff in die Telekommunikation ist aber nur als ultima ratio unter Beachtung des Verhältnismäßigkeitsgrundsatzes und nur dann zulässig, soweit erkennbar nicht in den Kernbereich privater Lebensgestaltung eingegriffen wird[168]. Das ergibt sich, sofern es noch am Schutz des Kernbereichs dienenden Regelungen fehlt, unmittelbar aus Art. 10 GG.
Grundsätzlich setzen die Telekommunikationsüberwachung sowie die Auskunft eine richterliche Anordnung voraus[169].

Das BayPAG sieht in Art. 34a Abs. 2 auch die Befugnis vor, technische Mittel einzusetzen, um zur Vorbereitung der Überwachung und Aufzeichnung im Sinne der Vorschriften spezifische Kennungen, insbesondere die Geräte- und Kartennummer von Mobilfunkgeräten sowie den Standort eines Mobilfunkgeräts zu ermitteln[170]. Hierzu bedient sich die Polizei in erster Linie sogenannter IMSI-Catcher. Diese Geräte besitzen drei in diesem Zusammenhang wichtige Funktionen: Die Ermittlung der IMSI (International Mobile Subscriber Identity), die Bestimmung der IMEI (International Mobile Equipment Identity) und die Lokalisierung eines mobilen Endgeräts (Handy). Einzelne Modelle ermöglichen darüber hinaus ein Mithören abgehender Gespräche[171].

---

167 § 34a Abs. 1 S. 1 Nr. 3 ThürPAG.

168 Art. 34a Abs. 1 S. 2, 3, 4 BayPAG; § 33b Abs. 2 S. 3 BbgPolG; § 34a Abs. 1 S. 3 ThürPAG.

169 Art. 34c Abs. 1 i.V.m. Art. 34 Abs. 4 S. 1, 2 BayPAG; § 33b Abs. 5 S. 1BbgPolG; § 34a Abs. 2 S. 1 ThürPAG.

170 Art. 34a Abs. 2 S. 1 BayPAG; vgl. § 33b Abs. 3 Nrn 1, 2 BbgPolG.

171 Fox, DuD 2002, 212(213).

Die IMSI, die auf der SIM-Karte gespeichert ist, ist eine weltweit eindeutige Kennung, mit der der Mobilfunkteilnehmer identifiziert werden kann[172]. Anhand der IMSI kann der Netzbetreiber benannt und können über diesen die dort gespeicherten Bestandsdaten ermittelt und so die Identität des Teilnehmers und dessen Mobilfunknummer bestimmt werden. Der Teilnehmer kann jedoch nur ermittelt werden, wenn die Karte von der Person genutzt wird, die sich bei Vertragsabschluss legitimiert hat.
Zur Ermittlung der IMSI simuliert der IMSI-Catcher die Basisstation eines Mobilfunknetzes und veranlasst so die im Einzugsbereich dieser vermeintlichen „Basisstation" befindlichen eingeschalteten Mobiltelefone, sich bei ihm anzumelden[173].
Die IMEI, also die Geräte- oder Seriennummer eines Handys kann vom IMSI-Catcher auf technisch ähnliche Art ermittelt werden. Sie kann von Bedeutung sein, weil ein Endgerät mit verschiedenen SIM-Karten und somit unterschiedlichen IMSIs genutzt werden kann. Ist die IMSI des benutzten Handys bekannt und hat die Polizei eine grobe Kenntnis des Aufenthaltsorts der betroffenen Person, so ist, sofern sich das Handy im Stand-by-Betrieb befindet, mit dem IMSI-Catcher eine Handy-Ortung möglich.
Sofern gesetzlich eine Standortermittlung eines Mobilfunkgerätes vorgesehen ist, kann durch eine periodisch wiederkehrende Standortermittlung des Mobilfunkgerätes in kurzen Abständen ein Bewegungsbild des Mobilfunkgerätes und damit seines Trägers ermittelt werden, womit die Erstellung eines lückenlosen Bewegungsprofils eines Überwachten möglich ist[174].
Die Diensteanbieter -also alle, die geschäftsmäßig Telekommunikationsdienste erbringen oder daran mitwirken-, haben der Polizei eine Überwachung und Aufzeichnung der Telekommunikation zu ermöglichen[175]. Sie können verpflichtet werden, vorhandene und zukünftige Telekommunikationsverkehrsdaten und die für die Ermittlung des Standortes eines Mobilfunkgerätes erforderlichen spezifischen Kennungen, insbesondere die Geräte- und Kartennummer mitzuteilen[176].
Telekommunikationsverkehrsdaten sind alle nicht inhaltsbezogenen Daten, die im Zusammenhang mit einer Telekommunikation auch unabhängig von einer konkreten Telekommunikationsverbindung technisch erhoben und erfasst werden, insbesondere Berechtigungskennung, Kartennummer, Standortkennung sowie Rufnummer oder Kennung des anrufenden und angerufenen Anschlusses oder der Endeinrichtung, Beginn und Ende der Verbindung nach Datum und Uhrzeit und vom Kunden in Anspruch genommene Telekommunikationsdienst-

172 Fox, DuD 2002, 212(213); Vassilaki, RDV 2004, 11(14).
173 Eckhardt, CR 2002, 770(771); Fox, DuD 2002, 212(213); Vassiliaki, RDV 2004, 11(14).
174 Schmidbauer/Steiner(Schmidbauer) Art. 34a Rn 95.
175 Art. 34b Abs. 1 BayPAG.
176 Art. 34b Abs. 2 S. 1 BayPAG.

leistungen sowie Endpunkte fest geschalteter Verbindungen, ihr Beginn und Ende nach Datum und Uhrzeit[177].

Bislang in der Literatur noch nicht diskutiert wurde die Frage, ob auch das W-LAN Scannen auf Art. 34a Abs. 2 BayPAG gestützt werden kann. Beim W-LAN Scannen geht es darum, die Existenz eines W-LAN und die Anzahl und den Aufenthaltsort der in das Netzwerk integrierten Geräte festzustellen, wenn beispielsweise im Vorfeld einer Hausdurchsuchung die etwa zu beschlagnahmenden EDV-Geräte von außen lokalisiert oder die Anzahl der anzutreffenden Personen abgeschätzt werden sollen[178].
Für das Handeln im Vorfeld sind die Fälle relevanter, in denen die Polizei zur Vorbereitung der Telekommunikationsüberwachung die eindeutige Kennung des W-LAN Gerätes (MAC Nummer) erlangen möchte oder die über W-LAN übermittelten Daten wie E-Mails oder Daten-Downloads zur Kenntnis nehmen möchte (W-LAN-Abhören). Die MAC Nummer ist vergleichbar mit der IMEI des Handys. Es handelt sich um eine einmalige und eindeutig zu identifizierende Gerätenummer von W-LAN Geräten. Fraglich ist, ob sich die Befugnis zum Ermitteln der Gerätenummer auf Art. 34a Abs. 2 BayPAG stützen lässt. Ihrem Wortlaut nach findet die Vorschrift nur auf Mobilfunkgeräte Anwendung. Nach einem erweiterten Verständnis ermächtige die Norm zur Ermittlung der spezifischen Kennungen eines Telekommunikationsgerätes und erfasse insbesondere Mobilfunkgeräte, aber auch alle anderen Telekommunikationsgeräte, beispielsweise Satellitentelefone, Faxgeräte oder EDV-Anlagen[179]. Eine erweiterte Auslegung des Wortlauts der Norm erscheint aufgrund der erheblichen Fortschritte auf dem Gebiet der Telekommunikationstechnik erforderlich.

g) Die polizeiliche Beobachtung

Alle Polizeigesetze enthalten Regelungen zur polizeilichen Beobachtung. Hierbei handelt es sich um eine typische Vorfeldmaßnahme. Unter polizeilicher Beobachtung versteht man die Sammlung von Zufallserkenntnissen, welche dann von der ausschreibenden Dienststelle ausgewertet werden, um ein punktuelles Bewegungsbild einer Person zu erstellen[180]. In Sachsen stellt die polizeiliche Beobachtung ein besonderes Mittel der Datenerhebung dar[181].

177 § 10b Abs. 5 HbgGDVP; Art. 34b Abs. 3 BayPAG.
178 Jordan, Kriminalistik 2005, 514(514).
179 Schmidbauer/Steiner(Schmidbauer) Art. 34a Rn 90.
180 Schmidbauer/Steiner(Schmidbauer) Art. 36 Rn 1.
181 § 36 Abs. 2 Nr. 4 SächsPolG.

Nach § 25 Abs. 1 S. 1 PolG BW[182] kann der Polizeivollzugsdienst eine Person und Kennzeichen der auf den Namen der Person zugelassenen, von ihr benutzten oder von ihr eingesetzten Kraftfahrzeuge zum Zwecke der Mitteilung über das Antreffen ausschreiben, wenn entweder die Gesamtwürdigung der Person und ihrer bisher begangenen Straftaten erwarten lassen oder Tatsachen die Annahme rechtfertigen, dass die Person zukünftig Straftaten mit erheblicher Bedeutung begehen wird und die Mitteilung über das Antreffen zur vorbeugenden Bekämpfung dieser Straftaten erforderlich ist. Anlässlich einer polizeilichen Kontrolle gewonnene Erkenntnisse können so an die ausschreibende Dienststelle übermittelt werden. Die polizeiliche Beobachtung zielt darauf ab, Zusammenhänge und Querverbindungen zwischen der ausgeschriebenen und anderen Personen oder Kontakte zwischen „kriminellen Strukturen" zu erfassen[183]. Insofern zählen zu den zu gewinnenden Informationen nicht nur solche über die Person selbst, sondern auch über Kontakt- und Begleitpersonen[184] oder Begleiter beziehungsweise Begleitpersonen[185], sowie über mitgeführte Sachen[186] oder auch über Verhalten, Vorhaben und sonstige Umstände des Antreffens[187]. Zweck ist vor allem die Verhütung und/oder die Vorsorge für die Verfolgung von Straftaten. Auch hier findet wieder eine Eingrenzung auf Straftaten von erheblicher Bedeutung[188] statt.

---

182 Ähnliche Regelungen in Art. 36 BayPAG; § 36 BbgPolG; § 31 BremPolG; § 27 ASOG Bln; § 13 HbgGDVP; § 17 HSOG; § 35 SOG M-V; § 37 Nds.SOG; § 21 PolG NRW; § 32 RhPfPOG; § 29 SPolG; § 19 SOG LSA; § 42 SächsPolG; § 187 LVwGSH; § 37 ThürPAG.

183 Hettinger, Entwicklungen, S. 97; Schmidbauer/Steiner(Schmidbauer) Art. 36 Rn 1.

184 Vgl. § 25 Abs. 1 S. 2 PolG BW; Art. 36 Abs. 2 BayPAG; § 35 Abs. 1 SOG M-V; § 21 Abs. 2 PolG NRW; § 42 Abs. 1 S. 2 SächsPolG; § 37 Abs. 2 ThürPAG.

185 § 27 Abs. 2 ASOG Bln; § 36 Abs. 2 BbgPolG; § 13 Abs. 2 HbgGDVP; § 19 Abs. 2 SOG LSA; § 17 Abs. 2 HSOG; § 187 Abs. 1 LVwGSH.

186 § 25 Abs. 1 S. 2 PolG BW; Art. 36 Abs. 2 BayPAG; § 36 Abs. 2 BbgPolG; § 21 Abs. 2 PolG NRW; § 42 Abs. 1 SächsPolG; § 19 Abs. 2 SOG LSA; § 37 Abs. 2 ThürPAG.

187 § 27 Abs. 2 ASOG Bln; § 13 Abs. 2 HbgGDVP; § 17 Abs 2 HSOG; § 19 Abs. 2 SOG LSA; § 35 Abs. 1 SOG M-V nennt nur Erkenntnisse über das Antreffen sowie über Kontakt oder Begleitpersonen, § 29 Abs. 1 SPolG nur das Antreffen der Person oder des Fahrzeugs.

188 § 25 Abs. 1 S. 1 PolG BW; Art. 36 Abs. 1 BayPAG; § 27 Abs. 2 ASOG Bln; § 36 Abs. 1 BbgPolG; § 13 Abs. 1 HbgGDVP; § 17 Abs. 2 Nr. 1 HSOG; § 35 Abs. 1 SOG M-V; § 37 Abs. 1 Nds.SOG; § 21 Abs. 1 PolG NRW; § 29 Abs. 1 Nr. 2 RhPfPOG; § 29 Abs. 1 Nr. 2 SPolG; § 19 Abs. 2 Nr. 1 SOG LSA; § 42 Abs. 3 S. 1 SächsPolG; § 37 Abs. 1 Nr. 1 ThürPAG.

III. Datenspeicherung und Datennutzung

Die notwendige Ergänzung zu den Vorschriften über die Datenerhebung bilden die Regelungen über die Datenverarbeitung. Gerade für die Aufgabe der vorbeugenden Bekämpfung von Straftaten ist die Speicherung und Verwendung der Daten von zentraler Bedeutung.
Da die weitere Verwendung personenbezogener Daten genauso einen Grundrechtseingriff beinhaltet wie die ihr zugrundeliegende Datenerhebung, hat der Gesetzgeber eine Vielzahl von Regelungen getroffen, über die hier nur ein Überblick gegeben werden kann.

1. Verwertbarkeit rechtswidrig erlangter Daten

Grundsätzlich darf die Polizei personenbezogene Daten speichern, verändern und nutzen, soweit und solange dies zur Erfüllung ihrer Aufgaben erforderlich ist[189].
In einigen Polizeigesetzen wird die weitere Verarbeitung und Nutzung ausdrücklich an die Rechtmäßigkeit der Datenerhebung gebunden[190]. Da hoheitliches Handeln ohnehin stets im Einklang mit der Rechtsordnung stehen muss, ist der Hinweis auf „rechtmäßig" erhobene Daten an sich überflüssig[191]. Insofern besteht ein Verarbeitungs- und Verwertungsverbot rechtswidrig erhobener Daten, auch wenn es von den Gesetzgebern teilweise nicht ausdrücklich – positiv gesetzlich – geregelt wird.
Schenke vertritt eine andere Ansicht: „In Ländern, in denen die Rechtmäßigkeit der Datenerhebung nicht ausdrücklich als Voraussetzung für die weitere Verarbeitung und sonstige Nutzung der Daten gefordert wird, steht die Rechtswidrigkeit der Erhebung von personenbezogenen Daten deren Speicherung, Veränderung und Nutzung nicht von vornherein entgegen, wird aber vielfach zur Einschränkung des der Polizei bei der Verwertung von Daten eingeräumten Ermessensspielraums führen"[192]. Gezogen wird ein Vergleich zum Strafprozessrecht, wo man sich darin einig sei, dass sich im Hinblick auf das öffentliche Interesse an der Strafverfolgung aus der Rechtswidrigkeit einer Beweiserhebung keines-

189 § 37 Abs. 1 S. 1 PolG BW; Art. 38 Abs. 1 BayPAG; § 42 Abs. 1 S.1 ASOG Bln; § 39 Abs. 1 BbgPolG; § 16 Abs. 1 HbgGDVP; § 20 Abs. 1 S. 1 HSOG; § 24 Abs. 1 PolG NRW; § 33 Abs. 1 RhPfPOG; § 30 Abs. 1 S. 1 SPolG; § 22 Abs. 1 S. 1 SOG LSA; § 43 Abs. 1 S. 1 SächsPolG; § 40 Abs. 1 ThürPAG; ähnlich: § 36 Abs. 1 S. 1 SOG M-V; § 38 Abs. 1 S. 1 Nds.SOG; § 188 Abs. 1 S. 1 LVwGSH.

190 § 42 Abs. 1 S. 1 ASOG Bln; § 39 Abs. 1 BbgPolG; § 38 Abs. 1 S. 1 Nds.SOG; § 24 Abs. 1 PolG NRW; § 40 Abs. 1 ThürPAG.

191 Knape/Kiworr, Polizeirecht Berlin, S. 530.

192 Schenke, Polizeirecht, S. 131, S. 140 f. m.w.N.

wegs notwendigerweise die Rechtswidrigkeit der Verwendung auf diese Weise gewonnener Daten ableiten lasse[193].

Auch wenn in manchen Bundesländern die Datenverarbeitung ausdrücklich an die Rechtmäßigkeit der Datenerhebung gebunden sei, und daraus im Umkehrschluss gefolgert werde, dass die Verwertung rechtswidrig erhobener Daten grundsätzlich ausgeschlossen sei, erwecke eine solche Forderung jedenfalls dann Bedenken, wenn es um den Schutz überragend wichtiger Gemeinschaftsgüter gehe und der Staat seinen Schutzpflichten ohne eine Verwertung der rechtswidrig gewonnen Daten nicht nachkommen könnte[194].

2. Zweckbindung bei der Datenspeicherung, Datenveränderung und Datennutzung

Eine Datenverarbeitung ist in der Regel nur zu dem polizeilichen Zweck zulässig, zu dem die Daten erlangt worden sind[195]. Relativiert wird dies durch Zweckänderungsbestimmungen, wonach die Speicherung, Veränderung und Nutzung zulässig ist, wenn die Polizei die Daten zu diesem Zweck erheben durfte[196].

Die weitere Verwendung personenbezogener Daten beinhaltet genauso einen Grundrechtseingriff wie die ihr zugrundeliegende Datenerhebung und ist insofern an denselben grundrechtlichen Erfordernissen zu messen.

Werden wertende Angaben über eine Person in Dateien gespeichert, muss feststellbar sein, bei welcher Stelle die den Angaben zugrundeliegenden Informationen vorhanden sind[197].

Die überwiegende Zahl der Polizeigesetze enthält besondere Regelungen für personenbezogene Daten, die im Rahmen von Ermittlungsverfahren bekannt

---

193 Schenke, Polizeirecht, S. 140.

194 Schenke, Polizeirecht, S. 141.

195 § 37 Abs. 2 S. 1 PolG BW; Art. 37 Abs. 2 S. 1 BayPAG; § 42 Abs. 2 S. 1 ASOG Bln; § 38 Abs. 1 S. 1 BbgPolG; § 14 Abs. 1 S. 1 HbgGDVP; § 20 Abs. 3 S. 1 HSOG; § 36 Abs. 1 S. 2 SOG M-V; § 38 Abs. 1 S. 1 Nds.SOG; § 23 Abs. 1 S. 1 PolG NRW; § 33 Abs. 2 S. 1 RhPfPOG; § 30 Abs. 1 S. 2 SPolG; § 22 Abs. 2 S. 1 SOG LSA; § 43 Abs. 1 S. 2 SächsPolG; § 188 Abs. 1 S. 2 LVwGSH; § 39 S.1 ThürPAG.

196 Vgl. § 37 Abs. 2 S. 2 PolG BW; Art. 37 Abs. 2 S. 2 BayPAG; § 42 Abs. 2 S. 1 ASOG Bln; § 38 Abs. 1 S. 2 BbgPolG; § 14 Abs. 1 S. 2 HbgGDVP; § 36 Abs. 1 S. 3 SOG M-V; § 39 Abs. 1 S. 1 Nr. 1 Nds.SOG; § 23 Abs. 1 S. 2 PolG NRW; § 33 Abs. 2 S. 2 RhPfPOG; § 30 Abs. 1 S. 3 SPolG; § 188 Abs. 1 S. 3 LVwGSH; § 39 S. 2 ThürPAG.
Mit ähnlicher Formulierung: § 43 Abs. 1 S. 3 SächsPolG; § 22 Abs. 2 S. 2 SOG LSA; § 42 Abs. 2 S. 1 ASOG Bln; § 20 Abs. 3 S. 2 HSOG.

197 § 37 Abs. 1 S. 3 PolG BW; § 43 Abs. 2 ASOG Bln; § 38 Abs. 2 BbgPolG; § 14 Abs. 3 HbgGDVP; § 36 Abs. 2 SOG M-V; § 23 Abs. 2 S. 1 PolG NRW; § 188 Abs. 2 LVwGSH .

geworden sind. Eine Speicherung, Veränderung und Nutzung solcher Daten ist zulässig, soweit und solange dies zur Abwehr einer Gefahr oder zur vorbeugenden Bekämpfung von Straftaten erforderlich ist[198].
Nach § 38 Abs. 1 S. 2, 3 PolG BW ist zur vorbeugenden Bekämpfung von Straftaten die Speicherung, Veränderung und Nutzung personenbezogener Daten erforderlich, wenn die betroffene Person verdächtig ist, eine Straftat begangen zu haben, und tatsächliche Anhaltspunkte dafür vorliegen, dass sie zukünftig eine Straftat begehen wird. Tatsächliche Anhaltspunkte können sich insbesondere aus Art, Ausführung und Schwere der Tat ergeben. Teilweise sehen die Gesetze auch eine Datenverarbeitung zu Zwecken der Gefahrenabwehr vor, verweisen aber auf die Aufgabenzuweisung, die die vorbeugende Verbrechensbekämpfung umfasst[199].
In § 14 Abs. 2 HbgGDVP wurde ein Satz 2 aufgenommen, nachdem Daten, die mit den dort näher bezeichneten besonderen Mitteln der Datenerhebung erhoben wurden, nach Maßgabe bundesgesetzlicher Regelungen auch für gemeinsame Dateien des Bundes und der Länder auf den Gebieten des Staatsschutzes und der organisierten Kriminalität in Fällen von erheblicher Bedeutung einschließlich der Vorfeldbeobachtung genutzt werden dürfen.
Im Saarland[200] ist die Speicherung, Veränderung und Nutzung personenbezogener Daten zur vorbeugenden Bekämpfung von Straftaten begrenzt auf die vorbeugende Bekämpfung von Verbrechen, deren Begehung aufgrund tatsächlicher Anhaltspunkte anzunehmen ist, und auf andere Straftaten, wenn aufgrund tatsächlicher Anhaltspunkte anzunehmen ist, dass sie gewerbs-, gewohnheits-, banden- oder organisationsmäßig begangen werden sollen.
Einschränkungen ergeben sich für die im Ermittlungsverfahren durch eine Wohnraum- und eine Telekommunikationsüberwachung erlangten personenbezogenen Daten. Nach § 100d Abs. 5 Nr. 2 S.1 StPO ist eine Verwendung personenbezogener Daten aus einer akustischen Wohnraumüberwachung zu Zwecken der Gefahrenabwehr nur zur Abwehr einer im Einzelfall bestehenden Lebensgefahr oder einer dringenden Gefahr für Leib oder Freiheit einer Person oder Gegenstände von bedeutendem Wert, die der Versorgung der Bevölkerung dienen, von kulturell herausragendem Wert oder in § 305 StGB genannt sind, zulässig. Darüber hinaus ergibt sich eine Einschränkung aus den landesrechtlichen Zweckänderungsbestimmungen, nach welchen die Datenverarbeitung zu einem

198 Vgl. § 38 Abs. 1 PolG BW; Art. 38 Abs. 2 S. 1 BayPAG; § 42 Abs. 3 ASOG Bln; § 20 Abs. 4 S. 1 HSOG; § 33 Abs. 5 S. 1 RhPfPOG; § 43 Abs. 2 SächsPolG; § 23 SOG LSA.
Eine Beschränkung auf die Vorbeugende Bekämpfung von Straftaten enthalten: § 37 Abs. 1 SOG M-V; § 39 Abs. 3 S. 1 Nds.SOG; § 30 Abs. 2 SPolG.

199 Vgl. § 39 Abs. 2 S. 1 BbgPolG; § 16 Abs. 2 S. 1 HbgGDVP; § 39 Abs. 1 S.1 Nr. 1 Nds.SOG; § 24 Abs. 2 S. 1 PolG NRW; § 40 Abs. 2 S. 1 ThürPAG.

200 Vgl. § 30 Abs. 3 SPolG.

anderen Zweck zulässig ist, wenn die Polizei die Daten zu diesem Zweck erheben durfte[201]. Personenbezogenen Daten, die aus einer strafprozessualen Telekommunikationsüberwachung stammen, dürfen folglich nur zu Zwecken der Gefahrenabwehr verwendet werden, wenn eine Telekommunikationsüberwachung auch in den Polizeigesetzen der Länder vorgesehen ist[202].

Sofern Daten gespeichert werden sollen, die Verbindungspersonen oder Kontakt- und Begleitpersonen sowie Zeugen, Hinweisgeber und sonstige Auskunftspersonen betreffen, muss dies zur vorbeugenden Bekämpfung von Straftaten von erheblicher Bedeutung[203] beziehungsweise zur Verhütung von Straftaten[204] oder zur vorbeugenden Bekämpfung von sonstigen Straftaten, die organisiert, insbesondere banden-, gewerbs- oder serienmäßig begangen werden[205] erforderlich sein.

3. Dauer der Datenspeicherung

Daneben finden sich in den Polizeigesetzen ausführliche Bestimmungen zur Dauer der Speicherung, zu Prüfungsterminen und Aufbewahrungsfristen. Grundsätzlich ist die Dauer der Speicherung auf das erforderliche Maß zu beschränken[206]. Es sind Prüfungstermine oder Aufbewahrungsfristen festzulegen, die den Speicherungszweck sowie Art und Bedeutung des Anlasses der Speicherung berücksichtigen. Daten sind zu löschen, wenn die Voraussetzungen für die Speicherung entfallen sind[207] oder wenn die Speicherung unzulässig ist beziehungsweise wenn ihre Kenntnis für die speichernde Stelle zur Wahrnehmung polizeilicher Aufgaben nicht mehr erforderlich ist[208].

---

201 Vgl. hierzu S. 34.

202 Schenke, Polizeirecht, S. 133.

203 Vgl. § 43 Abs. 1 S. 1 ASOG Bln; § 39 Abs. 4 S. 1 BbgPolG; § 16 Abs. 3 S. 1 HbgGDVP; § 20 Abs. 5 S. 1 HSOG; § 39 Abs. 5 S. 1 Nds.SOG; § 24 Abs. 4 S. 1 PolG NRW; § 22 Abs. 4 SOG LSA.

204 § 22 Abs. 4 SOG LSA.

205 § 43 Abs. 1 ASOG Bln.

206 Art. 37 Abs. 3 S. 1 BayPAG; § 37 S. 1 BbgPolG; § 22 S. 1 PolG NRW; § 38 S. 1 ThürPAG.

207 § 38 Abs. 1 S. 4 PolG BW; Art. 38 Abs. 2 S. 2 BayPAG; § 43 Abs. 2 S. 2 SächsPolG.

208 Vgl. § 46 Abs. 1 S. 1 PolG BW; Art. 45 Abs. 2 BayPAG; § 48 Abs. 2 S.1 ASOG Bln; § 24 Abs. 2 S. 1 HbgGDVP; § 27 Abs. 2 HSOG; § 45 Abs. 2 SOG M-V; § 39a S. 1 Nds.SOG; § 32 Abs. 2 S. 1 PolG NRW; § 39 Abs. 2 RhPf POG; § 38 Abs. 2 S. 1 SPolG; § 32 Abs. 2 S. 1 SOG LSA; § 196 Abs. 2 S. 1 LVwGSH; § 45 Abs. 2 S. 1 ThürPAG.

4. Datenabgleich

Der Datenabgleich als gezielter Vergleich von Datenbeständen im Hinblick auf bestimmte Merkmale der gespeicherten Personen oder Tatsachen stellt eine besondere Form der Datennutzung dar[209].
Bund und Länder betreiben gemeinsam das elektronische Informationssystem der Polizei INPOL, das eine Vielzahl von Einzeldateien umfasst und für den

Datenabgleich von zentraler Bedeutung ist[210].
Nach Art. 43 BayPAG[211] können personenbezogene Daten polizeirechtlich Verantwortlicher abgeglichen werden. Teilweise ist auch der Abgleich personenbezogener Daten von solchen Personen zulässig, bei denen tatsächliche Anhaltspunkte die Annahme rechtfertigen, dass sie Straftaten (mit erheblicher Bedeutung) begehen werden[212]. Personenbezogene Daten anderer Personen kann die Polizei nur abgleichen, wenn Tatsachen die Annahme rechtfertigen, dass dies zur Erfüllung einer bestimmten polizeilichen Aufgabe erforderlich ist beziehungsweise erscheint[213]. Die Polizei kann ferner im Rahmen ihrer Aufgabenerfüllung erlangte personenbezogene Daten mit dem Fahndungsbestand abgleichen[214].

---

209 Schenke, Polizeirecht, S. 103.

210 Schenke, Polizeirecht, S. 134.

211 Vgl. auch die Regelungen in § 39 Abs. 1 S. 1 PolG BW; § 40 Abs. 1 S. 1 BbgPolG; § 22 Abs. 1 S. 1 HbgGDVP; § 25 Abs. 1 S. 1 HSOG; § 43 Abs. 1 S. 1 SOG M-V; § 45 Abs. 1 S. 1 Nds.SOG ohne Beschränkung auf einen Personenkreis; § 25 Abs. 1 S. 1 PolG NRW; § 37 Abs. 1 S. 1 RhPfPOG; § 36 Abs. 1 S. 1 SPolG; § 30 Abs. 1 S. 1 SOG LSA; § 46 Abs. 1 S. 1 SächsPolG; § 195 Abs. 1 S. 1 LVwGSH; § 43 Abs. 1 S. 1 ThürPAG.

212 § 22 Abs. 1 S. 1 HbgGDVP; § 25 Abs. 1 S. 1 HSOG; § 43 Abs. 1 S. 1 SOG M-V; § 36 Abs. 1 S. 1 SPolG; § 30 Abs. 1 S. 1 SOG LSA.

213 § 39 Abs. 1 S. 2 PolG BW; Art. 43 Abs. 1 S. 2 BayPAG; § 28 Abs. 1 S. 1 ASOG Bln; § 40 Abs. 1 S. 2 BbgPolG; § 22 Abs. 1 S. 2 HbgGDVP; § 25 Abs. 1 S. 2 HSOG; § 43 Abs. 1 S. 2 SOG M-V; § 25 Abs. 1 S. 2 PolG NRW; § 37 Abs. 1 S. 2 RhPfPOG; § 36 Abs. 1 S. 2 SPolG; § 30 Abs. 1 S. 2 SOG LSA; § 46 Abs. 1 S. 2 SächsPolG; § 195 Abs. 1 S. 2 LVwGSH; § 43 Abs. 1 S. 2 ThürPAG.

214 § 39 Abs. 1 S. 3 PolG BW; Art. 43 Abs. 1 S. 3 BayPAG; § 28 Abs. 1 S. 2 ASOG Bln; § 40 Abs. 1 S. 3 BbgPolG; § 22 Abs. 1 S. 3 HbgGDVP; § 25 Abs. 1 S. 3 HSOG; § 43 Abs. 1 S. 3 SOG M-V; § 25 Abs. 1 S. 3 PolG NRW; § 37 Abs. 2 S. 1 RhPfPOG; § 36 Abs. 1 S. 3 SPolG; § 30 Abs. 1 S. 3 SOG LSA; § 46 Abs. 1 S. 3 SächsPolG; § 195 Abs. 1 S. 3 LVwGSH; § 43 Abs. 1 S. 3 ThürPAG.

5. Rasterfahndung

Die Rasterfahndung ist eine spezielle Form des Abgleichs von Daten. Zu ihrer Durchführung werden fallspezifische tätertypische Merkmale in einem Raster zusammengestellt und mit an anderen Stellen gespeicherten Daten maschinell verglichen[215]. Die Polizei[216] kann dazu die Übermittlung personenbezogener Daten bestimmter Personengruppen aus Dateien zum Zweck des Abgleichs mit anderen Datenbeständen verlangen. Alle Polizeigesetze enthalten entsprechende Ermächtigungen[217]. Die Regelungen sind jedoch unterschiedlich weit ausgestaltet. Teilweise muss die Rasterfahndung zur Abwehr von gegenwärtigen (oder bevorstehenden) Gefahren für den Bestand und die Sicherheit des Bundes oder eines Landes oder für Leib, Leben oder Freiheit einer Person erforderlich sein[218]. Teilweise darf sie zur Verhütung von Straftaten von erheblicher Bedeutung, die sich gegen den Bestand oder die Sicherheit des Bundes oder eines Landes richten oder bei denen Schäden für Leib, Leben oder Freiheit einer Person zu erwarten sind, eingesetzt werden[219]. In einzelnen Bundesländern ist sie zur Abwehr von Straftaten von erheblicher Bedeutung[220] (wobei insofern eine konkrete aber keine gegenwärtige Gefahr vorliegen muss[221]) oder zu deren Verhütung[222] oder zu Zwecken der vorbeugenden Bekämpfung von Straftaten mit erheblicher Bedeutung[223] zugelassen.

---

215 Seel, Die Polizei 2002, 192(192).

216 In Sachsen-Anhalt nur das LKA.

217 So in § 40 PolG BW; Art. 44 BayPAG; § 46 BbgPolG; § 23 HbgGDVP; § 26 HSOG; § 44 SOG M-V; § 45a Nds.SOG; § 31 PolG NRW; § 38 RhPfPOG; § 37 SPolG; § 47 SächsPolG; § 31 SOG LSA; § 195a LwGSH; § 44 ThürPAG.

218 § 46 Abs. 1 BbgPolG; § 44 Abs. 1 S. 1 SOG M-V; § 31 Abs. 1 S. 1 PolG NRW; § 37 Abs. 1 S. 1 SPolG; § 47 Abs. 1 S. 1 Nr. 1 SächsPolG.

219 § 23 Abs. 1 HbgGDVP; weiter noch § 26 Abs. 1 S. 1 HSOG; § 31 Abs. 1 SOG LSA; § 195a Abs. 1 LwGSH.

220 Art. 44 Abs. 1 S. 1 BayPAG.

221 Schmidbauer/Steiner(Schmidbauer) Art. 44 Rn. 4 f.

222 § 37 Abs. 1 S. 1 SPolG; nach § 47 Abs. 1 S.1 Nr. 2 SächsPolG „ zur Verhinderung“.

223 § 40 Abs. 1 S. 1 PolG BW; § 44 Abs. 1 S. 1 ThürPAG; vgl. auch § 45a Abs. 1 S. 1 Nds.SOG, wonach Tatsachen die Annahme rechtfertigen müssen, dass künftig Straftaten von erheblicher Bedeutung begangen werden und die Vorsorge für die Verfolgung oder Verhütung dieser Straftaten auf andere Weise nicht möglich erscheint sowie § 38 Abs. 1 RhPfPOG: „zur vorbeugenden Bekämpfung von besonders schwerwiegenden Straftaten“.

IV. Zusammenfassung

Das „Volkszählungsurteil“ hat in allen Bundesländern zu einer umfangreichen Reformation der Polizeigesetze geführt. Das betrifft insbesondere die Regelungen über besondere Mittel der Datenerhebung, die neu in die Gesetze aufgenommen aber auch bestehende Regelungen, die gesetzlich manifestiert oder ausgeweitet wurden.
Eine kontinuierliche Weiterentwicklung der Bestimmungen sowie eine Anpassung der Normen an den rasanten Fortschritt im Bereich der Technik hat jedoch seit dem nur bedingt und vor allem in höchst unterschiedlichem Maße stattgefunden.
Neue Techniken, derer sich auch Straftäter bedienen, werden vom Wortlaut der Normen nicht immer ausdrücklich erfasst und können daher von der Polizei nicht ohne weiteres eingesetzt werden.
Seitens der Polizei geforderte Anpassungen und Erweiterungen der polizeilichen Eingriffsbefugnisse waren zum Teil politisch nicht durchsetzbar, da zu weitgehende Eingriffe in Grundrechte beziehungsweise ein Missbrauch der erhobenen Daten zur allgemeinen Überwachung der Bevölkerung befürchtet wurde. Als eine Folge unterschiedlicher politischer Zielvorgaben weichen die Befugnisse der Länderpolizeien erheblich voneinander ab.

Für den Bürger gibt es keine Transparenz, ist er doch bei Überschreiten der Ländergrenzen unter Umständen viel weitreichenden Eingriffen in sein Recht auf informationelle Selbstbestimmung ausgesetzt. Erst eine zeitaufwendige Lektüre aller polizeirechtlichen Normen, wie sie vorliegend stattgefunden hat, kann Abhilfe schaffen. Dies führt zu einer allgemeinen Verunsicherung und ist vermutlich auch mitursächlich für die verbreitete Vermutung, die Polizei höre auch und vor allem zu Staatsschutzzwecken private Telefonanschlüsse ab.

	vorbeugende Vebrechensbekämpfung	einfache (verdeckte) Informationserhebung	Verdeckter Ermittler	Vertrauensperson	längerfristige Observation	Telekommunikations-überwachung	verdeckter Einsatz technischer Mittel	verdeckter Einsatz technischer Mitte in oder aus Wohnungen	polizeiliche Beobachtung	Datenabgleich	Rasterfahndung
Baden-Württemberg		x	x		x	0	x	x	0	x	0
Bayern		x	x		x	x	x	x	0	x	0
Berlin		x	0	0	x	0	x	x	0	x	x
Brandenburg		x	x	x	x	x	x	x	0	x	x
Bremen		x	x	x	x	0	x	x	0	x	x
Hamburg		x	x	x	x	x	x	x	0	x	0
Hessen		x	x	x	x	x	x	x	0	x	0
Mecklenburg-Vorpommern		x	0	0	0	x	0	x	0	x	x
Niedersachsen		x	x	x	x	x	x	x	0	x	0
Nordrhein-Westfalen		x	x	x	x	0	x	x	0	x	x
Rheinland-Pfalz		x	x	x	x	x	x	x	0	x	x
Saarland		x	0	0	0	0	0	x	0	x	x
Sachsen		x	x		x	0	x	x	x	x	x
Sachsen-Anhalt		x	x	x	x	0	x	x	x	x	0
Schleswig-Holstein		x	0	x	x	x	x	x	x	x	x
Thüringen		x	x	x	x	x	x	x	x	x	0

x = Einsatz des Mittels zur Gefahrenabwehr
0 = kein Einsatz des Mittels zur Gefahrenabwehr
Einsatz zur Straftatenverhütung und Verfolgungsvorsorge (vorbeugende Verbrechensbekämpfung)
Kein Einsatz zur vorbeugenden Verbrechensbekämpfung
Nichtigkeit der Norm durch das BVerfG bezogen auf Einsatz zur vorbeugenden Verbrechensbekämpfung festgestellt
Einsatz zur Straftatenverhütung/-verhinderung, aber nicht zur Verfolgungsvorsorge

Abbildung 1: Ausgestaltung der Befugnisse der Länderpolizeien im Überblick

C. Bisherige empirische Forschung

Bevor die eigene empirische Untersuchung und ihre Resultate dargestellt werden, wird zunächst ein Überblick über die Ergebnisse der Forschungsarbeiten gegeben, die sich mit Hilfe empirischer Methoden mit der Phase des Vorfeldes von Ermittlungsverfahren im Bereich OK beschäftigt haben.
Ordnet man empirische Untersuchungen im Hinblick auf den Schwerpunkt der Fragestellung einem Verfahrensstadium zu, so sind solche zum Vorfeld des Ermittlungsverfahrens mit einem Anteil von 2 % und damit mit einem ausgesprochen geringen Aufkommen vertreten[224].
Obwohl gerade diese Phase bei der Bekämpfung von Organisierter Kriminalität besondere Bedeutung bekommen hat, wurde sie bislang nur in wenigen empirischen Untersuchungen zum zentralen Thema.

I. „Die rechtliche Bewältigung von Erscheinungsformen organisierter Kriminalität“ (Kinzig, 2004)

Die Untersuchung von *Kinzig*, die das OK-Verfahren von der Entstehung bis zur Aburteilung beleuchtete, befasste sich auch mit dem Stadium vor Einleitung des förmlichen Ermittlungsverfahrens. Ziel der Untersuchung war es, „aufzuzeigen, welche Sachverhalte von der Polizei und der Justiz unter dem Begriff Organisierte Kriminalität aufgegriffen werden und wie und mit welchem Ergebnis sie von der Justiz bewältigt werden“[225].

Das Projekt konzentrierte sich auf drei Aspekte[226]:
Zunächst erfolgte eine Bestandsaufnahme der Entwicklung, des Inhalts und der Bedeutung des Begriffes OK sowie der Veränderungen des Strafrechtssystems.
Einen weiteren Forschungsschwerpunkt stellten die strafprozessualen Maßnahmen dar, die unter Berufung auf ihre Notwendigkeit zur Bekämpfung Organisierter Kriminalität neu geschaffen oder geregelt worden waren. Untersucht wurde die Anwendung der besonderen Ermittlungsmaßnahmen bei der Aufklärung Organisierter Kriminalität, insbesondere ihre Bedeutung zur Ermittlung und Aburteilung der Straftaten.
Den dritten Schwerpunkt der Untersuchung bildete die Mehrtäterschaft bei Organisierter Kriminalität und ihre Behandlung durch die Justiz vor dem Hintergrund, dass Strafverfahren Organisierter Kriminalität sich durch eine besondere

224 Albrecht, Rechtstatsachenforschung, S. 71.
225 Kinzig, Bewältigung von OK, S. 43.
226 Kinzig, Bewältigung von OK, S. 43.

Komplexität aufgrund einer Vielzahl von Beschuldigten sowie zu ermittelnden und zu verarbeitenden Straftaten auszeichnen.

Aufgrund der Ergebnisse sollte erörtert werden, ob ein Spezifikum der OK beschrieben werden kann und welchen Bedeutungswandel Straf- und Strafprozessrecht durch die Bekämpfung Organisierter Kriminalität erfahren haben[227].

Zunächst wurden in einem rechtstheoretisch ausgerichteten Teil (Kapitel 2-8) die historische Entwicklung Organisierter Kriminalität und ihrer Vorläuferformen in Deutschland aufgezeigt und die Versuche, OK adäquat zu bestimmen, bis zur Definition OK im Jahr 1990 beschrieben.
Im Anschluss wurden die rechtlichen Neuerungen erörtert, die als Antwort auf die Gefahren Organisierter Kriminalität implementiert worden waren.
In einer Rechtsprechungsanalyse wurde untersucht, wie der Begriff der Organisierten Kriminalität in der Rechtsprechung verwendet wird.
Anschließend wurde ein Überblick über die in Deutschland zum Thema Organisierte Kriminalität vorliegenden rechtstatsächlichen Forschungsarbeiten gegeben.
Nach einer Diskussion der Ziele, Hypothesen und Datenquellen der Untersuchung wurden die empirischen Ergebnisse dargestellt.

Ausgewertet wurden die Lagebilder OK des BKA sowie die OK-Raster von Landeskriminalamt (LKA) und Zentraler Stelle OK (ZOK) bei der Staatsanwaltschaft in Baden-Württemberg der Jahre 1994-1997[228].
Eine ergänzende Datenerhebung erfolgte durch teilnehmende Beobachtung, wobei der Verfasser als Beobachter an Sitzungen in Baden-Württemberg, in denen LKA und ZOK am Ende eines Jahres jeweils über die Aufnahme eines mit dem Raster gemeldeten Falles als OK in das Lagebild entscheiden, teilnahm[229].
Konkret verfolgte der Verfasser schließlich durch Aktenauswertung den Verlauf von 52 OK-Fällen, von der Aufdeckung durch die Polizei bis zum rechtskräftigen Urteil[230]. Ergänzend wurden Interviews mit zehn inhaftierten beziehungsweise im Zeugenschutz befindlichen Personen geführt, die der OK zugerechnet wurden[231].

Die Untersuchung kam zu der Erkenntnis, die Bedeutung des Begriffes Organisierte Kriminalität in Deutschland liege nicht, wie bisher vermutet, in der Identifikation einer besonderen Kriminalitätsform. Vielmehr habe sich „unter dieser

227 Kinzig, Bewältigung von OK, S. 43.
228 Kinzig, Bewältigung von OK, S. 342 ff.
229 Kinzig, Bewältigung von OK, S. 350.
230 Kinzig, Bewältigung von OK, S. 45.
231 Kinzig, Bewältigung von OK, S. 45 f.

Überschrift, der Bekämpfung Organisierter Kriminalität, ein neues Ermittlungs- und Strafverfahren entwickelt, das in wichtigen Punkten vom traditionellen Strafprozess abweicht und für das die Strafprozessordnung nur unzureichende Regelungen bereithält“[232]. Ein Kennzeichen dieses neuen Ermittlungs- und Strafverfahrens sei das aktive Tätigwerden der Polizei, welches der Feststellung eines konkreten Straftatverdachts vorausgehe[233].

Merkmal einer „aktiven Informationsbeschaffung“ sei die Nutzung einer Vielzahl geheimer Ermittlungsmaßnahmen, wie die Schaltung von Telefonüberwachungen, der Einsatz verdeckter Ermittler oder aus dem Milieu stammender Vertrauenspersonen, wobei die rechtliche Grundlage für deren Einsatz unklar bleibe[234]. So finde diese Tätigkeit oft mit formelhaften Wendungen wie „polizeilicherseits wurde bekannt“ oder „vertrauliche Hinweise ergaben“ Eingang in die Ermittlungsakte[235]. Jene Reformen, deren Notwendigkeit mit dem Erfordernis einer effektiven Bekämpfung Organisierter Kriminalität begründet worden sei, hätten zu einer Verschleifung von Polizei- und Strafprozessrecht bei gleichzeitigem Machtzuwachs der Polizei zulasten der Staatsanwaltschaft geführt[236]. Die traditionelle, scharfe Abgrenzung zwischen repressiver, unter der Leitung der Staatsanwaltschaft stehender sowie präventiver Polizeiarbeit sei aufgehoben worden[237].

Durch eine Vorverlagerung ihrer Tätigkeit in den Bereich vor Gefahrentstehung und Tatverdacht erlange die Polizei eine erhebliche Definitionsmacht, da sie selbst kriminal- beziehungsweise sicherheitspolitische Schwerpunkte setzen könne[238]. Darüber, welche Dunkelfelder aufgehellt und welche Kriminalitätsbereiche vernachlässigt würden, entscheide die Polizei[239]. Eine aktive Informationsbeschaffung finde vor allem im Bereich der Bekämpfung der Drogenkriminalität statt[240].

Neben der aktiven Informationsbeschaffung sei auch die Verfahrenseinleitung aufgrund eigener polizeilicher Erkenntnisse von Bedeutung, das heißt die Erkenntnisse aus einem Verfahren führten zur Generierung eines anderen[241].

---

232 Kinzig, Bewältigung von OK, S. 788.
233 Kinzig, Bewältigung von OK, S. 441, 792 f.
234 Kinzig, Bewältigung von OK, S. 440, 448, 795.
235 Kinzig, Bewältigung von OK, S. 440.
236 Kinzig, Bewältigung von OK, S. 788.
237 Kinzig, Bewältigung von OK, S. 441, 792.
238 Kinzig, Bewältigung von OK, S. 441, 792.
239 Kinzig, Bewältigung von OK, S. 440 f., 792.
240 Kinzig, Bewältigung von OK, S. 440, 794.
241 Kinzig, Bewältigung von OK, S. 443.

Die Ergebnisse der Aktenanalyse verdeutlichten darüber hinaus die Untauglichkeit der geltenden Definition Organisierter Kriminalität, insbesondere der so genannten speziellen Merkmale zur Bestimmung eines besonderen Kriminalitätsphänomens[242].

Unter dem Merkmal „unter Verwendung geschäftsähnlicher Strukturen" sei in der Regel ein arbeitsteiliges, bisweilen hierarchisch strukturiertes Zusammenwirken verstanden worden[243]. Ungeklärt bleibe, welche Ausprägung die Arbeitsteiligkeit aufweisen müsse, um das Kriterium der Geschäftsmäßigkeit zu erfüllen.

Eine „Verwendung gewerblicher Strukturen" sei bereits bejaht worden, wenn etwa eine Pizzeria als Treffpunkt genutzt worden sei[244].

Nach den Schlussfolgerungen *Kinzigs* hätten weder die derzeitige Definition Organisierter Kriminalität noch der Begriff Organisierte Kriminalität im juristischen Kontext einen besonderen Erklärungswert[245].

Als Ergebnis der Untersuchung der Täterverbindungen bei Organisierter Kriminalität und ihrer Behandlung durch die Justiz als drittem Forschungsschwerpunkt ließen sich die Tätergruppierungen, gegen die Ermittlungsverfahren in Sachen Organisierter Kriminalität geführt wurden, eher als lockere Zusammenschlüsse von Straftätern denn als kriminelle Organisationen beschreiben[246].

Im Strafverfahren komme es oft zu einer Verfahrenssplittung, weswegen in einer nicht unerheblichen Anzahl von Fällen ein und derselbe Sachverhalt von Gerichten mehrfach abgearbeitet werde[247]. Das berge die Gefahr divergierender Feststellungen. Möglicherweise erhielten bei einer mehrfachen Aburteilung eines identischen Tatgeschehens zeitlich später angeklagte Personen aufgrund einer Serie präjudizierender Vorverurteilungen aber auch keinen vorurteilsfreien Prozess mehr.

---

242 Kinzig, Bewältigung von OK, S. 777.
243 Kinzig, Bewältigung von OK, S. 777.
244 Kinzig, Bewältigung von OK, S. 777.
245 Kinzig, Bewältigung von OK, S. 778.
246 Kinzig, Bewältigung von OK, S. 771.
247 Kinzig, Bewältigung von OK, S. 799.

II. „Ermittlungs- und Sanktionserfolge der OK-Ermittlungen in Baden – Württemberg“ (Weigand/Büchler 2002)

Ähnliche Ziele wie die Untersuchung von *Kinzig* verfolgte auch das Forschungsprojekt von *Weigand* und *Büchler*, bei dem das Landeskriminalamt Baden-Württemberg, unterstützt durch das BKA, die Ermittlungs- und Sanktionspraxis in der OK-Bekämpfung im Hinblick auf eine Prüfung der bisher angewandten polizeilichen Ermittlungstaktik einer Evaluation unterzog. Die sich überschneidende Interessenlage der beiden Projekte führte zu einer Kooperation[248]. Während die Untersuchung von *Kinzig* ihren Schwerpunkt auf die staatsanwaltschaftlichen Ermittlungen und die gerichtlichen Ergebnisse setzte, untersuchten *Weigand* und *Büchler* die polizeiliche Ermittlungspraxis[249].
Ziel war es zu erforschen, wie die bislang erzielten Ergebnisse im Hinblick auf eine effiziente OK-Bekämpfung einzuschätzen wären[250]. Untersucht werden sollte, ob OK-Strukturen erkannt würden und ob es gelinge in sie einzudringen oder sie zu zerstören[251]. Es sollte erforscht werden, welche Adressaten vorrangig von Ermittlungen betroffen seien[252].
Daneben sollte in Erfahrung gebracht werden, wie die Strafjustiz das Phänomen OK aufgreife und bewältige und ob Strategie-, Vollzugs- oder Rechtsdefizite vorhanden seien[253].

Neben der Analyse von 100 Verfahrensakten aus Baden-Württemberg, die als OK-Verfahren eingestuft worden waren, wurde eine Expertenbefragung von 41 Experten der Polizei und 20 Interviewpartnern der Justiz durchgeführt[254]. Um kompatible Ergebnisse zu erzielen, waren etwa 75 Prozent des Untersuchungsmaterials der Projekte von *Weigand/Büchler* und *Kinzig* identisch[255].

Anhand von zuvor definierten Erfolgsparametern wurden die zu untersuchenden Verfahren auf erfolgsfördernde und erfolgshemmende Faktoren hin geprüft:
Entscheidend für eine erfolgreiche OK-Bekämpfung sei im Ergebnis die Bereitstellung von sächlichen und personellen Ressourcen, eine gute Zusammenarbeit mit der Staatsanwaltschaft, Unterstützung durch die Führung sowie die Verbesserung der internationalen Zusammenarbeit[256].

---

248 Weigand/Büchler, Ermittlungs- und Sanktionserfolge, S. 12.
249 Weigand/Büchler, Ermittlungs- und Sanktionserfolge, S. 13.
250 Weigand/Büchler, Ermittlungs- und Sanktionserfolge, S. 11.
251 Weigand/Büchler, Ermittlungs- und Sanktionserfolge, S. 11.
252 Weigand/Büchler, Ermittlungs- und Sanktionserfolge, S. 11.
253 Weigand/Büchler, Ermittlungs- und Sanktionserfolge, S. 11.
254 Weigand/Büchler, Ermittlungs- und Sanktionserfolge, S. 13 f.; 20 f.
255 Weigand/Büchler, Ermittlungs- und Sanktionserfolge, S. 13.
256 Weigand/Büchler, Ermittlungs- und Sanktionserfolge, S. 51.

Optimierungsbedarf bestehe hier vor allem hinsichtlich der Umsetzung zwischenstaatlicher Verträge[257].
Weitere Schwachstellen seien zu geringe personelle Ressourcen sowie eine mangelnde Identifikation der Führung für die OK-Belange[258].

Die Verdachtsgewinnung basiere in einem Großteil der Verfahren auf einer verdeckten Datenerhebung[259]. Dabei sei eine Hinwendung zur VP als bevorzugter Hinweisquelle zu beobachten, was die Gefahr eines fremdgesteuerten und selektiven Vorgehens der Strafverfolgungsorgane in sich berge[260]. Die auffallend einseitige Auslastung der VP-Einsätze im Bereich der Rauschgiftkriminalität, die auf einen schnellen Erfolg mit möglichst geringem Aufwand zurückzuführen sei, müsse jedoch zu einer neu ausgerichteten VP-Gewinnung führen[261]. Dennoch werde dieses Instrumentarium, das einen unverzichtbaren Einsatzwert für die präventive Kriminalitätsbekämpfung darstelle, insgesamt betrachtet mit Erfolg eingesetzt[262].

Die Zusammenarbeit zwischen Polizei und Staatsanwaltschaft wurde als kaum problembelastet beschrieben[263]. Eingeräumt wurden jedoch vereinzelt auftretende Probleme im Überschneidungsbereich von Repression und Prävention bei Initiativ- oder Strukturermittlungen[264].

Eine Nachbereitung der Verfahren finde nicht in ausreichendem Maße statt[265].

Die OK-Auswertung müsse gestärkt werden. Die derzeitige Form der Bearbeitung in Baden-Württemberg im Landeskriminalamt durch mehrere Auswertedezernate, die unterschiedlichen Organisationseinheiten angehörten, führe zu Informationsverlusten[266]. Der ganzheitliche Auswerteansatz lege eine einheitliche Auswertung in einer gemeinsamen Organisation nahe[267].
Die Organisation der Ermittlungen stelle ebenfalls ein wesentliches Kriterium für eine erfolgreiche OK-Bekämpfung dar. Die effektivste Arbeit leisteten indi-

257 Weigand/Büchler, Ermittlungs- und Sanktionserfolge, S. 89.
258 Weigand/Büchler, Ermittlungs- und Sanktionserfolge, S. 83.
259 Weigand/Büchler, Ermittlungs- und Sanktionserfolge, S. 44.
260 Weigand/Büchler, Ermittlungs- und Sanktionserfolge, S. 45.
261 Weigand/Büchler, Ermittlungs- und Sanktionserfolge, S. 99 f.
262 Weigand/Büchler, Ermittlungs- und Sanktionserfolge, S. 99.
263 Vgl. Weigand/Büchler, Ermittlungs- und Sanktionserfolge, S. 121.
264 Weigand/Büchler, Ermittlungs- und Sanktionserfolge, S. 121.
265 Weigand/Büchler, Ermittlungs- und Sanktionserfolge, S. 129.
266 Weigand/Büchler, Ermittlungs- und Sanktionserfolge, S. 108 f.
267 Weigand/Büchler, Ermittlungs- und Sanktionserfolge, S. 112.

viduell auf die jeweilige Lage zugeschnittene Organisationen mit der Bündelung von Kräften aus tangierten Fachdiensten[268].
Kleinere Dienststellen erfüllten eine wichtige Funktion zur vorbeugenden OK-Bekämpfung, indem Straftaten von Tätergruppen mit OK-Potential, die beispielsweise im Bereich des Rauschgiftschmuggels tätig seien, bereits im Vorfeld flächendeckend verfolgt würden, wodurch deren Entwicklung gestört werde[269].
Flächendienstellen hingegen werde hinsichtlich des frühzeitigen Erlangens sich entwickelnder Strukturen ein Vorsprung bei der „Ortskenntnis" zuerkannt[270].
Eine Präferenz für eine zentrale oder dezentrale OK-Bekämpfung bestehe nicht, da sowohl Flächendienststellen als auch zentrale OK-Dienststellen für einen Teil der Gesamtaufgabe stünden[271].

Im Hinblick auf die Sozialisation der Täter gehe aus der Untersuchung eine Personengruppe hervor, die sich unangepasst mit geringem sozialem Status in der Gesellschaft bewege[272]. Auffallend sei auch ein hoher Anteil von Personen mit Vorstrafen, beziehungsweise von als gewaltbereit einzustufenden Personen[273].
Die im Zusammenhang mit der OK vermuteten Hintermänner konnten durch die Untersuchung nicht belegt werden[274].

Weigand und *Büchler* resümieren, Erfolg und Wirtschaftlichkeit von Verfahren hingen von beeinflussbaren und nicht beeinflussbaren Faktoren ab. Um diese messbar und somit steuerbar zu machen, bedürfe es der Steuerungselemente für ein modernes Verfahrensmanagement[275].
Im Mittelpunkt stehe dabei die Wirtschaftlichkeit der Ressourcen einschließlich der Dauer der Ermittlungen einerseits sowie die Qualität der Leistungen und die Motivation der Mitarbeiter andererseits[276].
Von zentraler Bedeutung seien das Informationsmanagement in Verfahren sowie die Informationsgewinnung aus bereits von Drittstellen erkannten Sachverhalten[277].

268 Weigand/Büchler, Ermittlungs- und Sanktionserfolge, S. 112 f.
269 Weigand/Büchler, Ermittlungs- und Sanktionserfolge, S. 76.
270 Weigand/Büchler, Ermittlungs- und Sanktionserfolge, S. 76.
271 Weigand/Büchler, Ermittlungs- und Sanktionserfolge, S. 76.
272 Weigand/Büchler, Ermittlungs- und Sanktionserfolge, S. 137.
273 Weigand/Büchler, Ermittlungs- und Sanktionserfolge, S. 137.
274 Weigand/Büchler, Ermittlungs- und Sanktionserfolge, S. 137.
275 Weigand/Büchler, Ermittlungs- und Sanktionserfolge, S. 166.
276 Weigand/Büchler, Ermittlungs- und Sanktionserfolge, S. 166.
277 Weigand/Büchler, Ermittlungs- und Sanktionserfolge, S. 166.

III. „Der OK-Komplex" (Pütter, 1998)

Im einem sozialwissenschaftlichen Forschungsprojekt wurden von *Pütter* die „Realitäten polizeilicher OK-Bekämpfung" untersucht[278].
Ausgangspunkt war die Annahme, dass Erkenntnisse über OK die Institution Polizei selbst veränderten. Die Polizei brauche neue Erkenntnisinstrumente, neue Methoden, neue Strategien, neue Organisationsformen und sogar neue rechtliche Grundlagen für eine effektivere „Verbrechensbekämpfung", weil sie sich auf die Suche nach dem Phänomen hinter der Phänomen mache[279]. Durch die Diagnose „OK" gebe die Polizei Motiv und Richtung ihrer eigenen Veränderung vor, weswegen die polizeiliche Wahrnehmung sowie die Bekämpfungsstrategien von besonderem Forschungsinteresse seien.
Überprüft wurde insofern, inwieweit eine Veränderung der polizeiliche Tätigkeit eingetreten war und ob „dem Publikum altes Kriminalitätshandwerk unter neuer Semantik verkauft wird, wenn von ´OK-Polizei` die Rede ist"[280].
Es sollten Erkenntnisse gewonnen werden über „das Verhältnis zwischen den polizeilichen Strategien und Handlungen und dem polizeilichen Gegenüber", aber auch über „die institutionellen Rahmenbedingungen" der polizeilichen OK-Bekämpfung[281]. Ziel war es darüber hinaus, herauszufinden, welche Bedeutung „OK und OK-Bekämpfung in der öffentlichen Diskussion erlangt haben"[282].
Neben den Erfahrungen über allgemeine Entwicklungstendenzen innerhalb der Polizei, sollten auch solche über spezifische Reaktionen auf bestimmte soziale Phänomene, sowie deren Folgen und Rückwirkungen gesammelt werden. Die Analyse der ´OK-Polizei` sollte des Weiteren Aufschlüsse über das Verhältnis zwischen politisch-öffentlichen und polizeilich-strafverfolgerichen Prozessen liefern[283].

Als empirische Methode wurden Interviews gewählt und anhand eines strukturierten Leitfadens wurden 71 Gespräche mit Polizisten und Staatsanwälten aus dem OK-Bereich geführt. Die über sechs Bundesländer verteilten Interviews wurden bei Landeskriminalämtern, Großstadtpolizeien oder mit Staatsanwälten aus dem OK-Bereich geführt[284]. Neben den Erkenntnissen, die durch Gespräche gesammelt wurden, wurden einige „harte Daten" mittels Fragebogen abgefragt[285].

---

278 Pütter, OK-Komplex, S. 7.
279 Pütter, OK-Komplex, S. 12.
280 Pütter, OK-Komplex, S. 18 f.
281 Pütter, OK-Komplex, S. 19.
282 Pütter, OK-Komplex, S. 19.
283 Pütter, OK-Komplex, S. 23.
284 Pütter, OK-Komplex, S. 23.
285 Pütter, OK-Komplex, S. 24.

Eine quantitative Auswertung erfolgte nicht. Besonders signifikante Äußerungen wurden durch Zitate wiedergegeben.
Die methodische Problematik der Interviews, die darin bestand, dass nur subjektive Sichtweisen erhoben werden konnten, versuchte man durch mehrere Kontrollen zu entschärfen[286]. Das geschah durch Überprüfung der Interviews auf Schlüssigkeit und Widerspruchfreiheit[287]. Darüber hinaus wurden die innerhalb einer Behörde geführten Interviews miteinander verglichen. Zudem fand eine Verbindung veröffentlichter Stellungnahmen und Meinungen mit den Interviewaussagen statt.

Die Untersuchung begann mit einer Analyse der Ermittlungen wegen OK. Zunächst wand sich *Pütter* der Verdachtsschöpfung zu. Im Zentrum der Forschung stand die Auswertungsleistung.
Pütter gelangte zu der Erkenntnis, es seien die der Auswertungspraxis zugrundeliegenden Kriterien des Verdachts, die darüber entschieden, wo und ob OK erkannt werde[288]. Diese Kriterien des Verdachts entstünden entweder, indem auf der Basis von früheren Ermittlungsverfahren systematisch nach weiteren Informationen gesucht werde oder durch eine Hypothesenbildung aufgrund von kriminalistischer Erfahrung. Das komplementäre Verhältnis von Verdachtsschöpfung und Ermittlungen führe zu einer einseitigen Überwachung jener Milieus, welche die generalisierten Verdachtsmomente zu erfüllen schienen[289]. Soweit sich aber die Ermittlungen auf solche Bereiche beschränkten, die OK-Bezüge aufwiesen, schaffe dies unterschiedliche Verfolgungsintensitäten und bilde einen Konflikt mit dem Legalitätsprinzip[290]. Laut *Pütter* seien die polizeilichen Aufmerksamkeiten gegenwärtig noch traditionell orientiert und bezögen sich auf polizeibekannte Einzelpersonen, randständige, durch ihre ethnische Herkunft definierte Gruppen und auf das Umfeld der Rotlichtkriminalität[291].
Offensichtlich sei daher, „dass derart die Polizei bestimmt, wann welche Informationen über wen oder was erhoben und wie sie verarbeitet werden". Eröffnet seien damit „auch Möglichkeiten der politisch-polizeilichen Funktionalisierung polizeilicher Tätigkeiten, indem die Fakten für einen ernannten Gefahrenschwerpunkt mit Hilfe der Auswertung (nach-)geliefert werden könnten[292].

Eine besondere Brisanz ergebe sich, weil sich Ermittlungen nicht gegen einzelne Personen, sondern gegen Gruppen oder ganze soziale Milieus, die als OK-ver-

286 Pütter, OK-Komplex, S. 25.
287 Pütter, OK-Komplex, S. 25.
288 Pütter, OK-Komplex, S. 56.
289 Pütter, OK-Komplex, S. 61.
290 Pütter, OK-Komplex, S. 56.
291 Pütter, OK-Komplex, S. 57.
292 Pütter, OK-Komplex, S. 57.

dächtig gelten, richteten[293]. Polizeiliche Ermittlungen würden nicht durch bestimmte Handlungen, sondern durch polizeiliche OK-Vermutungen ausgelöst[294]. Damit liege es nicht mehr in der Verfügung des einzelnen, ob er Objekt intensiver, verdeckter und operativer Polizeiarbeit werde[295].

Werde eine Gruppe „ausgeschaltet“, so erzeuge zudem die weiterhin bestehende Nachfrage nach illegalen Gütern ein „Vakuum“, das die verbleibenden im Bereich OK tätigen Personen, die einen Konkurrenten weniger im Kampf um die Anteile an illegalen Märkten hätten, ausfüllen würden[296].

Hinsichtlich der Organisation der OK-Polizeien resümiert *Pütter*, es handle sich um „hochspezialisierte und in vielerlei Hinsicht privilegierte Dienststellen“[297]. Die OK-Dienststellen seien „den Tagesroutinen anderer Ermittlungen enthoben und mit erheblich mehr institutionellen Kompetenzen und Ressourcen“ ausgestattet[298]. Mitunter gebe es innerhalb der Polizei Unstimmigkeiten, weil die OK-Dienststellen zwar mit Informationen beliefert würden, es aber in deren freiem Ermessen stünde, ob und wann sie Informationen herausgäben[299].
Die Besonderheiten der OK-Polizeien verursachten zudem systematische Kontrolldefizite, nicht nur hinsichtlich der verdeckten Methoden, um deretwillen insbesondere die polizeiinterne Abschottung eingeführt worden sei, sondern auch was die Verdachtsschöpfung angehe[300].
Die im Zusammenhang mit der Verdachtsschöpfung festgestellte Abhängigkeit von Ermittlungstraditionen, vorhandenen Informationszugängen und innerhalb der OK-Polizei entwickelten kriminalistischen Hypothesen und die damit verbundene Definitionsmacht werde durch die Institutionalisierung der OK-Polizeien (d.h. der deliktsübergreifenden OK-Dienststellen) abgesichert[301].

Das institutionelle Verhältnis zwischen Polizei und Staatsanwaltschaft lasse sich allgemein mit den Begriffen „Konflikt und Kooperation“ charakterisieren[302]. Die Tatsache, dass eine erfolgreiche OK-Bekämpfung ein dauerhaftes und abgestimmtes Zusammenwirken von Polizei und Staatsanwaltschaft erforderlich mache, berge ein (natürlich) erhöhtes Konfliktpotential[303]. Sowohl unter den Staats-

293 Pütter, OK-Komplex, S. 154.
294 Pütter, OK-Komplex, S. 154.
295 Pütter, OK-Komplex, S. 154.
296 Pütter, OK-Komplex, S. 157.
297 Pütter, OK-Komplex, S. 178.
298 Pütter, OK-Komplex, S. 178.
299 Pütter, OK-Komplex, S. 178.
300 Pütter, OK-Komplex, S. 180.
301 Pütter, OK-Komplex, S. 180.
302 Pütter, OK-Komplex, S. 261.
303 Pütter, OK-Komplex, S. 262.

anwälten als auch unter den Polizisten sei die Einsicht, miteinander zusammenarbeiten zu müssen, dennoch weit verbreitet[304]. Eine optimale Zusammenarbeit sei am ehesten zu erwarten, wenn auf beiden Seiten auf OK spezialisierte Organisationseinheiten bestünden, die dauerhaft kooperierten[305]. „Optimal" bezeichne unter anderem ein institutionelles Verhältnis, in dem die Staatsanwaltschaft aus ihrer reaktiven Rolle heraustrete und stärker gestaltend in das Ermittlungsverfahren und die ihm vorgelagerten Entscheidungsprozesse eingreife[306]. Die „optimale Zusammenarbeit" führe aber auch zu einer Verringerung der staatsanwaltlichen Distanz gegenüber den polizeilichen Ermittlungsmethoden[307]. Auf Deliktsfelder oder Ethnien spezialisierte OK-Staatsanwälte verfügten über eigene polizeiunabhängige Kenntnisse, die ihnen Mitentscheiden und Mitermitteln erlaubten[308]. Bestimmte Methoden würden nur noch vom Staatsanwalt angeordnet beziehungsweise beantragt und seien nicht mehr auf eigene staatsanwaltliche Verdachtsvermutungen gestützt[309]. Auch in Bezug auf die Aktenführung und Prozessvertretung als Elemente staatsanwaltlicher OK-Tätigkeit könne die enge staatsanwaltliche Beteiligung dazu beitragen, taktische Varianten zu entwickeln, die nicht veränderte Ermittlungen bewirkten, sondern lediglich deren aktenmäßig „saubere" Dokumentation zuließen[310]. Anstelle von Kontrolle und gerichtlicher Transparenz resultiere aus umfassender staatsanwaltlicher Beteiligung die rechtliche Absicherung von Ermittlungen. Eine Offenlegung erfolge nur in dem Maße, wie sie von den Gerichten verlangt werde[311].

Insgesamt ergebe sich ein Konflikt, weil die Staatsanwaltschaft aus einer primär reaktiven Position die polizeilichen Ermittlungstätigkeiten nicht kontrollieren könne. Mache sie jedoch aktiv die Ermittlungen zu ihren eigenen, gingen ihr Ambition und Kriterien der Kontrolle verloren[312].

In der Praxis müsse von „staatsanwaltlicher Beteiligung an polizeilichen OK-Ermittlungen" gesprochen werden, weil „die entscheidenden Markierungen trotz intensiver Zusammenarbeit von der Polizei gesetzt werden"[313]. Dies betreffe die Zielauswahl sowie die Information über Verfahren und deren Zeitpunkt.

Pütter legte in seiner Untersuchung eine Veränderung des Strafverfolgungssystems dar[314]: „Das Recht verliert seine begrenzende Wirkung; es eröffnet vielmehr Handlungsräume und legitimiert das, was polizeistrategisch erforderlich

304 Pütter, OK-Komplex, S. 262.
305 Pütter, OK-Komplex, S. 268.
306 Pütter, OK-Komplex, S. 268.
307 Pütter, OK-Komplex, S. 269.
308 Pütter, OK-Komplex, S. 269.
309 Pütter, OK-Komplex, S. 269.
310 Pütter, OK-Komplex, S. 269 f.
311 Pütter, OK-Komplex, S. 270.
312 Pütter, OK-Komplex, S. 272.
313 Pütter, OK-Komplex, S. 265.
314 Pütter, OK-Komplex, S. 282.

scheint“. Die aus der rechtsstaatlichen Absicherung erforderliche direktere Beteiligung der Staatsanwaltschaft führe über die Spezialisierung zu deren Verpolizeilichung. Durch den durch einen polizeilichen Vorverdacht auf latente OK gekennzeichneten Normalzustand, sei jeder Wirklichkeitsbereich OK-verdächtig und stehe zur Disposition polizeilicher Überwachung[315].

Abschließend wurden in *Pütters* Untersuchung die „bürgerrechtlichen Folgen der OK-Bekämpfung“ erarbeitet und einige der Hauptelemente polizeilicher Konstruktionen der OK rekapituliert:
Die Polizei leite die Existenz des Sammelphänomens OK aus einer Fülle vager und nicht konsistent verbundener Indizien ab, die das Etikett „neue Formen des Verbrechens“ erhielten[316].
Die Entwicklung sei gekennzeichnet durch eine Verallgemeinerung des Verdachts ins Feld der Normalität hinein und entspreche dem Wechsel des Strafverfolgungsmusters zum Präventionsmuster[317].
Die Verdachtsschöpfung könne nur leisten, wer über verlässliche Kontakte zur Unterwelt verfüge[318]. Hieraus ergebe sich die Bedeutung von Vertrauenspersonen und Verdeckten Ermittlern. Diese zentralen Figuren verfügten aber über ein Erkenntnisprivileg, welches weithin einer Kontrolle entzogen sei[319].
„Der Versuch, die nicht angetastete Normalität durch eine geheim eingeschleuste polizeiliche Überwachung davon abzuhalten, kriminelles Handeln zu induzieren, ist von vornherein zum Scheitern verurteilt[320]“. Wenn dem Gesetzgeber daran liege, aus veränderten normalen Bedingungen erwachsende „Auswüchse“ zu verhindern, dann müsse er die neuen normalen Bedingungen entsprechend verändern und dürfe nicht versuchen, dieselben mit dafür ungeeigneten Mitteln an ihrer kriminogenen Neigung zu hindern[321].
Eine Güterabwägung zwischen dem Gut Verbrechensbekämpfung und dem Gut Schutz der Bürgerrechte sei unmöglich, weil die OK-Bekämpfung geheim erfolge und deren Erfolge daher gar nicht beurteilt werden könnten[322].
Die „Neben“-Folgen der OK seien beträchtlich[323]. Innerhalb der Polizei entwickelten sich die OK-Abteilungen zu Sonderpolizeien[324]. Die Staatsanwaltschaft könne im Rahmen der OK-Bekämpfung nur einigermaßen kompetent

315 Pütter, OK-Komplex, S. 282.
316 Pütter, OK-Komplex, S. 300.
317 Pütter, OK-Komplex, S. 301.
318 Pütter, OK-Komplex, S. 302.
319 Pütter, OK-Komplex, S. 302.
320 Pütter, OK-Komplex, S. 304.
321 Pütter, OK-Komplex, S. 304.
322 Pütter, OK-Komplex, S. 304.
323 Pütter, OK-Komplex, S. 304.
324 Pütter, OK-Komplex, S. 305.

mitwirken, wenn sie in polizeiliche Verfahrensweisen schlüpfe. Das bedeute aber gleichsam den Verlust ihrer kontrollierenden Funktion[325].

Am Ende von aufwendigen Verfahren kämen die üblichen Beschuldigten heraus[326]. Anstatt angeblich neuer Formen des Verbrechens infolge neuer sozialer Gegebenheiten und Entwicklungen werde in der OK-Bekämpfung „gefunden, was gesucht worden ist und gesucht wird, was immer schon gefunden worden ist“[327].

IV. „Wahrnehmung, Ermittlung und Verfolgung neuerer Kriminalitätsformen in Deutschland Analyse von Problemen des Einsatzes klassischer polizeilicher Ermittlungsmethoden, mit Blick auf die Notwendigkeit und Rechtmäßigkeit des Einsatzes von Verdeckten Ermittlern und V-Personen“ (Podolsky, 1995)

Die Forschungsarbeit von *Podolsky* beschäftigte sich nach dem Versuch einer allgemeinen Bestandsaufnahme der Organisierten Kriminalität in der Bundesrepublik Deutschland ausführlich mit der Problematik VE/VP-Einsatz.
Die Untersuchung wird an dieser Stelle aufgeführt, da sie den Einsatz von VE/VP zur Informationserhebung und Observation beleuchtet und damit die in der Phase der Verdachtsgewinnung vor Einleitung des Ermittlungsverfahrens vielleicht wichtigsten zur Verfügung stehenden Ermittlungsinstrumentarien untersucht hat.
Erforscht wurden auch die Probleme der Bekämpfung der neueren Kriminalitätsformen mit den herkömmlichen Ermittlungsinstrumentarien[328].
Die Arbeit hatte zum Ziel, typische Fallkonstellationen neuerer Kriminalitätsformen aus der Praxis auszugreifen und sie auf die Notwendigkeit und Rechtmäßigkeit des Einsatzes von Verdeckten Ermittlern und Vertrauenspersonen zu überprüfen[329].
Nach einer Zusammenfassung der bisherigen empirischen Forschung zur Organisierten Kriminalität wurde eine Beschreibung der der OK zuzurechnenden polizeilichen Ermittlungsverfahren gegeben.
Anschließend wurde anhand von exemplarischen Fällen der Frage nachgegangen, ob die dargestellten Phänomene mit herkömmlichen Ermittlungsmethoden wirksam bekämpft werden könnten.

325 Pütter, OK-Komplex, S. 306.
326 Pütter, OK-Komplex, S. 310.
327 Pütter, OK-Komplex, S. 310.
328 Podolsky, Wahrnehmung neuerer Kriminalitätsformen, S. 95 ff.
329 Podolsky, Wahrnehmung neuerer Kriminalitätsformen, S. 34.

Belegt werden sollte die Existenz „moderner Kriminalitätsformen, die einen früher unbekannten Komplexitätsgrad besitzen, aber durch Ermittlungsmethoden wie den VE- oder VP-Einsatz wenigstens zum Teil erfolgreicher als bisher bekämpft werden können“[330].
In einem weitern Teil der Arbeit beschäftigte sich *Podolsky* mit den Rechtsgrundlagen des Einsatzes von Verdeckten Ermittlern und Vertrauenspersonen. Im Wesentlichen untersuchte er die Zulässigkeit der Informationserhebung, der Agent-provocateur-Tätigkeit, des Betretens von Wohnungen, des Ankaufs deliktisch erlangter Güter, des Zurückstellen und Absehen von der Strafverfolgung sowie der Begehung von Straftaten.

Exemplarisch analysiert wurden 15 Fälle, die in der polizeilichen Praxis der OK zugerechnet wurden.
Einbezogen in die Untersuchung wurden darüber hinaus die in Baden-Württemberg im Jahr 1993 erzielten Ermittlungsergebnisse sowie die persönlichen Erfahrungen des Verfassers aus seiner polizeilichen Tätigkeit.

Nach dem Ergebnis der Auswertung der in Baden-Württemberg im Jahr 1993 bearbeiteten 73 OK-Verfahren seien die Ermittlungen weniger auf OK-Erkenntnissen aus einer fundierten Beobachtung der kriminellen Szene oder systematischen Erkenntnisgewinnung und analytischen Auswertung zurückzuführen[331]. Vielmehr seien die Ermittlungen durch VE/VP-Erkenntnisse oder durch im Rahmen von Ermittlungsverfahren der Polizei gewonnene Erkenntnisse ausgelöst worden[332].
In den 15 Falldarstellungen habe man die Ermittlungen ebenfalls nicht auf analytische Auswertungsergebnisse der Polizei zurückzuführen können, sondern sie seien aufgrund von anonymen Anzeigen eingeleitet worden, meist jedoch durch VP-Erkenntnisse oder im Rahmen von in polizeilichen Ermittlungsverfahren gewonnenen Erkenntnissen[333].

Während sich OK-Strukturen und ihre kriminellen Aktivitäten kontinuierlich weiterentwickelt hätten, sei die Entwicklung polizeilicher Verdachtsgewinnungs- und Bekämpfungsstrategien dagegen noch nicht sehr weit fortgeschritten[334].
Die Erhebung, Speicherung und Nutzung OK-relevanter Informationen bilde die Basis einer nicht dem Zufall überlassenen OK-Bekämpfung und stelle eine wichtige ermittlungsunterstützende Maßnahme dar, sei isoliert betrachtet jedoch

330 Podolsky, Wahrnehmung neuerer Kriminalitätsformen, S. 35.
331 Podolsky, Wahrnehmung neuerer Kriminalitätsformen, S. 97.
332 Podolsky, Wahrnehmung neuerer Kriminalitätsformen, S. 97.
333 Podolsky, Wahrnehmung neuerer Kriminalitätsformen, S. 98.
334 Vgl. auch schon Gehm/Link, Kriminalistik 1992, 491(494).

nicht von Erfolg gekrönt, da die Kenntnis über Personenverflechtungen noch nichts aussage über kriminelle Aktivitäten, Deliktsvorhaben, Arbeitsweisen und Tatorte[335]. Daher sei es unabdingbar, in das kriminelle Milieu einzudringen, um Informationen über Planungen und Aktivitäten aus erster Hand zu erhalten[336]. Langzeitobservationen oder Observationen über weite Entfernungen, die durchaus geeignet seien, Straftäterverbindungen aufzuhellen, seien aus Kapazitätsgründen nahezu ausgeschlossen. Zudem fehle den Spezialkräften bei ad-hoc-Einsätzen häufig die notwendige Personen- und Sachkenntnis[337]. Zeitweilige Bewegungsobservationen seien zudem nicht oder nur eingeschränkt über Staatsgrenzen hinweg möglich[338].
Straftäter nutzten die unterschiedlichen Rechtssysteme, die Sprachbarrieren sowie die verbreitete Schwerfälligkeit des Rechtshilfeverkehrs und erschwerten so den Ermittlungsbehörden die Strafverfolgung[339]. In der Praxis habe dies in verschiedenen Grenzregionen dazu geführt, dass aus- und inländische Dienststellen unter Umgehung der schwerfälligen, formalrechtlich zulässigen Instanzenwege direkte Kontakte pflegten. Dies stoße auf rechtliche Bedenken und könne insbesondere im Strafverfahren zu Verfahrenshindernissen führen[340].

Nach den Schlussfolgerungen *Podolskys* seien klassische Ermittlungsinstrumentarien bei der Bekämpfung der Organisierten Kriminalität nicht oder nur bedingt geeignet, weil OK wegen der sorgfältigen Abschottung regelmäßig nicht erkennbar sei[341]. Aufgrund von arbeitsteiligem Vorgehen blieben selbst den Mittätern, Unterstützern und Hilfspersonen Zusammenhänge weitestgehend verborgen, während die Hintermänner weder an der Tatausführung noch an einer Verwertung von Waren unmittelbar beteiligt seien[342]. Der Einsatz von VE oder VP sei eine angepasste Methode der Verbrechensbekämpfung, ohne die ein Eindringen in den inneren Kreis einer verbrecherischen Struktur nicht gelinge[343]. Parallel zum Einsatz von VE und VP seien operative Maßnahmen wie Observationen und der Einsatz technischer Mittel unerlässlich. Erst das Zusammenwirken dieser und anderer taktischer Maßnahmen zur verdeckten Datenerhebung ermögliche eine fundierte Sachaufklärung[344]
VE/VP-Einsätze zur Gefahrenabwehr seien im Bereich der OK-Bekämpfung allerdings praktisch ohne Relevanz, weil VE und VP, soweit bekannt, bundes-

335 Podolsky, Wahrnehmung neuerer Kriminalitätsformen, S. 101 f.
336 Podolsky, Wahrnehmung neuerer Kriminalitätsformen, S. 102.
337 Podolsky, Wahrnehmung neuerer Kriminalitätsformen, S. 104.
338 Podolsky, Wahrnehmung neuerer Kriminalitätsformen, S. 104.
339 Podolsky, Wahrnehmung neuerer Kriminalitätsformen, S. 99.
340 Podolsky, Wahrnehmung neuerer Kriminalitätsformen, S. 100.
341 Podolsky, Wahrnehmung neuerer Kriminalitätsformen, S. 110.
342 Podolsky, Wahrnehmung neuerer Kriminalitätsformen, S. 110.
343 Podolsky, Wahrnehmung neuerer Kriminalitätsformen, S. 110.
344 Podolsky, Wahrnehmung neuerer Kriminalitätsformen, S. 121.

weit in dieser Phase nicht eingesetzt würden und auch polizeiliche Observationen von Orten und Personen ohne konkreten Verdacht schon aus Personalmangel nicht stattfänden[345].

Die Qualität der Verdeckten Ermittlungen hänge davon ab, wie weit der VE oder die VP in die kriminellen Strukturen integriert seien oder integriert werden könnten, weil nur ein „Insider“ einsatzrelevante Informationen beschaffen und die Einsatztaktik maßgeblich mitbestimmen könne[346]. Zunehmend zeigten verbrecherische Strukturen ein Verhalten, das erhebliche Probleme mit sich bringe: Entweder werde der VE überhaupt nicht akzeptiert oder bestehendes Misstrauen könne nur durch aktives Mitwirken des VE oder der VP am kriminellen Geschehen beseitigt werden[347].
Eine wirksame Bekämpfung der OK setze insofern in Einzelbereichen eine staatliche Deliktsbegehung voraus, beziehungsweise sei nur über sie möglich[348].

Als Konsequenz aus den beschriebenen Problemen schlug *Podolsky* die Aufnahme einer Rechtfertigungsnorm in den allgemeinen Teil des Strafrechts für die Straftatenbegehung durch Verdeckte Ermittler und V-Personen zur Bekämpfung der OK vor, die sich an den Abwägungskriterien des § 34 StGB orientieren könne.

V. Verbleibender Forschungsbedarf

In den letzten Jahrzehnten wurde die Organisierte Kriminalität zum Thema mehrerer empirischer Untersuchungen gemacht, die sich vor allem damit beschäftigten, die Existenz von OK auch in Deutschland nachzuweisen und die Strukturen von Organisationen festzustellen.
Obwohl solche Untersuchungen in der Vergangenheit immer wieder mehr „täter- oder tätergruppenbezogene“ Ermittlungen sowie „Vorfeld- oder Initiativermittlungen“ angemahnt haben, sind diese selbst noch kaum erforscht worden.
Nur *Kinzig*, der einzelne als organisierte Kriminalität erfasste Sachverhalte vom Zeitpunkt des Erkennens durch die Polizei bis zur Aburteilung durch die Gerichte erforschte, behandelte auch das Vorfeld des Ermittlungsverfahrens bei Organisierter Kriminalität.
Bis zu diesem Forschungsprojekt von *Kinzig* waren derartige Untersuchungen beinahe ausschließlich von Polizeibeamten gefertigt worden. Zumeist handelte es sich um Forschungsarbeiten durch oder im Auftrage des BKA, ein Umstand,

345 Podolsky, Wahrnehmung neuerer Kriminalitätsformen, S. 132.
346 Podolsky, Wahrnehmung neuerer Kriminalitätsformen, S. 122.
347 Podolsky, Wahrnehmung neuerer Kriminalitätsformen, S. 122.
348 Podolsky, Wahrnehmung neuerer Kriminalitätsformen, S. 285.

der wohl vor allem auf die Zugangsproblematik für Polizeiexterne zurückzuführen war.
Methodisch bezog *Kinzig* seine Erkenntnisse unter anderem aus Aktenauswertungen, während bis dahin ausschließlich Expertenbefragungen durchgeführt worden waren. Auf diese Weise wollte er subjektive Einflüsse bei der Datenerhebung möglichst ausschließen.

Für eine vollumfängliche systematische Untersuchung des Vorfeldes erwies sich die Aktenauswertung jedoch als ungeeignet. Zu Fragen über den Verlauf und die Ausgestaltung von Initiativermittlungen im OK-Bereich konnte die Untersuchung von *Kinzig* naturgemäß bei dem zugrundeliegenden methodischen Ansatz keine Antwort geben, weil die Ermittlungsakten hierüber keine (detaillierte) Auskunft gaben. Die Täterbefragung half diesbezüglich nicht weiter. Nach der Feststellung von *Kinzig* fand „aktive Informationsbeschaffung" unter Einsatz verdeckter Ermittlungsmaßnahmen oft mit formelhaften Wendungen wie „polizeilicherseits wurde bekannt" oder „vertrauliche Hinweise ergaben" Eingang in die Ermittlungsakte[349]. Welche Instrumente dabei zielführend eingesetzt wurden, konnte den Akten nicht entnommen werden.
Entsprechend muss *Pütter* beigepflichtet werden zu seiner Feststellung, es führe „kein Weg an der Polizei und ihren Erkenntnissen vorbei"[350], wolle man Aussagen zur Existenz der OK in Deutschland treffen.
Die Aktenanalyse von *Kinzig* basierte zudem auf OK-Verfahren aus den Jahren 1995 bis 1998. Zu diesem Zeitpunkt war die Auswerte- und Analysearbeit in OK-Verfahren im Vergleich zu heute noch nicht sehr ausgeprägt.

Nachdem *Pütter* bereits 1998 feststellte, dass weitestgehend „Konsens über die Existenz des organisierten Verbrechens in Deutschland besteht, über dessen Gefährlichkeit und die Notwendigkeit, es effektiver zu bekämpfen"[351], bleibt zu untersuchen, inwieweit diese Einsicht zu Veränderungen geführt hat. Hat die Polizei ihr Konzept auf eine effektivere Bekämpfung der Organisierten Kriminalität ausgerichtet?
Die Arbeit *Pütters* basiert auf Erhebungen, die nun mehr als zehn Jahre zurückliegen. Zu dieser Zeit steckte vor allem die Projektarbeit noch in den Anfängen. So wurde erst Ende 1997 in Köln aufgrund einer Problematik in der Türsteherszene das operative Analyseprojekt „Tolkien" initiiert[352]. „Beim Analyseprojekt „Tolkien" handelte es sich um das bis dahin erste Analyseprojekt, welches im Rahmen polizeilicher Vorfeldermittlungen zum Zwecke einer Verdachtsgewin-

349 Kinzig, Bewältigung von OK, S. 440.
350 Pütter, OK-Komplex, S. 11.
351 Pütter, OK-Komplex, S. 10.
352 Vgl. zu den Einzelheiten die Darstellung im Lagebild OK NRW, S. 29 ff.

nung durchgeführt wurde“[353]. Anlass war eine Schießerei im Bereich der Diskotheken und Kneipen auf den Kölner „Ringen“, die zu zahlreichen Verletzten und Schwerverletzten führte und deren Grund nach ersten Erkenntnissen Gebietsansprüche von zwei rivalisierenden türkischen Türstehergruppierungen waren.
Ziel des Analyseprojektes war, die Türsteherszene aufzuhellen und maßgebliche Hinterleute zu identifizieren.
In der Konsequenz entstand 1998 die EK „Express“, die sich gegen eine der türkischen Gruppierungen als kriminelle Vereinigung richtete. Im Herbst 2000 kam es als weiteres Ergebnis des Analyseprojektes „Tolkien“ erneut zu Initiativermittlungen, die im Mai 2001 in einem Ermittlungsverfahrens wegen Bildung einer kriminellen Vereinigung mündeten.
Wesentliche Ziele dieser Vereinigung waren die Verteidigung und Durchsetzung in Anspruch genommener Gebietsansprüche im Diskotheken-Türsteher-Bereich gegen Ansprüche anderer Türsteher-Organisationen. Mit der „Übernahme“ von Diskotheken verbunden waren Schutzgelderpressungen der Betreiber, Anwerbung von jungen Frauen und spätere Zuführung in die Prostitution in die durch Strohleute geführten Bordelle sowie die Kontrolle des BtM-Handels in den Diskotheken. Die erwirtschafteten Gelder wurden in den Diskotheken reinvestiert und gewaschen, weitere Kapitalanlagen erfolgten im Ausland.
Der im Herbst 2004 eröffnete Prozess endete mit hohen Haftstrafen für alle Beteiligten und einer Verurteilung der beiden Rädelsführer unter anderem aus § 129 StGB.

Die Projektarbeit ist heute wesentlicher Teil der polizeilichen Strategie zur Verdachtsschöpfung und insofern von besonderem Interesse für diese Untersuchung, die sich mit Initiativermittlungen beschäftigt.

353 LKA NRW, Lagebild OK NRW 2005, S. 29.

D. Eigene empirische Untersuchung

I. Ziele der empirischen Untersuchung

Die vorliegende Untersuchung konzentrierte sich auf das Vorfeld von Ermittlungsverfahren im Bereich OK von der Verdachtschöpfung an. Dabei lag das Interesse auf den Initiativermittlungen, also dem proaktiven Tätigwerden der Strafverfolgungsbehörden.

Zunächst sollte eruiert werden, wie die Polizei Erkenntnisse sammelt, um schließlich zu einem Anfangsverdacht zu gelangen. Die Untersuchung sollte nicht nur Aufschluss darüber geben, welche der ihr zur Verfügung stehenden Mittel die Polizei dazu einsetzt, sondern auch, wann das geschieht.
Erkundet werden sollte, ob die Polizei bereits über Konzepte und Strategien verfügt, anhand derer eine Veränderung des Strafverfolgungssystems festgemacht werden kann. Von Interesse war insofern vor allem, inwieweit in jüngster Zeit entwickelte Projektmanagement-Modelle in der Praxis Anwendung finden.
Im Hinblick auf Veränderungen sollte auch die polizeiliche Organisation untersucht werden. In den letzten Jahren war es in einigen Bundesländern zu Neustrukturierungen gekommen. Hierzu dürften erste Erkenntnisse vorliegen.

Die Expertengespräche sollten darüber hinaus zu Tage fördern, welche Faktoren die Ermittlungen in dieser Phase beeinflussen und bestimmen und damit möglicherweise Ausschlag geben für Richtung und Intensität einer späteren Strafverfolgung. Hierzu war bereits in einer früheren rechtstheoretischen Abhandlung festgestellt worden, dass „wenn im Vorfeld allein die Polizei handelt, sie darüber verfügen kann, in welchen Bereichen durch Ressourcen- und Logistikeinsatz Dunkelfeldaufhellung zur Verdachtsfindung betrieben wird“[354]. Fraglich war, ob die diesbezüglichen Erkenntnisse aus der Vergangenheit bereits zu Veränderungen geführt haben.
Vor diesem Hintergrund wurde auch das Verhältnis Polizei-Staatsanwaltschaft überprüft. Erfolgt die Abgabe an die Staatsanwaltschaft erst, nachdem ein Anfangsverdacht in einem durch die Polizei ausgewählten Bereich ermittelt wurde, so verpflichtet das Legalitätsprinzip die Staatsanwaltschaft zur Durchführung des Ermittlungsverfahrens. Von einer Leitungsbefugnis der Staatsanwaltschaft kann dann aber wohl nicht mehr gesprochen werden.
Die Untersuchung sollte insofern möglicherweise noch bestehenden Handlungsbedarf aufzeigen.

354 Rudolph, Antizipierte Strafverfolgung, S. 226.

II. Auswahl der Erhebungsmethode

Nachdem die Ziele der Untersuchung festgelegt worden waren, stellte sich die Frage nach der zur Erlangung umfassender Erkenntnisse geeigneten empirischen Methode.
In Betracht kamen als Methoden die Dokumentenanalyse, die schriftliche Befragung mittels standardisiertem Erhebungsbogen sowie Experteninterviews in Form einer standardisierten beziehungsweise nicht standardisierten Befragung.

Erwogen wurde zunächst eine Auswertung von Ermittlungsakten beziehungsweise polizeilichen Akten.
Da die systematische Zuordnung der vorbeugenden Bekämpfung von Straftaten juristisch noch in Streit steht, ist den Akten jedoch eine Rechtsgrundlage, auf der die Informationssammlung der Polizei beruht, meist nicht zu entnehmen[355]. Ebenfalls nicht in vollem Umfang dokumentiert ist der Einsatz der verwandten Ermittlungsinstrumentarien[356]. In den Akten, in denen der Sachverhalt für eine justitielle Entscheidung aufbereitet dargestellt wird, werden von vornherein nicht alle Umstände dokumentiert. Dadurch sind diese Informationen jedoch für eine wissenschaftliche Arbeit verloren.
Zudem stand der Aktenanalyse die Zugangsproblematik entgegen. Es war nicht zu erwarten, dass Einblick in die polizeilichen Akten gewährt worden wäre.
Insofern stellte die Dokumentenanalyse mit Blick auf die vorliegenden Fragestellungen keine brauchbare Methode dar.

Eine schriftliche Befragung mittels standardisiertem Erhebungsbogen, die ebenfalls in Frage kam, hat neben einer geringen Antwortmotivation den entscheidenden Nachteil, dass sie eher zu stereotypen Antworten führt als die mündliche Befragung[357]. Persönliche Wertungen und Einschätzungen, die für ein umfassendes realitätsgetreues Bild unerlässlich sind, waren nicht zu erwarten. Der Befragte würde durch den vorab konzipierten Fragebogen in ein Korsett gezwängt und den erhobenen Daten würde mangels Kenntnis möglicherweise ein Stellenwert verliehen, den sie realiter nicht haben[358]. Verstärkt wurde dies durch die spezielle Problematik, die der Datenerhebung im Rahmen dieser Arbeit zugrunde lag. Die Untersuchung ist einer für Polizeiexperten derart sensiblen Thematik gewidmet, dass die Interviewpartner ohnehin ständig eine Gratwanderung machen mussten, wollten sie die Fragen seriös beantworten und dennoch keine Informationen preisgeben, die der VS-Anordnung unterliegen.

355 Vgl. Kinzig, Bewältigung von OK, S. 440.
356 Kinzig, Bewältigung von OK, S. 440.
357 Scheuch, in: Handbuch der empirischen Sozialforschung, S.125.
358 Lamnek, Qualitative Sozialforschung, S. 51.

Zudem würde eine Überprüfung von aus allgemeinen Theorien und bereits vorliegenden Erkenntnissen abgeleiteten Hypothesen auch nicht dem Anliegen der Arbeit gerecht.
Eine schriftliche Befragung mittels standardisiertem Erhebungsbogen konnte somit ebenfalls nicht als geeignet angesehen werden.

In Betracht kam eine persönliche Befragung.
In der Form des standardisiert qualitativen Interviews setzt diese detaillierte, über die aus dem reinen Literaturstudium hinausgehende Vorkenntnisse über den Untersuchungsgegenstand voraus, welche zu Beginn nicht vorhanden waren. Zudem hätte eine Arbeit, die sich in der Überprüfung von Hypothesen erschöpft hätte, nicht dem Forschungsinteresse entsprochen, besonders solche Phänomene zu beleuchten, die Praktiker aus ihrer täglichen Arbeit heraus als bedeutend bewerten und problematisieren. Ziel war gerade die Aufdeckung neuer Aspekte. Durch die in der Strukturierung angelegte Enge der Gesprächsführung wären die Möglichkeiten eines zusätzlichen Informationsgewinns beschränkt worden. Eine Prädetermination durch die Verfasserin der Arbeit sollte aber gerade vermieden werden.
Vor diesem Hintergrund musste auch eine strenger strukturierte Durchführung der Interviews abgelehnt werden.

Beim nicht standardisierten qualitativen Interview als Erhebungsmethode soll der narrative Charakter der Befragung dem Befragten den benötigten Freiraum zur eigenen Betonung wichtiger Themenbereiche lassen und somit die Offenheit des Vorgehens gewährleisten[359].
Nur auf diese Weise konnte der Versuch gelingen, ein realitätsnahes Bild der Arbeit der Strafverfolgungsorgane im Vorfeld von OK-Ermittlungen zu erlangen. Da das Hauptinteresse dieser Forschungsarbeit darin lag, möglichst vertiefte und breite Erkenntnisse über einen bislang empirisch kaum erforschten Untersuchungsgegenstand zu erlangen und dabei das Vorgehen der Strafverfolgungsorgane kritisch zu beleuchten, war das Experteninterview in Form einer nicht-standardisierten qualitativen Befragung die Methode, die diesem Ziel am nächsten kam und als empirische Methode ausgewählt wurde.

359 Lamnek, Qualitative Sozialforschung, S. 55.

III. Methodische Vorbemerkungen zu den geführten Interviews

1. Einschränkungen

Eine Interpretation der Ergebnisse musste vor dem Hintergrund der methodischen Einschränkungen vorgenommen werden.
Die zeitlichen, finanziellen und organisatorischen Kapazitäten des geplanten Vorhabens ließen in diesem Fall nur eine begrenzte Anzahl von Interviews zu. Daher war das Vorhaben von dem Bestreben getragen, die Interviews nicht nur in Bezug auf die Auswahl der Personen, sondern auch in der Fläche möglichst breit zu streuen, um auf diese Weise föderative Unterschiede erfassen zu können.
Dieser Vorsatz war nur bedingt umsetzbar, da in den Bundesländern sehr unterschiedlich mit den Anfragen umgegangen wurde. In einigen Bundesländern lehnte man den Zugang unter Hinweis auf die sensible Thematik, bei der sich eine mit der Dissertation verbundene Darstellung in der Öffentlichkeit verbiete, ab. In anderen Bundesländern wurde dem Ersuchen von allen angesprochenen Stellen auf erfreulich unbürokratische Weise entsprochen.

Bezüglich der durchgeführten Interviews zeigten sich methodische Einschränkungen, die bei der Interpretation der Ergebnisse zu beachten waren.
Nach einer in der sozialwissenschaftlichen Literatur bestehenden Vermutung steht die Aussagebereitschaft des Befragten in Abhängigkeit von den sozialen Konsequenzen seiner Antworten[360].
Diese Problematik thematisierten einige Interviewpartner vor dem Gespräch, indem sie zur Sprache brachten, dass sie, um Fragen zu diesem Thema seriös beantworten zu können, Informationen weitergeben müssten, die der VS-Anweisung unterliegen.
Den Befragten wurde der verantwortungsvolle Umgang mit den erhobenen Daten zugesagt und ausdrücklich auf die Anonymisierung der Antworten hingewiesen, weshalb nicht mit bedenklichen Verzerrungen zu rechnen war.

2. Leitfäden

Den Interviews lagen Leitfäden zugrunde. Zwar wird die Verwendung eines Interviewleitfadens unter Hinweis auf die verzerrende Wirkung der Gesprächsführung zum Teil als nachteilig angesehen[361], auf diese Weise wird jedoch eine Berücksichtigung aller den Forscher interessierenden Fragen sichergestellt. Die

360 Scheuch, Handbuch der empirischen Sozialforschung, S. 115; Diekmann, Grundlagen, Methoden, S. 375.
361 Lamnek, Qualitative Sozialforschung, S. 40.

Leitfäden erfüllten die Funktion einer Gedankenstütze, ohne aber zwangsläufig dem Gespräch einen festen Rahmen aufzuzwingen.
Inhaltlich wurden die Leitfäden aus Hypothesen entwickelt, die nach dem Studium frei zugänglicher Literatur aufgestellt werden konnten. Einzelne Fragestellungen orientierten sich an vergleichbaren Fragestellungen früherer Untersuchungen. Dabei waren die Fragen möglichst allgemein gehalten, um den/die Interviewten zu eigenen Ausführungen anzuregen[362].
Es wurden drei verschiedene Leitfäden erstellt. Das war erforderlich, weil es sich bei der Polizei, der Staatsanwaltschaft und der Zentralen Stelle Organisierte Kriminalität und Korruption um drei im Vorfeld von OK-Verfahren in unterschiedlichem Umfang tätige Stellen mit teilweise verschiedenen Aufgaben handelt.

Die Leitfäden[363] hatten im Wesentlichen folgenden Aufbau:

Soweit diese Angaben nicht schon aus den vorangegangenen Telefonaten oder dem Vorgespräch bekannt waren, wurden die Interviewpartner einleitend unter Ziffer 1 gebeten, Angaben zu ihrer Person und zu ihrem Aufgabenbereich zu machen.

Die Fragen unter Ziffer 2 zielten darauf ab, die Ausgestaltung der Ermittlungstätigkeit im „Vorfeld“ von OK-Ermittlungsverfahren, von der Verdachtsschöpfung bis hin zum Zeitpunkt der Einleitung eines Ermittlungsverfahrens nachvollziehen zu können.

Unter Ziffer 3 sollten Angaben darüber gemacht werden, welche Instrumentarien in der untersuchten Phase zum Einsatz kommen. Dazu wurde eine Einschätzung erbeten, ob die zur Verfügung stehenden Möglichkeiten ausreichen, beziehungsweise wo Probleme bestehen und mit welchen Mitteln diese angegangen werden könnten.

Unter dem Punkt „Datenverarbeitung“ (Punkt 4) wurde erfragt, welche Daten im „Vorfeld“ erhoben werden, wem diese zugänglich sind, beziehungsweise mit wem ein Datenaustausch stattfindet. Es wurde um eine Bewertung der Auswerte- und Analysearbeit im Rahmen der OK-Bekämpfung gebeten.

Die Fragen zur „Organisation und Zusammenarbeit“ unter Ziffer 5 betrafen das Verhältnis der Polizei zur Staatsanwaltschaft und zu anderen Stellen im In- und Ausland und zielten auf eine Informationsgewinnung über die praktizierte Zusammenarbeit ab. Daneben wurden Erfahrungen und persönliche Einschätzun-

362 Vgl. zur Methodik Lamnek, Qualitative Sozialforschung, S. 69.
363 Leitfäden vollständig abgedruckt im Anhang S. 177 ff.

gen erfragt. Hinterfragt wurden auch die strukturellen Bedingungen innerhalb der polizeilichen Organisation.

Die Rahmenbedingungen sollten unter Ziffer 6 bewertet werden.

Unter Punkt 7 wurden Informationen über die Nachbereitung und die Umsetzung der dadurch gewonnenen Erkenntnisse erhoben.

Abschließend gab Frage 8[364] noch einmal ausdrücklich die Gelegenheit zur freien Meinungsäußerung und damit die Möglichkeit, nicht angesprochene Aspekte zu thematisieren sowie die Bedeutung angesprochener Punkte hervorzuheben.

IV. Auswahl der befragten Personen

In das Thema einführende Gespräche der anfänglichen informativen Phase wurden zunächst mit Beamten des Bundeskriminalamtes in Wiesbaden geführt. Weitere Gespräche mit informativem Charakter ergaben sich durch die Teilnahme der Verfasserin an der Tagung „Alles OK? Der Kampf gegen das organisierte Verbrechen“, die vom 6.-8. Februar 2006 in der Evangelischen Akademie Hofgeismar stattfand. Ein Referent vermittelte später ein Interview.

Der erste Interviewpartner von der Polizei wurde durch das Bundeskriminalamt in Wiesbaden vermittelt.
Die weiteren Gesprächspartner ergaben sich nach telefonischer Kontaktaufnahme durch die Verfasserin.
Hinsichtlich der Stellen, die angesprochen wurden, ist auf eine Einschränkung hinzuweisen: Eine große Anzahl von OK-Verfahren wird von Dienststellen bearbeitet, die keine Spezialdienststellen für den Bereich OK sind. Vorliegend wurde jedoch nur bei solchen Stellen um ein Interview angefragt, die als OK-Dienststellen eingerichtet sind. Zum einen war eine breitere Streuung der Interviews unter finanziellen und organisatorischen Aspekten nicht möglich. Zum anderen lag der Auswahl von Fachdienststellen die Vermutung zugrunde, dass insbesondere dort Strategien zur Bekämpfung dieses Phänomens entwickelt worden waren beziehungsweise aufgrund langjähriger Erfahrung Spezialkenntnisse vorlagen.
Bei der Auswahl der Behörden wurde sich um eine Berücksichtigung der unterschiedlichen Dienststellen innerhalb einzelner Bundesländer bemüht. Bei den polizeilichen Einrichtungen waren das die LKÄ, aber auch Polizeipräsidien von

364 Im Leitfaden „ZOK“ entspricht dies Frage 6, da Fragen zu den Rahmenbedingungen und der Nachbereitung entfallen.

Großstädten. Es wurden die zuständigen Abteilungsleiter oder Dezernatsleiter der LKÄ, beziehungsweise die Leiter der zuständigen Kriminalkommissariate der PP, sowie die Abteilungsleiter bei der Staatsanwaltschaft beziehungsweise Generalstaatsanwaltschaft unter zur Hilfenahme der im Internet veröffentlichten Organigramme ermittelt und direkt telefonisch kontaktiert. Der Zugang gestaltete sich sehr unterschiedlich. Teilweise reichte ein Gespräch aus, um einen Interviewtermin zu vereinbaren, teilweise wurde die Zustimmung durch die Stelle für Presse- und Öffentlichkeitsarbeit erteilt, an anderer Stelle wurde die Einwilligung der Behördenleitung eingeholt. In einem Fall wurde das Ersuchen um Unterstützung des Dissertationsprojektes dem zuständigen Innenministerium zur Entscheidung vorgelegt, das einer Weitergabe der gewünschten Informationen nicht zustimmte. In Folge konnte ein zu diesem Zeitpunkt bereits durchgeführtes Interview nicht verwertet werden.
Vereinzelt wurden die Kontakte zu weiteren Experten auch durch Interviewpartner vermittelt.
Soweit unter Berücksichtigung der Zugangsproblematik eine kontrollierte Auswahl der Interviewpartner möglich war, wurden möglichst viele Flächenstaaten in die Untersuchung einbezogen. Eine Einbeziehung der Stadtstaaten, die hinsichtlich der Organisation der OK-Bekämpfung von besonderem Interesse gewesen wäre, war nicht möglich, da entsprechende Ersuchen sämtlich abgelehnt wurden.

Insgesamt wurden 12 Interviews mit 18 Personen bei drei Staatsanwaltschaften (eines davon bei einer zur Generalstaatsanwaltschaft gehörenden ZOK) und acht Polizeibehörden in sechs Bundesländern geführt. Dabei handelte es sich vornehmlich um Einzelinterviews, aber auch um Gruppeninterviews mit bis zu vier Teilnehmern.
Mit der vorliegenden Forschungsarbeit wurde das Ziel einer möglichst realitätsgerechten umfassenden Ausleuchtung des speziellen Themenbereichs verfolgt. Gleichzeitig sollte auf der Ebene der Strafverfolgungsbehörden die Streuung verschiedener Erfahrungen und Einschätzungen berücksichtigen werden. Daher wurden bei der Polizei Beamte aus Bereichen mit verschiedenen deliktischen Schwerpunkten befragt, wie der organisierten Schleusungskriminalität, Rauschgiftkriminalität, Eigentumskriminalität, Fälschungskriminalität, Gewaltdelikte, Straftaten rund um das Nachtleben und der deliktsübergreifenden OK. Darüber hinaus erfolgte eine Befragung operativer Auswerter der ASTOK-Dienststellen sowie von Beamten aus den Bereichen Zentrale VP-Führung, Finanzermittlungen und Zeugenschutz. Die Interviews mit der Polizei wurden in den LKÄ oder bei Großstadtpräsidien geführt. Interviewpartner waren ein OK-Abteilungsleiter, Dezernatsleiter, Dienststellenleiter, Ermittlungsgruppenleiter, Ermittler und Auswerter. Bei einem Interview ergab sich die Möglichkeit, auch einen operati-

ven Auswerter der Bundespolizei aus einer gemeinsamen Ermittlungsgruppe zu befragen.
Die Schwerpunktstaatsanwaltschaften wurden danach ausgewählt, dass die zuarbeitende Polizeidienststelle ebenfalls interviewt worden war. Auf diese Art und Weise sollte eine gewisse Kontrolle bei Fragen bezüglich der Zusammenarbeit gewährleistet sein.
Die Experteninterviews konzentrierten sich auf die Bundesländer Baden-Württemberg, Nordrhein-Westfalen, Hessen, Sachsen und Niedersachsen.
Ein in einem weiteren Bundesland durchgeführtes Interview wurde nicht verwertet, nachdem eine zweite dort ansässige Dienststelle die Anfrage dem zuständigen Innenministerium vorgelegt hatte, das einer Weitergabe der Informationen nicht zustimmte. Der für das Zustandekommen des bereits geführten Interviews Verantwortliche sollte wegen der Gültigkeit der Entscheidung des zuständigen Ministeriums für alle Polizeidienststellen des Bundeslandes keine negativen Konsequenzen befürchten müssen.

V. Praktische Durchführung der Expertengespräche

Die 12 Interviews fanden zwischen dem 04.05.2006 und dem 09.10.2006 statt.
Die Interviewpartner wurden persönlich von der Verfasserin dieser Arbeit an ihren Arbeitsplätzen aufgesucht. Die Gesprächsdauer betrug zwischen 45 Minuten und 2,5 Stunden, durchschnittlich knapp 75 Minuten. Die Gespräche mit Staatsanwälten waren bei einer Gesprächsdauer von durchschnittlich 45 Minuten kürzer als die mit Experten der Polizei.

Aus dem Gesprächsablauf, der durch die von den Befragten im Interview entwickelten und mitgeteilten Erfahrungen bestimmt war, ergaben sich Art, Umfang und Reihenfolge der weiter zu behandelnden Gesprächsthemen. Inhaltlich wurden die Gespräche jedoch weitestgehend bestimmt von dem Fragenkatalog, den die Leitfäden darstellten.
Die Gespräche wiesen Elemente des narrativen Interviews[365] auf, indem die Befragten gebeten wurden, die offenen Fragen möglichst umfassend zu erläutern, beinhalteten daneben aber auch Merkmale der strukturierten Befragungssituation, da ein völlig freier Gesprächsverlauf durch das gezielte Ansprechen der verschiedenen Fragenkomplexe nicht eintreten konnte.

365 Lamnek, Qualitative Sozialforschung, S. 69 f.

VI. Dokumentation und Aufbereitung des Interviews

Die Interviews wurden ohne Ausnahme mittels eines Tonbandgerätes aufgezeichnet und anschließend vollständig transkribiert. Sofern auf Wunsch der Gesprächspartner zeitweise auf eine Aufnahme verzichtet wurde, wurden die Äußerungen der Befragten in Stichworten mitprotokolliert oder im Anschluss an das Interview stichwortartig festgehalten.
Am Ende der Erhebung lagen 222 Seiten Interviewmaterial vor. Hinzu kam weiteres Informationsmaterial, das von den Interviewpartnern zur Verfügung gestellt worden war.

VII. Auswertung der erhobenen Daten

Die Auswertung der Interviews ließ sich mehreren Phasen zuordnen.
Nach der bereits angesprochenen Transkription wurde in einem zweiten Schritt durch eine erste Analyse eine Konzentration des Materials herbeigeführt. Aufgrund des bei einem Umfang von 222 Seiten noch überschaubaren Interviewmaterials wurde darauf verzichtet, die Interviews zu einem neuen, stark gekürzten und konzentrierten Text zusammenzufassen. Stattdessen wurden zentrale Passagen, die relevante Äußerungen enthielten, optisch hervorgehoben.
Schon während der Transkription waren die Interviews zusätzlich anhand der im Fragenkatalog aufgestellten inhaltlichen Schwerpunkte ausgewertet worden und es war parallel eine Tabelle erstellt worden, in der Äußerungen vermerkt worden waren.

Die nächste Phase bestand darin, die Gemeinsamkeiten der Interviews zu den Schwerpunkten herauszuarbeiten und durch die weitergehenden Angaben einzelner Experten zu ergänzen. Eine quantitative Auswertung erfolgte nicht. Um einzelnen Aussagen den Nachdruck zu verleihen, mit dem sie von Expertenseite geschildert worden waren, wurde mit Zitaten gearbeitet.

VIII. Darstellungsweise der empirischen Ergebnisse

Die Darstellung der Ergebnisse in Abschnitt E. beginnt mit einer Betrachtung des Ablaufs von Initiativermittlungen im Bereich OK, ausgehend von der Einordnung und Entstehung von OK-Verfahren über den Verlauf und die Ausgestaltung von Initiativermittlungen bis hin zum Zeitpunkt der Eröffnung eines Ermittlungsverfahrens (Abschnitt I.).
Gesondert betrachtet werden im Anschluss im Bezug auf diese Phase die eingesetzten Instrumente und Maßnahmen (Abschnitt II.), Datenverarbeitung und

Datenherrschaft (Abschnitt III.), Organisation und Zusammenarbeit (Abschnitt IV.) sowie die Rahmenbedingungen (Abschnitt V.).
Am Ende erfolgt vor dem Hintergrund, ob auf diese Weise neue Erkenntnisse für Initiativen gewonnen werden können, die Darstellung der Ergebnisse zur Nachbereitung von OK-Verfahren (Abschnitt VI.).
Es folgt die abschließende Einschätzung und Bewertung der Experten zu „Initiativermittlungen im Bereich der „Organisierten Kriminalität“ (Abschnitt VII.).

E. Ergebnisse der Untersuchung

I. Verlauf von Initiativermittlungen im Bereich der Organisierten Kriminalität

1. Daten aus den Experteninterviews

a) Einordnung von OK-Verfahren

Eine besonders wichtige Rolle spielen Vorfeld- oder Initiativermittlungen bei der Kontrolle von Organisierter Kriminalität. Unter den Begriff OK fassbare Kriminalitätsphänomene lassen sich mit traditionellen Ermittlungsmethoden nicht erkennen und wirksam bekämpfen[366].
Was aber fassen die Strafverfolgungsbehörden unter den Begriff OK, beziehungsweise wie wird eine Einordnung eines Sachverhalts als OK-relevant vorgenommen?

Nach dem Ergebnis der Untersuchung orientierten sich die Dienststellen zunächst an der OK-Definition, wie sie 1990 von der AG Justiz/Polizei festgelegt wurde[367].
Danach ist Organisierte Kriminalität die

„von Gewinn- oder Machtstreben bestimmte
planmäßige Begehung von Straftaten, die einzeln oder in ihrer Gesamtheit von erheblicher Bedeutung sind,
wenn mehr als zwei Beteiligte
auf längere oder unbestimmte Dauer
arbeitsteilig
a) unter Verwendung gewerblicher oder geschäftsähnlicher Strukturen,
b) unter Anwendung von Gewalt oder anderer zur Einschüchterung geeigneter Mittel oder
c) unter Einflussnahme auf Politik, Medien, öffentliche Verwaltung, Justiz oder Wirtschaft
zusammenwirken".

Nach der Erfahrung eines Experten aus dem Bereich Analyse und Auswertung sei diese Definition beim ersten Blick auf ein Kriminalitätsphänomen aber nur bedingt tauglich, um eine Einordnung vorzunehmen[368]. Vielfach lasse sich erst

366 Jäger, Kriminalistik 1995, 189(189).
367 A1; A2; B2; B2.
368 A4.

nach Abschluss der Ermittlungen eine Aussage darüber treffen, ob nun OK vorliege oder eben nicht[369].
Erst wenn man sich „eine Woche, einen Monat und manchmal auch ein Jahr mit einer Tätergruppe, mit einem Täter befasst hat, kann man sagen, es ist wirklich OK laut Definition oder aber nein, es ist eigentlich keine OK, es ist normale Bandenkriminalität und ähnliches“[370]. In diesem Zusammenhang wird die Definition als „schwierig“[371] oder „sehr theoretisch“[372], als „sehr strittig, sehr schwammig und auch begrifflich wenig zu packen“[373], als „auslegungsbedürftig“[374], als „grob und sehr interpretationsfähig“[375] und eine Diskussion darüber, ob sie hundertprozentig erfüllt sei, als „durchaus mühsam“[376] und „nicht immer weiterführend“[377] angesehen.
Besonders der Übergang von organisierter Kriminalität zu qualifizierter Bandenkriminalität, wird als „fließend[378]“ oder „ganz fließender Prozess“[379] problematisiert. Teilweise stellten erst die Analysedienststellen bei der Erstellung von Statistiken eine Bearbeitung von OK in Bandendezernaten fest[380]. Umgekehrt bearbeiteten die OK-Dienststellen auch Bandenkriminalität, denn „oft erkennt man erst im Verlauf eines Verfahrens, in welchem Bereich man sich befindet“[381]. Solche Verfahren seien dann „in der Regel auch so komplex und so umfangreich, dass man so ein Verfahren auch nicht mehr abgeben kann“[382].
Insofern werde befürwortet, die strenge Trennung zwischen Bandenkriminalität und organisierter Kriminalität aufzugeben[383]. Verwiesen wird auf die bestehenden Regelungen in Nachbarstaaten.
So sei die Analysestelle bei Europol in Den Haag zuständig für „serious and organized crime“, was bedeute, „es kann eben auch schwere Bandenkriminalität und ähnliches sein“; ein Ansatz, der für besser befunden werde, „als jetzt nur strikt nach der Definition zu gehen“[384].

---

369 A4.
370 A4.
371 A4.
372 B2.
373 B2.
374 B2.
375 A1.
376 A4.
377 A4.
378 A2; B2.
379 B2.
380 B2.
381 B2.
382 B2.
383 A4.
384 A4

Experten kleiner OK-Dienststellen geben an, auch Bandenkriminalität, die erkennbar unterhalb der OK-Schwelle liege, werde von ihnen bearbeitet, wenn man erkenne, es werde ein ganz großes kompliziertes Verfahren, das in die Breite gehe[385].
Ein anderer Experte erklärt, die Parameter, die in der Definition enthalten seien, müssten in einem vom LKA übernommenen Verfahren anders als bei einer OK-Dienststelle des Polizeipräsidiums, wo auch Verfahren geführt würden, die unter der OK-Schwelle liegen, zwingend erfüllt sein[386].

Meist lasse sich jedoch ohnehin erst mit Blick auf den Täter und nicht auf die Straftat sagen, ob es sich um einen OK-Täter handle. Eine Bewertung danach, ob tatsächlich OK-Relevanz gegeben sei, finde aufgrund der über viele Jahre im Ermittlungsbereich gesammelten Erfahrung in den Köpfen der Auswerter statt[387]:
„Es können auch kleine Körperverletzungen sein, die schon einen Hinweis darauf geben, dass hier OK vorliegt oder... noch nicht `mal Straftaten. Wenn ich feststelle, wir haben einen Kriminellen in Haft, der bereit ist, Aussagen zu machen und wir stellen fest, dann sagt der auf einmal nichts mehr...und wir gucken in die Besucherliste und stellen fest, da ist eine bestimmte Person aufgetaucht kurz vorher, die ihn besucht hat außer der Reihe... dann ist das für uns ein Zeichen, hier könnte was vorliegen, das uns interessiert, nämlich dieser Besucher, der den wahrscheinlich dazu gebracht hat, dass er den Mund hält uns gegenüber und den gucken wir uns dann näher an...und versuchen dann durch Hypothesen, die wir aufgrund solcher Sachen dann erstellen, mal so was sagen wir mal in den Raum zu stellen, hier könnte OK sein, hier müssen wir uns näher drum kümmern und versuchen dann über eine strukturierte Auswertung, über die Möglichkeiten, die wir haben durch Befragungen, durch Datenbankauswertungen, durch sonstige Recherchen und durch weitere Maßnahmen, die sich so in den letzten Jahren erst entwickelt haben, durch VP-Einsatz, VE- Einsatz eben, wie man so schön sagt, Fleisch an die Sache zu kriegen oder festzustellen, da ist nichts dran“[388].

Eine weitere Schwierigkeit bei der Anwendung der Definition ergebe sich, weil die Definition „europäisch nicht kompatibel“[389] sei.
So falle in Tschechien Rauschgiftkriminalität nach behördlicher Definition nicht unter Organisierte Kriminalität, eine Tatsache, die nach Expertenangaben[390] zu

385 B2; B4.
386 A2.
387 A5.
388 A5.
389 B2.
390 A2.

erheblichen Schwierigkeiten in der Zusammenarbeit führe. Auch die EU-Definition trage hier nicht zu einer Lösung bei, weil sie noch nicht überall umgesetzt sei.
In der Folge werde teilweise nicht nach einer Definition, sondern danach entschieden, wie „umfangreich, schwierig und sozialschädlich"[391] eine Straftat sei.

Um trotz dieser Problematiken so früh wie möglich eine Einordnung vornehmen zu können, sei die „recht grobe und sehr interpretationsfähige"[392] Definition in Abstimmung mit dem BKA operationalisiert worden. Neben der OK-Definition stünden nun den Auswerte- und Analysestellen OK ein vom BKA entwickelter Katalog der Potentialanalyse[393] und ein in Baden-Württemberg erarbeiteter Katalog, das „Additive Verfahren"[394], zur Verfügung[395]. Mit deren Hilfe könnten die Fachkräfte der Auswerte- und Analysestellen der Länder, die sich dieser Kataloge bedienten, durch eine Subsumtion unter die zahlreichen Detailkriterien schon zu Beginn des Verfahrens einen Punktwert zwischen Null und Hundert *(Anm: bei der OK Potentialanalyse)*[396] ermitteln, anhand dessen sie eine Bewertung der Gewichtigkeit des Verfahrens vornähmen[397].
Eine Bewertung durch die Fachleute aus den OK-Dienststellen, die sich mit Analyse und Auswertung von Verfahren beschäftigten, sei von Vorteil, weil diese die Bewertung „sachlicher, nüchterner und ohne so einen unmittelbaren Eigennutz" vornähmen, weil sie letztendlich nicht für die Ermittlungen zuständig und verantwortlich seien[398].

Teilweise geben die Experten an, man orientiere sich bei der Einordnung eines Sachverhaltes als OK-relevant an der Definition und den Indikatoren[399]. Die Indikatoren seien verglichen mit einer Orientierung alleine an der Definition ein besserer Anhalt dafür, ob es sich bei einem OK-Verfahren tatsächlich um ein solches im Sinne der Definition handle[400].

---

391 A4; A5.
392 A1.
393 Anm.: 2002 anhand einer 50 Kriterien umfassenden Indikatorenliste vom BKA bundesweit eingeführt.
394 Anm.: Das Additive Verfahren ist Ausfluss des Forschungsprojektes „Ermittlungs- und Sanktionserfolge der OK-Ermittlungen in Baden-Württemberg".
395 A1.
396 Anm.: Die maximale Punktzahl beim Additiven Verfahren liegt bei 36.
397 A1.
398 A1.
399 A2; B2.
400 A2.

Bei den „generellen Indikatoren zur Erkennung OK-relevanter Sachverhalte" handelt es sich um eine Zusammenstellung von allgemeinen kennzeichnenden Merkmalen, die im Folgenden aufgeführt werden[401].

Hiernach ist die Vorbereitung und Planung einer Tat mit OK-Relevanz typischerweise ausgezeichnet durch
- eine präzise Tatplanung,
- Anpassung an Markterfordernisse durch Ausnutzen von Marktlücken, Erkundung von Bedürfnissen u.ä.,
- Arbeit auf Bestellung,
- hohe Investitionen, z.B. durch Vorfinanzierung aus nicht erkennbaren Quellen,
- Verschaffung und Nutzung legaler Einflusssphären,
- Vorhalten von Ruheräumen im Ausland.

Generelle Indikatoren zur Erkennung OK-relevanter Sachverhalte hinsichtlich der Ausführung der Tat sind demnach
- die präzise und qualifizierte Tatdurchführung,
- die Verwendung verhältnismäßig teurer oder schwierig einzusetzender wissenschaftlicher Mittel und Erkenntnisse,
- das Tätigwerden von Spezialisten (auch aus dem Ausland),
- arbeitsteiliges Zusammenwirken,
- der Einsatz von polizeilich unbelasteten Personen,
- die Konstruktion schwer durchschaubarer Firmengeflechte.

Für das Finanzgebaren typisch sind
- der Einsatz von Geldmitteln ungeklärter Herkunft im Zusammenhang mit Investitionen,
- die Inkaufnahme von Verlusten bei Gewerbebetrieben,
- die Diskrepanz zwischen dem Einsatz finanzieller Mittel und dem zu erwartenden Gewinn,
- Auffälligkeiten bei Geldanlagen, z.B. beim Kauf von Immobilien oder sonstigen Sachwerten, die in keinem Verhältnis zum Einkommen stehen.

Die Verwertung der Beute geschieht durch
- Rückfluss in den legalen Wirtschaftskreislauf,
- Veräußerung im Rahmen eigener (legaler) Wirtschaftstätigkeiten,
- Maßnahmen der Geldwäsche.

Ein weiterer Anhaltspunkt für OK ist konspiratives Täterverhalten. Hierbei kommt es zu

---

401 Zur nachfolgenden Auflistung der Indikatoren vgl. Anlage zur Anlage E, RiStBV, abgedruckt in Meyer-Goßner, S. 2049.

- Gegenobservation,
- Abschottung,
- Decknamen,
- Codierung in Sprache und Schrift,
- der Verwendung modernster technischer Mittel zur Umgehung polizeilicher Überwachungsmaßnahmen.

Die Täterverbindungen beziehungsweise Tatzusammenhänge sind
- überregional,
- national,
- international.

Die Gruppenstruktur hat
- einen hierarchischen Aufbau,
- ein nicht ohne weiteres erklärbares Abhängigkeits- oder Autoritätsverhältnis zwischen mehreren Tatverdächtigen,
- ein internes Sanktionierungssystem.

Als charakteristisch gilt auch die Hilfe für Gruppenmitglieder in Form von
- Fluchtunterstützung,
- Beauftragung bestimmter Anwälte und deren Honorierung durch Dritte,
- Aufwendung größerer Barmittel im Rahmen der Verteidigung,
- hohen Kautionsangeboten,
- Bedrohung und Einschüchterung von Verfahrensbeteiligten,
- Unauffindbarkeit von zuvor verfügbaren Zeugen,
- ängstlichem Schweigen von Betroffenen,
- überraschendem Benennen von Entlastungszeugen,
- Betreuung in der Untersuchungshaft/Strafhaft,
- Versorgung von Angehörigen,
- Wiederaufnahme nach der Haftentlassung.

Hinweise auf Korrumpierung können sein
- Einbeziehung in das soziale Umfeld der Täter,
- Herbeiführen von Abhängigkeiten (z.B. durch Sex, verbotenes Glücksspiel, Zins- und Kreditwucher),
- Zahlung von Bestechungsgeldern, Überlassung von Ferienwohnungen, Luxusfahrzeugen.

Monopolisierungsbestrebungen zeigen sich in der
- „Übernahme“ von Geschäftsbetrieben und Teilhaberschaften,
- Führung von Geschäftsbetrieben durch Strohleute,
- Kontrolle bestimmter Geschäftszweige,

- „Schutzgewährung“ gegen Entgelt.

Letztlich findet auch häufig eine gewisse Öffentlichkeitsarbeit statt durch
- gesteuerte oder tendenziöse Veröffentlichungen, die von einem bestimmten Tatverdacht ablenken oder
- den systematischen Versuch der Ausnutzung gesellschaftlicher Einrichtungen (z.B. durch auffälliges Mäzenatentum).

b) Entstehung von OK-Verfahren

Organisierte Kriminalität werde im Gegensatz zu sonstiger Kriminalität regelmäßig nicht von sich aus offenbar[402]. Werde ein Einbruch registriert, liege eine Straftat vor und die Polizei suche den Täter[403]. Nicht so einfach zu beantworten sei dagegen meist die Frage, ob der Einbruch einer Gruppierung der Organisierten Kriminalität zuzurechnen sei[404]. Zur Klärung dieser Frage müsse die Polizei genau umgekehrt vorgehen und den strafrechtlich aktiven Mitgliedern unaufgeklärte oder noch unaufgedeckte Straftaten zuordnen[405]. Sie müsse also von sich aus aktiv werden und nach der Straftat suchen[406].
Das Erkennen von Strukturen Organisierter Kriminalität sei dabei nach Expertenangaben deutlich schwieriger, als sie zu bekämpfen und zu bearbeiten[407].
Die Generierung von Ermittlungsverfahren zur Organisierten Kriminalität sei höchst unterschiedlich[408].

aa) Polizeiliche Erkenntnisse als Ausgangspunkt für Ermittlungen

aaa) Polizeiliche Erkenntnisse aus Ermittlungsverfahren

Vielfach seien es „Überschussinformationen aus abgeschlossenen Verfahren“[409], „Hinweise aus anderen Strafverfahren“[410], die den Ausgangspunkt für neue Ermittlungen bildeten. Das könne zum Beispiel eine Person sein, deren Rolle in einem Verfahren nicht abschließend geklärt werden könne[411]. Sofern aber „die-

---

402 A2.
403 A2.
404 A2.
405 B2.
406 A2.
407 B2.
408 B2.
409 A2; B2.
410 C5.
411 A2.

ser Geruch aufkommt, dass da was dran sein könnte"[412], „irgendwas anrüchig ist"[413], „das Gespür mir sagt, da muss noch mehr dahinter stecken"[414], richte die Polizei den Fokus ihrer Ermittlungen auf diese Person und erschließe gestützt auf die polizeirechtlichen Datenerhebungsklauseln alle ihr zugänglichen Quellen. Ergäben dann beispielsweise Bankauskünfte über diese Person, dass laufend Geldeingänge auf deren Konto verbucht würden, obwohl die Person ohne Arbeit sei, könne diese Erkenntnis die Grundlage dafür sein, dass in Abstimmung mit der Staatsanwaltschaft ein Ermittlungsverfahren eingeleitet werde[415]. Teilweise werde diese Art, von einem Verfahren ins andere zu kommen, als „Highlight" bezeichnet[416]. Nach Angaben mehrerer Experten liege hier der größte Schwerpunkt, wenn es um die Einleitung von OK-Ermittlungsverfahren gehe[417].
Zuständig für diese weiteren Untersuchungen sei der Arbeitsbereich „operative Auswertung", dem vom Arbeitsbereich „Ermittlungen" solche Überschussinformationen zugespielt würden[418].

bbb) Polizeiliche Erkenntnisse aus der „Auswertung"

Bei den Landeskriminalämtern sowie in den Polizeipräsidien der Großstädte sind sogenannte ASTOK-Dienststellen (Auswerte- und Analysestellen OK) eingerichtet[419].
Aufgabe der dort im Arbeitsbereich „Auswertung" tätigen Fachleute sei es, die vorliegenden und von den Arbeitsbereichen „Ermittlungen" neu eintreffenden Daten zu analysieren und mit ihrem Erfahrungshintergrund Thesen dazu zu entwickeln, wo Phänomene entstünden, die besonderer Aufmerksamkeit bedürften[420]. Diese Thesen versuche man, sofern sie in Abstimmung mit der Leitung entsprechend gewichtet würden, und wenn die benötigten Ressourcen zur Verfügung stünden, gezielt zu hinterfragen und zu untermauern[421].
Der Auswerter solle durch ständiges Beobachten der Entwicklungen des Kriminalitätsgeschehens in seinem regionalen oder persönlichen Schwerpunkt verdächtige Bewegungen feststellen und die Verdichtung lokaler Phänomene sofort registrieren[422]. „Die Kollegen haben da meistens auch einen regionalen oder ei-

412 C5.
413 C5.
414 A2.
415 A2.
416 A2.
417 B2; B2.
418 A2.
419 A4; B2.
420 A4.
421 A4.
422 A4; A 2.

nen persönlichen Schwerpunkt, der eine für Osteuropa und der nächste ist vielleicht für ein Phänomen, für Rocker oder was auch immer zuständig. Wenn man dann über Jahre hinweg so eine Entwicklung einer Ethnie, einer Gruppe, eines Phänomens verfolgt, dann bekommt man durchaus auch einen weltweiten Überblick und dann kann man schon irgendwo plötzlich irgendwelche Schwerpunkte setzen und sagen oh, da ist also eine Bewegung zur Zeit festzustellen, die ist hochinteressant"[423].

ccc) Analysen als Ausgangspunkt für Ermittlungen

Die Landeskriminalämter arbeiteten im Zusammenhang mit der Verfahrensinitiierung in einem Informationsverbund, an den die örtlichen Auswerte- und Analysestellen OK (ASTOK) im Land angeschlossen seien und der ständig virtuell Informationen austausche[424]. Darüber hinaus erhielten die Landeskriminalämter halbjährlich Lageeinschätzungen zu aktuell sich ergebenden Phänomenen[425]. Diese Informationen würden von den Analysestellen der ASTOK zusammengetragen und zu einer Einschätzung der aktuellen Lage OK verarbeitet[426]. Die auf diese Weise gewonnenen Erkenntnisse, beispielsweise über eine Häufung gewisser Straftaten, könnten für das LKA, aber auch für die örtlichen OK-Dienststellen ebenfalls Ausgangspunkt für Initiativermittlungen sein[427].
Vor den Ermittlungen stehe dann ein Auswerteprojekt, das mit der strategischen Analyse eines bestimmten Deliktbereiches, einer bestimmten Organisation, eines bestimmten kriminalgeographischen Kriminalitätsschwerpunkts beginne und in eine operative, also den Ermittlungen nahestehende Analyse übergehe[428]. In der operativen Analyse würden die Ergebnisse der strategischen Analyse für eine Initiierung von Verfahren aufbereitet[429]. Dies sei der „klassische Weg, wie eine Landesoberbehörde zu einem OK-Verfahren kommen sollte"[430].
Beispielhaft für die Generierung von Verfahren wird aus einem Bundesland berichtet, einmal jährlich finde im LKA eine Dienstbesprechung statt, an der auch die Führungskräfte der OK-Dienststellen und die OK-Koordinatoren der Generalstaatsanwaltschaften des Bundeslandes teilnähmen[431]. Zur Vorbereitung dieser jährlichen Dienstbesprechung erarbeiteten die ASTOK-Dienststellen auf der Grundlage der aktuellen Einschätzungen (Lage OK) Vorschläge dazu, wo eine

423 A4.
424 A1.
425 A1.
426 A1.
427 A1.
428 A2.
429 A2.
430 A2.
431 A1 auch für die folgenden Angaben.

Beschäftigung mit aktuellen Phänomenen im Vorfeld von Strafverfahren nach der StPO für notwendig erachtet werde. Aufgrund eines gemeinsamen Beschlusses initiierten die Dienststellen in Folge Auswerteprojekte, bei denen dann gezielt auf der Grundlage polizeirechtlicher Maßnahmen aktiv Informationen zu einem aktuellen Problem erhoben würden. Nach Abschluss solcher Analyseprojekte könnten die Strafverfolgungsbehörden auf der Erkenntnisgrundlage Ermittlungsverfahren einleiten.

Verfahren, denen solche „klassischen Initiativermittlungen"[432] beziehungsweise Initiativermittlungen im engeren Sinne[433] zugrunde lägen, die also beispielsweise aus einem gezielt durchgeführten Projekt entstünden, sind nach Angaben von Staatsanwaltschaft und Polizei „ganz selten[434]" oder „eher der Ausnahmefall[435]". Von den Experten der Staatsanwaltschaft werden Initiativermittlungen im engeren Sinne teilweise als der „absolute Ausnahmefall[436]" dargestellt oder es wird moniert, die proaktiven Ermittlungen hätten „bislang nicht zu den großen Erfolgen geführt[437]".

ddd) Anderenorts gesammelte polizeiliche Erkenntnisse

Falle in einem Ermittlungsverfahren eine gewisse Verhaltensweise der Beteiligten auf und liege die Vermutung nahe, dieses Verhalten könne sich auch anderenorts abspielen, könne dies dort ein neues Verfahren produzieren[438]. Die entsprechende Erkenntnis, es lägen zu einer kriminogenen Konstellation keine Informationen vor, sei dann Ausgangspunkt für ein Auswerteprojekt[439].
Eine derartige Erfahrung aus einem Bundesland sei beispielsweise die gewesen, dass Menschenhandelsopfer, das heißt Zwangsprostituierte weniger in Bordellen oder auf dem Straßenstrich aufgetaucht seien, sondern vermehrt in sogenannten Begleitservices eingesetzt würden, also keine Örtlichkeit hätten, sondern Hotel- und Hausbesuche machten, und somit polizeilicherseits kaum überwacht werden könnten[440]. Der Austausch zwischen zwei Beamten aus verschiedenen Bundesländern über diese Erfahrung habe zu der Durchführung eines Projektes

---

432 A2.
433 S3.
434 A2.
435 B2; B4.
436 S3.
437 S1.
438 A2.
439 A2.
440 A2.

in dem Bundesland geführt, in dem noch keine Erkenntnisse zu diesem Phänomen vorgelegen hätten[441].

bb) Informanten-, VE-, VP- Informationen

Zu neuen Ermittlungsansätzen gelangten die Strafverfolgungsbehörden auch nicht selten über „eigene Ermittlungsansätze aus dem V-Mann, VP-Führungsbereich, aus dem VE-Bereich[442]", „VP-Erkenntnisse, Abfallprodukte aus auswärtigen Telefonüberwachungen oder möglicherweise auch Zufallsfunde[443]", „Zufallserkenntnisse aus Richtung anderer Vorgänge, meistens Angaben von Informanten oder Vertrauenspersonen[444]".
Ein Experte gibt an, vertrauliche Angaben, Informationen, die durch Vertrauenspersonen gewonnen würden, durch Abschöpfung, bildeten einen Hauptanteil an der Zahl der generierten Verfahren[445].

cc) Anzeigen

Eine Einleitung von OK-Ermittlungsverfahren aufgrund von Strafanzeigen sei nach einhelliger Aussage „eher die Ausnahme[446]" beziehungsweise „spielt in der Praxis keine gravierende Rolle[447]". Bei Schutzgelderpressungen komme es gelegentlich zu Anzeigen[448].
Das Anzeigeverhalten im OK-Bereich gehe „traditionell gegen Null[449]". In vielen Bereichen der Organisierten Kriminalität gebe es keine direkten Geschädigten, sondern es handele sich vielmehr um einen gesellschaftlichen Schaden. Im Rauschgiftbereich beispielsweise gebe es keine Anzeigen[450]. Rauschgiftdelikte zählten zu den Kontrolldelikten, weil ohne Rauschgiftfahnder auch kein Rauschgift sichergestellt werde[451]. Ein weiterer Grund für das niedrige Anzeigenaufkommen sei die Angst vor Repressalien, durch die beispielsweise

---

441 A2.
442 B2.
443 S3.
444 A1; B2.
445 B2.
446 B2; A1.
447 A1.
448 B2.
449 A4; A5.
450 B4.
451 B2.

Opfer von Menschenhandel und Zwangsprostitution von einer Anzeige abgehalten würden[452].
Ebenfalls Einfluss auf das Anzeigeverhalten könne in diesem Zusammenhang der ethnische Hintergrund der Opfer haben[453].
Im Zuge der Osterweiterung der EU habe die Polizei vermehrt mit ethnischen Gruppen zu tun, „die in sich geschlossen OK-tätig sind[454]" und wo sich die Opfer oder Geschädigten von ihrer Mentalität her nie an eine öffentliche Stelle oder die Polizei wenden würden, da sie aus ihrer Kultur daran gewöhnt seien, „das alles unter sich zu regeln[455]".

Angezeigt werde üblicherweise auch nicht „Organisierte Kriminalität" als solche[456]. Häufig seien es Geldwäscheverdachtsanzeigen, deren Überprüfung dann erste Zusammenhänge erkennen lasse und Anlass für weitergehende Ermittlungen biete[457].
Manchmal stehe am Beginn eines OK-Ermittlungsverfahrens aber auch ein „einfaches" Delikt wie beispielsweise ein Diebstahlsdelikt, das angezeigt werde, ohne dass zu diesem Zeitpunkt die hinter dem Delikt stehende organisierte Struktur erkennbar sei[458].
Es gebe Delikte, die mehr oder weniger OK-verdächtig seien: „...wenn ich einen Schwarzfahrer habe, gehe ich doch nicht davon aus, dass das Organisierte Kriminalität ist.....und hingegen, wenn es um Waffenschiebereien geht oder um Rauschgift geht oder um Korruption geht, dann ist der Gedanke viel näher"[459].

dd) Hinweise

Manchmal führten auch Aussagen von Beteiligten, die gegen gewisse Vergünstigungen in der Hauptverhandlung weiterführende Angaben machten, zu einem neuen Verfahren[460]. „Und wie in kleinsten Ermittlungsverfahren auch, kriegen wir jetzt auch die ein oder andere Anzeige, wo uns irgendeiner mitteilt, da ist irgendwas nicht in Ordnung"[461].

---

452 B2; ähnlich A4.
453 B2.
454 A5.
455 A5.
456 B4.
457 B4.
458 B4.
459 B2.
460 B2.
461 A2.

Daneben könnten auch (anonyme) Hinweise aus der Bevölkerung Einstieg in ein Verfahren sein[462]. So habe beispielsweise ein Mann der Polizei gemeldet, er könne schlecht schlafen und stehe daher nachts oft am Fenster[463]. Immer morgens um zwei würden aus dem benachbarten Chinarestaurant Chinesinnen herausgeführt und weggefahren. Da Chinesen im Bereich der Schleusung eigener Landsleute sehr aktiv seien und Lokale in diesem Zusammenhang oft als „Safehouses" genutzt würden, in welchen die betroffenen Personen bis zur nächsten Schleusungsetappe untergebracht würden, könne ein solcher Hinweis Ausgangspunkt dafür sein, die im Zusammenhang mit diesem Umfeld stehenden Personen, wie beispielsweise den Betreiber des Lokals, näher zu beleuchten und gegebenenfalls Ermittlungen einzuleiten.

ee) Anstoß durch andere Behörden

Aus einer Dienststelle wird berichtet, man habe sehr erfolgreiche gemeinsame Ermittlungskommissionen zum Beispiel mit Finanzbehörden, mit Steuerfahndungsbehörden geführt, wo institutionell über mehrere Jahre in den Räumlichkeiten der Polizei zusammengearbeitet worden sei und wo der Anstoß zur Einleitung von Ermittlungsverfahren von der Finanzverwaltung, von der Steuerfahndung ausgegangen sei[464].
Eine Zusammenarbeit finde auch in Bereichen von Menschenhandel und Schleusungskriminalität mit der Bundespolizei statt[465].
Die enge Zusammenarbeit der verschiedenen Behörden werde dabei als probates Mittel der Verdachtsschöpfung angesehen[466].
Noch relativ selten kämen Hinweise von der Staatsanwaltschaft: „Die Erkenntnisse sind normalerweise schon längst durch die Polizei ausgewählt und ausgewertet[467]". Es werde ausdrücklich begrüßt, wenn Staatsanwälte die Polizei über Auffälligkeiten in der Verhandlung, wie eine Einflussnahme auf Angeklagte oder Zeugen informierten und auf Strukturen hinwiesen[468].

462 A2.
463 A2.
464 B2; ähnlich A1.
465 C5; B2.
466 B2.
467 B2.
468 B2.

ff) Einschätzung der Bedeutung proaktiver Ermittlungstätigkeit

Nach der Bedeutung proaktiver Ermittlungstätigkeit befragt, beklagen die Polizeiexperten ein „riesiges Defizit[469]" und betonen deren „(sehr) hohe Bedeutung[470]" oder „zentrale Bedeutung[471]". Das sei „das Wichtigste überhaupt"[472] beziehungsweise „die zentrale Bedeutung schlechterdings"[473]. Wenn Phänomene der OK nicht erkannt würden, könne man sie auch nicht bearbeiten[474]. Nach der persönlichen Erfahrung der Experten seien „gerade diese Verfahren, die auf diese Art und Weise entwickelt worden sind, (...) von der Qualität und vom OK-Potential, von der Wirkung und von den Ergebnissen wirklich beachtlich[475]". Mangelnde personelle Ressourcen sowie der große Zeitaufwand, den Analyseprojekte forderten, werden als Gründe für die geringe Anzahl der auf diese Weise generierten Verfahren angeführt[476]. Insoweit wird auch die Aussagekraft von Statistiken, die eine geringe Zahl von Initiativermittlungen auswiesen, in Frage gestellt: „Wenn ich eine OK-Dienststelle personell beschneide, kriege ich weniger Verfahren, kann aber nachher erzählen: Bei uns gibt's keine OK, wir haben ja nur wenige Fälle[477]". Als klassisches Beispiel hierfür wird die Rauschgiftkriminalität genannt, bei der es sich um eine „Holkriminalität" oder „Kontrollkriminalität" handle, weswegen die Sicherstellung von Rauschgift ohne den Einsatz von Rauschgiftfahndern gänzlich ausbleiben würde[478]. Eine Bekämpfung der Organisierten Kriminalität setze ein Erkennen der Phänomene voraus: „Um Organisierte Kriminalität zu erkennen, um mich nicht von Zufälligkeiten abhängig zu machen, muss ich tatsächlich eine strukturierte Auswertung und Analyse betreiben. Das ist für mich eigentlich das Herzstück bei der Bekämpfung der Organisierten Kriminalität[479]".

Ein Weiterkommen in der nach Expertenangaben steigenden Zahl von Fällen[480] mit Straftätern mit anderem gesellschaftlichem, ethnischen, religiösem Hintergrund, die nicht mit den Strafverfolgungsbehörden kooperierten, sei ohne Initiativermittlungen nicht denkbar[481].

---

469 A2.
470 A2; A4.
471 B2.
472 B2.
473 B2.
474 B2.
475 A1.
476 A1.
477 B2.
478 B2.
479 B2.
480 A4.
481 A4.

Bedeutung hätten Erkenntnisse aus Initiativermittlungen, insbesondere was die Strukturen und Vorgehensweise von Tätergruppierungen angehe, auch für die Bewertung in späteren ähnlich gelagerten Verfahren[482].
Der Anteil der durch die ASTOK generierten Verfahren an der Gesamtzahl sei nach Ansicht eines Experten auch deswegen unterentwickelt, weil sich eine Vielzahl von Verfahren aus dem Domino-Effekt ergäben: Werde in einen sehr komplexen Bereich hinein ermittelt und seien die Ermittlungen nicht abschließend, so sei es insbesondere im Bereich der Betäubungsmittelkriminalität relativ einfach, wieder neu einen Faden aufzunehmen[483]. Immer schwieriger werde es hingegen, qualitativ hochwertige OK- Verfahren zu generieren[484]. Den über regionale Grenzen oder Ländergrenzen hinweg agierenden Tätergruppen könne nur begegnet werden, wenn die deutschlandweit vorliegenden Informationen zusammengetragen würden[485].
Auch sei nicht eine mangelhafte Arbeit der in diesen Dienststellen tätigen Beamten Grund für die geringe Zahl der auf diese Weise generierten Verfahren[486]. Vielmehr könne das Output immer nur so gut sein wie das Input: „Die Anlieferung aus Bereichen der Allgemeinkriminalität ist einfach unzureichend, was letztendlich im Ergebnis dazu führt, dass aus dem Bereich der Analyse und Auswertung eigentlich viel zu wenige Ermittlungsverfahren generiert werden“[487]. Dadurch seien die OK-Ermittlungsdienststellen gehalten, durch Vorfeldermittlungen immer für ihre Selbsterhaltung neue OK-Verfahren zu generieren und auch die OK zu erkennen[488].
Diesem Problem versuche man nun teilweise durch die Einrichtung von zentralen Stellen für die Auswertung und Analyse der Allgemeinkriminalität zu begegnen, wodurch die Datenanlieferung verbessert werden solle[489].
Von Seiten der Staatsanwaltschaft werde „dieser Grundgedanke, Daten zusammenzuführen und zu sichten, zu analysieren, um zu sehen, wo sind gravierende Zusammenhänge und Aufklärungsbedürfnisse“ teilweise ebenfalls für notwendig gehalten[490]. Erforderlich sei aber eine Rechtsklarheit, wer wofür verantwortlich sei[491]. Dies sei, was die Initiativermittlungen anbelange, immer noch eine gewisse Grauzone[492].

482 S3.
483 A1.
484 A4.
485 A4.
486 B2.
487 B2.
488 B2.
489 B2.
490 S1; S3.
491 S1.
492 S1.

c) Verlauf und Ausgestaltung von Initiativermittlungen

aa) Phasen

Die Ansatzpunkte für Vorfeldermittlungen seien vielfältig und entsprechend variiere auch die Vorgehensweise der Kriminalpolizei[493]. Liege eine Anzeige, ein Hinweis oder eine Erkenntnis aus einem anderen Strafverfahren vor, die auf eine OK-Relevanz schließen lasse, so werde auf dieser Basis eine Zielbildung vorgenommen[494].

Existierten fundierte Erkenntnisse aus einem Strafverfahren oder ein VP-Hinweis darauf, dass mehr als das bereits aufgedeckte Delikt vorliegen könnte, könne die Polizei möglicherweise sofort mit operativen Maßnahmen beginnen[495].

aaa) Phase 1: Informationsgewinnung

Im Falle von Initiativermittlungen, die auf einer politischen Zielvorgabe beruhten, oder wenn eine strategische Auswertung Auffälligkeiten ergeben habe, beginne die Polizei damit, die in Aktenform oder in Datenbanken bereits vorliegenden Informationen zu einem bestimmten, vorher ausgewählten Phänomen oder einer bestimmten Ethnie zu sichten[496].

Eine Abklärung könne dabei personenbezogen aber auch objekt-/örtlichkeitsbezogen erfolgen[497]. Zu personenbezogenen Erkenntnissen zählten Informationen über den Aufenthaltsstatus bei Ausländern, Aufenthaltsort, Einkommensverhältnisse oder erkennbare Ausgaben[498].

Die gezielte Suche und Recherche in den zur Verfügung stehenden polizeilichen Informationssystemen spiele im Rahmen von Analyse- und Auswerteprojekten eine ganz wesentliche Rolle[499].

Zentrale Bedeutung komme dabei auch der Vernetzung der Dienststellen zu[500]. Die Landeskriminalämter in ihrer Zentralstellenfunktion bekämen über den bestehenden personellen, organisatorischen und technischen Organisationsverbund von allen örtlichen Auswerte- und Analysestellen OK im Land als OK-relevant ausgewertete polizeiliche Informationen mitgeteilt[501]. Darüber hinaus erhielten

493 A2; B2.
494 A2.
495 B2.
496 B2.
497 C5.
498 C5.
499 A1.
500 A1.
501 A1.

sie halbjährlich Lageeinschätzungen zu aktuellen sich ergebenden Phänomenen[502].
Die auf diese Weise zusammengeführten Informationen würden dabei fortlaufend daraufhin überprüft, ob sich bereits Hinweise auf bestimmte Taten oder Tätergruppierungen ergäben[503].

bbb) Phase 2: Informationsverdichtung

Ergäben sich aufgrund einer Bewertung Verdachtsmomente, so würden die nun vorliegenden Informationen weiter verdichtet, wobei sich die Polizei noch im Bereich der „Behördenermittlungen“ bewege[504]. Die Polizei versuche also zuerst, alles über einen Sachverhalt zusammenzutragen, ohne „rauszugehen“[505]. Einige Experten nähmen insofern zwischen den ersten beiden Phasen keine Unterteilung vor[506]. Die besonderen Mittel der Datenerhebung kämen in der Regel noch nicht zur Anwendung[507]. Angereichert würden die Erkenntnisse mit Informationen aus öffentlich zugänglichen Quellen[508]. „Dann fängt man einfach mal an, um die Person herumzuermitteln... also einfach sämtliche öffentliche, der Polizei zugängliche Datenquellen erschließt man da... Einwohnermeldeämter, Gewerbeämter, Medienauswertung... kann bis zu Bankauskünften gehen im extremsten Fall[509]“.
Über das Ausländerzentralregister etwa könnten Informationen darüber eingeholt werden, wann eine Person eingereist sei[510]. Die Dateien der Sozialversicherer gäben Auskunft darüber, welche Beschäftigungsverhältnisse vorgelegen hätten[511]. Über die Krankenkassen ließen sich die Einkommensverhältnisse bei sozialversicherungspflichtiger Tätigkeit ermitteln[512]. Eine entsprechende Möglichkeit bestehe über die Finanzämter bei selbständigen Gewerbebetrieben beziehungsweise Gewerbetreibenden[513]. Hinzu kämen Informationen von Einwohnermeldeämtern, Gewerbeämtern, Kreditinstituten, Rentenversicherung,

502 A1.
503 A1.
504 C5; A2; A2.
505 A2.
506 A2; C5.
507 B4.
508 B4.
509 A2.
510 C5.
511 C5.
512 C5.
513 C5.

Krankenkassen, Straßenverkehrsämtern, Ordnungsbehörden und Zollbehörden[514].
Daneben nutze die Polizei zur Datenerhebung öffentlich zugängliche Quellen, wie etwa das Telefonbuch, die „Gelben Seiten“ oder auch Tageszeitungen sowie das Internet[515].
Parallel erfolge stetig eine Bewertung daraufhin, ob eine OK-Relevanz gegeben sei[516].

ccc) Phase 3: Einsatz der besonderen Mittel der Datenerhebung

Die nächste Stufe bildeten die Strukturermittlungen als Vorermittlungen außerhalb des justitiellen Ermittlungsverfahrens: „Man kann hier einen V-Mann einsetzen, man kann verdeckte Ermittler einsetzen oder beispielsweise Observationen einer Gruppe fahren lassen“[517]. „Was im Bereich der Vorfeldermittlungen auf polizeirechtlicher Basis so eine Standardmaßnahme ist, ist eine Observation durch eine Spezialeinheit... dass man einfach mal sieht, wo treibt sich der gerade herum, mit wem trifft er sich und dann versuchen wir die zu identifizieren, mit denen er sich trifft... und dann ist auch das Spektrum schon am Ende“[518].
Die besonderen Mittel der Datenerhebung würden eingesetzt, um zu überprüfen, ob die Erkenntnisse, die in den Behördenermittlungen gewonnen worden seien, tatsächlich mit den Gegebenheiten übereinstimmten[519].

ddd) Exkurs: Projektarbeit

„Projekte sind strukturierte Informationsgewinnungs-, Informationsverdichtungs- und Informationsauswerteverfahren, bei denen man flächendeckend ein Projektgebiet beschreibend Informationen ganz gezielt erhebt oder bereits vorhandene und dezentral von bestimmten Behörden vorliegende Erkenntnisse sammelt und analysiert“[520]. Ausgangsgrundlage seien zunächst allgemeine Erkenntnisse oder Vermutungen über eine Gruppierung, eine Ethnie oder ein Phänomen[521].

---

514 A2; Zu alldem C5.
515 A2.
516 B2.
517 B2.
518 A2.
519 A2.
520 B2.
521 B2.

Ein Projekt könne zum einen dazu dienen, ein Lagebild zu zeichnen[522]. Zum anderen würden im Rahmen der Lagebilderstellung bestimmte Informationen für einen Arbeitsansatz der Polizei, als Basis für Initiativermittlungen oder gegebenenfalls auch schon als Grundlage für die Einleitung eines Ermittlungsverfahrens gesammelt[523]. Darüber hinaus würden die auf diese Weise gewonnen Erkenntnisse in Lagebildern dargestellt, um politische Entscheidungen zu erwirken[524].
Entsprechend dem Projektmanagement in Unternehmen werde zu Beginn eine Projektes ein Projekt(struktur)plan beziehungsweise eine Projektskizze erarbeitet[525].

Zunächst werde in der Projektskizze eine Einschätzung der Lage vorgenommen[526]:
Beschäftige sich das Projekt beispielsweise mit Personen einer bestimmten Ethnie, die im Bereich Einbruchdiebstahl besonders aktiv seien, so würden die hierzu vorliegenden Erkenntnisse und Erfahrungen aus bundes- und landesweiten Erhebungen zusammengetragen und ausgewertet. Darüber hinaus würden an dieser Stelle auch die Ergebnisse aus Sonderauswertungen oder entsprechenden Auswertungen der Fachdatenbanken oder der PKS dargestellt.

In einem zweiten Schritt erfolge eine Bewertung der auf diese Weise gewonnenen Erkenntnisse. Möglicherweise seien die Erkenntnisse aufgrund der geringen absoluten Zahlen nicht repräsentativ.

In diesem Fall würden in der Projektskizze die konkreten Ziele, die speziell mit diesem Projekt erreicht werden sollen, festgeschrieben.
Diese Ziele könnten generalpräventive Aspekte beinhalten, wie beispielsweise die Sensibilisierung aller betroffenen Behörden für die strafrechtlich relevanten Arbeitsweisen von in entsprechendem Bereich tätigen Unternehmen oder der dahinter stehenden Tätergruppierungen.
Ziel könnte weiter eine Intensivierung der behörden- und ressortübergreifenden Zusammenarbeit im Sinne eines ganzheitlichen Bekämpfungsansatzes durch Einbindung von in der Projektskizze näher bezeichneten Stellen sein.
Beabsichtigt bei allen Projekten sei schließlich eine Aufhellung des Dunkelfeldes, die Initiierung und Durchführung von Ermittlungsverfahren zur Erkennung von Organisationen und deren Zusammenarbeit mit kriminellen Unternehmen.

---

522 B2.
523 B2.
524 B2.
525 A4; B2.
526 Die nachfolgenden Ausführungen beruhen auf Erkenntnissen aus einer polizeiinternen Projektskizze.

Schlussendlich gehe es um eine Reduzierung der illegalen Tätigkeit.

Die Durchführung des Projektes werde in der Projektskizze genau festgeschrieben.
Der Projektplan beinhalte exakte Vorgaben zur Einrichtung von Projektgruppen, zu deren Leitung sowie ihrer personellen Besetzung[527].
Darüber hinaus würden beispielsweise Feststellungen dazu getroffen, durch welche beteiligten Stellen eine Datenerhebung mittels eines vorgegebenen Erhebungsrasters erfolgen solle und durch wen die zentrale Datenerfassung vorgenommen werde.

Der Projektgruppe seien durch den Projektplan bereits genaue Vorgaben hinsichtlich einer fortlaufenden Informationsverdichtung, Auswertung und Bewertung gegeben.
Beschäftige sich das Projekt beispielsweise mit Schleusungskriminalität, könne dies das Sammeln und Auswerten von Informationen zu Einreisewegen, Fahrtrouten, Antrefförtlichkeiten oder Herkunftsstaaten sein. Möglicherweise sei auch das Erstellen eines landesweiten Lagebildes zur Erkennung von lokalen Brennpunkten oder eine operative Auswertung zur Initiierung von Ermittlungsverfahren vorgesehen.

Ebenso könne die Durchführung gezielter Kontrollmaßnahmen an erkannten Brennpunkten durch näher bezeichnete Beteiligte festgeschrieben sein.

Um einer Ausuferung der Ermittlungen entgegenzuwirken[528], werde der Umfang der Informationserhebung schon zu Beginn eines Projektes niedergeschrieben. So könne in der Projektskizze eine Beschränkung auf bestimmte personenbezogene Daten ebenso erfolgen wie die Einschränkung auf gewisse Deliktsbereiche, die einen Bezug zum untersuchten Phänomen aufwiesen.

Die Projektskizze enthalte eine Aufstellung der Aufgaben der Projektgruppe sowie der miteingebundenen Organisationseinheiten. Solche Aufgaben könnten die Kontaktaufnahme und der Informationsaustausch mit anderen Behörden, Organisationen und Stellen zur Konkretisierung von Verdachtslagen und zur Feststellung von Zusammenarbeitsstrukturen sein.
Weitere mögliche Aufgaben seien Internetrecherchen, ein gezielter Datenabgleich in den polizeilichen Informationssystemen sowie eine operative Auswertung und Bewertung der Daten.

---

527 So auch A4; B4.
528 A4.

Bei einem Projekt im Zusammenhang mit Schleusungskriminalität könne eine Aufgabe das Erkennen von häufig benutzten Grenzübergängen und eine Zusammenarbeit mit den dortigen Dienststellen sein.
Weitere Aufgabe sei möglicherweise die kalendermäßig vorbereitete Durchführung von Kontrollen an anerkannten Schwerpunkten zum Zwecke der Feststellung von Straftaten und Ordnungswidrigkeiten im Rahmen eines ganzheitlichen Bekämpfungsansatzes in Zusammenarbeit mit den Autobahnpolizeidirektionen, der jeweils örtlich zuständigen Schutz- und Kriminalpolizei, der Bereitschaftspolizei, dem Bundesgrenzschutz, den Zoll- und Finanzbehörden unter Beteiligung der Regierungspräsidien und der örtlichen Ausländerbehörden.

Die benötigten Ressourcen würden vor Durchführung des Projektes in der Projektskizze festgelegt. Das betreffe die personellen Ressourcen ebenso wie beispielsweise die Datenverarbeitungsressourcen. Voraussetzung für eine optimale Auswertung und Erstellung eines landesweiten Lagebildes seien dabei recherchierfähige Datenbanken.

Der Zeitraum, für den das Projekt geplant sei, werde im Projektplan festgehalten[529]. Dadurch werde sichergestellt, dass die Kapazitäten nur für einen bestimmten Zeitraum gebunden würden, innerhalb dessen weiterführende Erkenntnisse gewonnen werden müssten[530].

bb) Konzepte und Strategien

„Schon seit langem wird in den Polizeien des Bundes und der Länder intensiv darüber nachgedacht, wie eine strategische Ausrichtung polizeilicher Bekämpfungsmaßnahmen an den immer schneller ablaufenden Entwicklungen im Bereich der Kriminalität gewährleistet werden kann“[531].

Eine zentrale Bedeutung bei der strategischen Verdachtsgewinnung hätten die ASTOK, für die es in diesem Zusammenhang keine starren Vorgaben gebe[532]. Die nach Expertenangaben „methodisch sehr intensiv fortgebildeten Mitarbeiter“, die nach Möglichkeit über eine langjährige Erfahrung im OK-Bereich verfügten, hätten sowohl den Freiraum, als auch die Pflicht, eigene Systeme zu entwickeln[533].

---

529 So auch A4.
530 A4.
531 Wagner/ Boberg/Beckmann, Kriminalistik 2005, 85(85f.).
532 A1.
533 A1.

Der Begriff „Strategie“ werde daher jedenfalls zum Teil als unpassend empfunden[534]: „Unter Strategie verstehe ich eine langfristige, vorausschauende Planung... und wenn Sie das jetzt so verstanden haben, dann heißt das, dass auch viel von Zufälligkeiten abhängt, wobei Zufälligkeiten jetzt eben nicht nur darin bestehen, dass irgendwo ein Auswerter im richtigen Moment die richtige Zeitung liest, sondern auch davon, dass zufällig im Polizeirevier XY irgendwo eine Feststellung getroffen wird und zwei Landkreise weiter beim nächsten Polizeirevier etwas ähnliches erfasst wird, was man in Beziehung bringen kann“[535].
„Es gibt kein Raster. Es kann sich niemand hinsetzen und sagen: So jetzt frag ich mal schnell die Punkte ab und mach unter dem Strich OK, ja oder nein“[536].
Die Annahme, Auswerte- und Analysekräfte gingen „nach Gefühl“ vor, sei falsch[537]. Vielmehr seien es Intuition, kriminalistisches Alltags- und Erfahrungswissen[538] beziehungsweise ein gewisses Gespür und die Erfahrung[539], mit denen die Informationen bewertet würden.
Mehrere Experten räumen jedoch ein, dass die Verdachtsgewinnung „überwiegend ein Zufallsprodukt ist[540]“ oder „ein Zufallsprodukt war[541]“. „Wir sind seit Jahren bemüht, von dieser Zufälligkeit wegzukommen, um agieren zu können, um nicht nur reagieren zu können“[542]. Aus einem anderen Bundesland heißt es: „Also abschließend, eine Konzeption für strategische Informationsbildung haben wir momentan hier bei uns nicht“[543]. Nach Angaben eines weiteren Experten „ist es generell so, dass die Polizei schlicht und ergreifend der Kriminalität hinterherläuft“[544]. Nach Angaben eines Staatsanwaltes hätten die Initiativermittlungen der ASTOK bislang wenig Erfolg gehabt[545].

Teilweise werde in den Ländern verstärkt auf Technik gesetzt, indem man versuche, möglichst viele Informationen in Datenbanken zu erfassen und auszuwerten[546]. Eingeräumt wird diesbezüglich, man wisse nicht, ob das „ein Einsatz ist, der sich wohl wirklich langfristig auszahlt“[547]. Kritisiert wird teilweise auch

---

534 Anm. C5: „Verdachtsgewinnungsstrategien, der Begriff als solches, da stellen sich mir schon die Nackenhaare auf“.
535 C5.
536 B2.
537 A1.
538 A1.
539 B2; A4.
540 A2; B2.
541 B2.
542 B2.
543 A2.
544 C5.
545 S1.
546 A4.
547 A4.

der fehlende Zugriff der Polizei auf die bei anderen Institutionen, wie beispielsweise Gewerbeämtern, Versicherungen oder Kreditkartenanbietern gespeicherten Daten: „Je mehr wir solche Informationen nutzen können, um so besser, um so zuverlässiger und um so perspektivisch nachvollziehbarer könnte man auch Verdachtschöpfungsmomente betreiben"[548].
Ein Konzept beinhalte die Übertragung der Zuständigkeit für bestimmte Phänomene auf einzelne Beamte, die dann mit ihrem Erfahrungshintergrund neue Informationen sammelten und diese bewerteten[549].
Die intensive persönliche Kommunikation untereinander wie auch der Austausch in sogenannten web-basierten „closed-user-groups" sei ebenfalls eine Verdachtsgewinnungsstrategie[550].

Nach den in einem Bundesland aufgestellten „Bekämpfungsstrategien Organisierte Kriminalität" teile man die Strategien in drei Bereiche[551]:

Zunächst gehe es um das Erkennen der Täter und das Zerschlagen von Strukturen.
Darunter fielen die täterorientierten Ermittlungen, bei denen man versuche, alle Täter und ihre Aufgaben in der Organisation zu ermitteln. Das Entziehen von Erlaubnissen und Konzessionen sei ebenfalls Strategie zur Zerschlagung von Strukturen. Dem Erkennen von Tätern diene die „Sensibilisierung, nicht nur der OK-Beamten für Organisierte Kriminalität, sondern aller Beamten, damit sie vorab Feststellungen treffen, die auf Organisierte Kriminalität hinweisen". Teil der Bekämpfungsstrategie Organisierte Kriminalität sei auch eine entsprechende OK-bezogene Aus- und Fortbildung.

Der zweite Bereich der Bekämpfungsstrategien beschäftige sich mit dem Aufhellen der Informations- und Kommunikationsstrukturen. Dazu sollten über eine Kooperation mit Ordnungs-, Finanz,- und Zollbehörden Informationen aller beteiligten Behörden zusammengefügt werden, um zu erkennen, in welchen Bereichen eine Organisation tätig sei. Der Unterstützung diene die Möglichkeit der Hinzuziehung von Spezialisten wie Wirtschaftsprüfern und Computerfachleuten.

Eine Kooperation mit Wirtschaftsbetrieben wie Versicherungen und Automobilkonzernen sei ebenfalls Teil der Strategie[552]. Diese Zusammenarbeit mit großen

548 B2.
549 A4.
550 A4.
551 A2 auch für die folgenden Angaben (erläutert anhand eines polizeiinternen Strategiepapiers).
552 Polizeiinternes Strategiepapier.

Wirtschaftsbetrieben, in denen hypothetisch eine Vielzahl von Delikten begangen werde, solle präventive Wirkung haben.
Da jedes OK-Verfahren überörtlich, international sei, gehöre eine Intensivierung des Nachrichtenaustauschs der benachbarten OK-Dienststellen untereinander ebenso zur Strategie wie eine Vereinfachung der Rechtshilfe.

Den dritten Bereich der Bekämpfungsstrategien stelle die Abschöpfung illegaler Gewinne dar, mit welcher der Gruppierung ihre Arbeitsgrundlage entzogen werden solle. Hierzu gehörten neben der Anwendung von Einziehungs- und Verfallsvorschriften die Durchführung von Finanzermittlungen, das Erheben von Steuerforderungen und die Ahndung von Zollvergehen.

cc) Einsatzschwerpunkte

Initiativermittlungen fänden herkömmlich vor allem im BtM-Bereich statt[553]. Diese Tendenz sei auch gegenwärtig noch feststellbar[554]: „Insgesamt ist die OK sehr rauschgiftlastig“[555]. Begründet wird dies damit, dass Ermittlungen in diesem Bereich „im Zweifel immer erfolgsträchtig[556]“ sind und es „in vielen anderen Bereichen viel schwieriger und viel langwieriger[557]“ sei, beziehungsweise „weil alles was mit Rauschgift zu tun hat, strafbar ist. Deswegen! Da hat man recht schnell einen Erfolg“[558]. „Die Verdachtsschöpfungen im Rauschgiftbereich sind denkbar einfach, weil ein Verfahren oft das andere ergibt“[559].
Schwerpunkt darüber hinaus seien traditionell immer noch die Delikte, die man unter „klassische OK“ fasse, also Gewaltdelikte, auch im Zusammenhang mit Rotlichtkriminalität oder Eigentumsdelikten[560].
Die Polizei versuche auch im Bereich der Wirtschaftskriminalität Verfahren zu initiieren[561].
Bei Wirtschaftskriminalität, wo es sich um „hochwertigere Organisierte Kriminalität“ handele, sei ein Einstieg jedoch aufwändig und die Kriminalpolizei erhalte kaum äußere Anstöße zu Ermittlungen[562]. Der Experte einer anderen Dienststelle räumt ein: „Ganz brach liegt der Bereich der Wirtschaftskriminali-

553 Kinzig, Bewältigung von OK, S. 440.
554 B2; A2.
555 A2.
556 A2.
557 A2.
558 A2.
559 B2.
560 A4.
561 A4.
562 A2; ähnlich A2.

tät, den man in Teilen ja durchaus der Organisierten Kriminalität zurechnen kann. Dort sind es noch ganz zarte Pflänzchen“[563].

Von einer Dienststelle wird berichtet, es sei seit Jahren kein Rauschgiftdelikt mehr bearbeitet worden, weil man sich dort bewusst anderen Bereichen und eben auch der Wirtschaftskriminalität zugewandt habe, um „ein wenig vom Rauschgift wegzukommen“[564]. Aus einem weiteren Bundesland wird berichtet, einzelne Beamte der entsprechenden Dienststellen hätten sich im Bereich Wirtschaftskriminalität/Korruption besonders fortgebildet[565].

Die Auswahl der Bereiche, in denen mit Initiativermittlungen begonnen werde, sei nach Expertenansicht in Deutschland auch sehr stark abhängig von der geographischen Struktur der Bundesländer[566]. Das Kriminalitätsaufkommen innerhalb der Flächenstaaten in Großstädten sei anders ausgeprägt als in ländlichen Gebieten[567]. Ebenso seien aber auch Organisationen von Mitgliedern bestimmter Ethnien in verschiedenen Städten unterschiedlich stark vertreten, so dass letztendlich jedes Polizeipräsidium mit anderen Problematiken beschäftigt sei[568]. „Die Täter, die sich einem Deliktsfeld verschreiben, gibt es nicht mehr“[569]. Entsprechend seien die Ermittlungen der Kriminalpolizei bei der Bekämpfung der OK täterorientiert ausgerichtet[570]. Derzeit rücke nach Angaben mehrerer Experten die Bekämpfung osteuropäischer Gruppierungen in den Mittelpunkt[571].

Anlass für Initiativermittlungen könne eine sprunghaft angestiegene statistische Fallzahl sein, die dazu führe, ein bestimmtes Phänomen näher zu beleuchten[572]. Ebenso könne es eine öffentlichkeitswirksame Tat sein, welche die Strafverfolgungsbehörden zwinge, aktiv zu werden[573].

Kämen mehrere festgenommene Personen aus dem gleichen Ort ihres Herkunftslandes, könne das die Polizei ebenfalls dazu veranlassen, diese Personen auf mögliche Verbindungen zu untersuchen[574].

Die Entscheidung darüber, in welchem Bereich Initiativermittlungen vorgenommen würden, obliege der Führungsebene[575]. Getroffen werde sie in der Re-

---

563 A2.
564 B2.
565 A4.
566 A2.
567 A2.
568 A2.
569 B2.
570 B2.
571 B2; A2.
572 A2; ähnlich B2.
573 A2.
574 A2.
575 B4.

gel in einem Zielvereinbarungsprozess[576]. Eine über die strategische Analyse erhobene Problematik werde in diesem Fall zur Behördenleitung oder zum Landespolizeipräsidium/Innenministerium transportiert, wo definiert werde, ob sie zum Schwerpunkt gemacht werde[577].
Teilweise würden in den Ländern jährlich Dienstbesprechungen organisiert, an denen neben dem Abteilungsleiter des LKA die Führungskräfte der Polizeibehörden des Landes, die für OK Ermittlungszuständigkeiten hätten, sowie die OK-Koordinatoren der Generalstaatsanwaltschaften teilnähmen und bei denen auf der Grundlage von aktuellen Einschätzungen der Lage OK Projekte beschlossen würden[578].
In den weiteren Entscheidungsprozess, der die (Zeit)potentiale berücksichtige, würden die Dezernatsleiter eingebunden, welchen der Ressourceneinsatz obliege[579].
Daneben hätten die Landeskriminalämter auch solche Verfahren zu bearbeiten, die ihnen zugewiesen würden, weil kleinere Dienststellen an ihre Kapazitätsgrenzen stießen[580]. Das seien vielfach Verfahren aus dem Bereich der Betäubungsmittelkriminalität, wobei es sich oft um Bandenkriminalität und nicht um Organisierte Kriminalität handele[581].
Auf Ebene der Polizeipräsidien erfolge eine Entscheidung als Abstimmung innerhalb der Behörde/Kriminalinspektion auf der Grundlage von erkannten Tendenzen und Entwicklungen[582].

dd) Ermittlungsbestimmende Faktoren

Es stellt sich die Frage, welche Faktoren die Initiativermittlungen (und damit möglicherweise die Richtung und Intensität der späteren Strafverfolgung) bestimmen.
Nach Expertenangaben entscheidend sei wie in anderen Bereichen auch, wie groß die zur Verfügung stehenden Personalressourcen seien[583]. Die Grenzen dessen, was man bearbeiten könne, steckten Personal und Logistik ab[584].
Damit Initiativermittlungen erfolgversprechend seien, müsse eine Dienststelle vorhanden sein, die von vorneherein eine erhebliche Personalstärke stellen und im Bedarfsfall weitere Kräfte seitens der Polizei zuführen könne[585].

576 A2.
577 A2.
578 A1; A5.
579 A2.
580 A2.
581 A2.
582 B2.
583 A2; A4; B2.
584 B2.

Vorfeldermittlungen generell seien sehr personalintensiv und die benötigten Spezialeinheiten, mobile Einsatzkommandos, seien in dieser Phase der Ermittlungen meist nur über einen sehr begrenzten Zeitraum und nicht für ein Bewegungsbild über einen Zeitraum von zwei Wochen verfügbar[586]. Das liege nach Expertenangaben zum einen an der derzeitigen Priorität des Staatsschutzes und zum anderen daran, dass Initiativermittlungen immer dann zurückgestellt würden, wenn ein neues Verfahren Sofortmaßnahmen erfordere[587].
Die Aufdeckung eines Phänomens durch die Medien könne eine andere Schwerpunktsetzung erforderlich machen, wenn die vorhandenen Kapazitäten zu dessen Bearbeitung benötigt würden und auf der Führungsebene eine entsprechende Entscheidung getroffen werde[588].
Ebenfalls von Bedeutung seien die zur Verfügung stehenden Sachressourcen[589].

Als Einflussfaktor werde weiter gesehen, wie „erfolgversprechend[590]" oder „sinnhaft[591]" Initiativermittlungen seien. Ein Staatsanwalt befürworte Initiativermittlungen nicht, wenn von vorneherein gar keine eingrenzbare Gruppierung gegeben sei[592]. In diesem Fall habe man möglicherweise plötzlich Hunderte von Beschuldigten und könne nicht zielgerichtet ermitteln[593].
Verfahrensökonomische Gesichtspunkte gewännen zunehmend an Bedeutung[594]. Es sei immer wichtiger, die Verfahrensziele, die konzeptionelle Vorgehensweise im Hinblick auf die Länge der Ermittlungen sowie zu erwartende Strafmaße auch mit der Staatsanwaltschaft abzustimmen[595]. „Wir können es uns heute nicht mehr leisten, ich sag mal einfach drauf los und auf die Ewigkeit zu ermitteln"[596]. „Sondern wir müssen eigentlich relativ schnell erste Ergebnisse vorweisen, sonst läuft sich ein solches Projekt tot und wird eingestellt[597]. Im Sinne eines Verfahrensmanagements müsse die Verfahrensführung wie ein Projekt geplant werden[598]: „Das heißt, am Anfang muss eine Planung erstellt werden, insbesondere muss ein Ziel festgeschrieben werden und dieses Ziel muss sogar, und das ist für manch einen schwierig gewesen, mit der Staatsanwaltschaft abgestimmt wer-

585 S3.
586 A2.
587 A2.
588 A4.
589 A2.
590 A2.
591 S3.
592 S3.
593 S3.
594 B2.
595 B2.
596 A1; ähnlich B2.
597 B2.
598 A1.

den"[599]. „Man muss sich auf einen roten Faden konzentrieren und sagen, das ist wichtig, das ist machbar und dann an diesem Ziel orientiert auch planen. Planen heißt auch frühzeitig überlegen, welche Spezialisten, auch aus anderen Dienststellen, muss man einbeziehen"[600]. Schon aufgrund der Gefahr einer Informationsüberflutung ist die Polizei gehalten, sich auf das Wichtige zu konzentrieren"[601].

Bedeutend für einen erfolgreichen Verlauf von Initiativermittlungen sei also eine sorgfältig ausgearbeitete Ermittlungskonzeption[602]. Über diese versuche man, die einzelnen Arbeitsbereiche zu definieren und dann entsprechend personell und organisatorisch so zu hinterlegen, dass die von der strategischen und operativen Analyse definierten Deliktsfelder und Organisationsproblematiken abgearbeitet werden könnten[603].

Eine gut durchdachte Ermittlungskonzeption stelle beispielsweise sicher, dass Spezialisten aller Art bei Bedarf hinzugezogen werden könnten[604].

Die Frage, in welchen Bereichen Initiativermittlungen durchgeführt werden sollten, sei immer auch eine strategische Entscheidung der Führungskräfte, die gemeinsam auf der Grundlage der Erörterung von aktuellen Veränderungen getroffen werde[605].

2. Analyse und Bewertung

Die OK-Definition wird nach den gewonnenen Erkenntnissen grundsätzlich in allen Dienststellen zur Einordnung von OK herangezogen. Gleichzeitig wird sie aber auch übereinstimmend als sehr interpretationsbedürftig kritisiert. Eine zuverlässige Einordnung von OK allein aufgrund der OK-Definition ist nach einhelligen Expertenangaben zu Beginn eines Verfahrens jedenfalls nicht möglich. Die Konsequenzen werden unterschiedlich dargestellt: Während von einem Experten angegeben wird, die Parameter der OK müssten in einem vom LKA übernommenen Verfahren zwingend erfüllt sein, wird von anderer Stelle eingeräumt, eine Bewertung finde auch beim LKA mitunter aufgrund der Erfahrung der Auswerter statt und richte sich danach, wie umfangreich, schwierig und sozialschädlich eine Tat sei.

Übereinstimmend wird der Übergang von OK zu qualifizierter Bandenkriminalität als fließend beschrieben, wodurch es teilweise zu einer Bearbeitung von OK

599 A1.
600 A1.
601 A1.
602 A2.
603 A2.
604 A2.
605 A1; B2.

in Bandendezernaten beziehungsweise von Bandenkriminalität in OK-Dezernaten komme.

In den OK-Dienststellen einzelner Polizeipräsidien wird in der Folge bewusst auf eine strikte Trennung von OK und Bandenkriminalität verzichtet und es werden auch anspruchsvolle Verfahren unterhalb der OK-Schwelle bearbeitet.

Die Angaben zu dem Anteil der durch Analyse und Auswertung entstandenen Verfahren an der Gesamtzahl der OK-Verfahren sind auf polizeilicher Seite unterschiedlich. Teilweise werden sie auch in Abhängigkeit zu den verschiedenen Kriminalitätsbereichen gebracht.
Nur ein Experte gibt an, ein Großteil der in dieser Behörde geführten Verfahren seien initiierte Verfahren basierend auf der Sammlung und Auswertung von Informationen aufgrund von bei der Lagebilderstellung gewonnenen Erkenntnissen.

Vor diesem Hintergrund sind die Einschätzungen der Befragten zur Bedeutung von proaktiver Ermittlungstätigkeit zu sehen.
Das Fazit von Seiten der Polizei fällt ausnahmslos positiv aus und auch von Seiten der Staatsanwaltschaft wird die Relevanz und Notwendigkeit, insbesondere der bei Initiativermittlungen gewonnenen Erkenntnisse für andere Verfahren, überwiegend anerkannt.
Die große Bedeutung, die die Experten den Initiativermittlungen im engeren Sinne beimessen, steht augenscheinlich in einem Missverhältnis zu ihrem geringen Anteil an der Zahl der neu generierten Verfahren.

In der überwiegenden Zahl der Dienststellen gibt es hinsichtlich der Entwicklung von Konzepten und Strategien zur Bekämpfung Organisierter Kriminalität keine Vorgaben beziehungsweise es besteht die Pflicht oder der Freiraum zur Entwicklung eigener Systeme. Der Begriff „Strategie“ an sich wird von den befragten Experten teilweise bereits als unpassend empfunden. Als Grundlagen der Erkenntnisgewinnung werden kriminalistisches Gespür und Erfahrungswissen angesehen. Teilweise wird offen eingeräumt, die Verdachtsgewinnung sei vielfach ein Zufallsprodukt. Als Konzepte beziehungsweise Strategien werden der Informationsaustausch ebenso benannt wie die Zuständigkeit einzelner Beamter für bestimmte Ethnien oder Phänomene.
Kam *Podolsky* in seiner mehr als zehn Jahre zurückliegenden Untersuchung zu dem Ergebnis, OK-Ermittlungen seien, was die Maßnahmen der Verdachtsgewinnung angehe, nur in eingeschränktem Umfang auf eine systematische Er-

kenntnisgewinnung und analytische Auswertung zurückzuführen[606], so wird diese Einschätzung durch die vorliegenden Interviews bestätigt.

Insgesamt lassen die Angaben der Experten eine deutliche Konzentration der OK-Ermittlungen auf wenige klassische Kriminalitätsfelder erkennen. An erster Stelle steht in fast allen Dienststellen immer noch die Bekämpfung der Rauschgiftkriminalität, obschon die Polizei eigenen Angaben zufolge seit langem die Notwendigkeit einer bewussten Zuwendung zu anderen Kriminalitätsformen erkannt hat. Selbstkritisch wird eingeräumt, im Rauschgiftbereich sei die Verdachtsschöpfung denkbar einfach und man erziele schnell Erfolge. Darüber hinaus werden als Schwerpunkte Eigentumsdelikte, Gewaltdelikte und Straftaten im Zusammenhang mit Rotlichtkriminalität genannt.
Nach Schwerpunkten von Initiativermittlungen im Bereich OK befragt, thematisieren die Experten nur vereinzelt Bereiche wie Wirtschaftskriminalität und Korruption. Offenbar werden Korruption und Wirtschaftskriminalität von der Polizei häufig nicht als OK verstanden.
Beispielhaft dafür steht die folgende Aussage eines Experten: „Ganz brach liegt der Bereich der Wirtschaftskriminalität, den man in Teilen ja durchaus der Organisierten Kriminalität zurechnen kann“[607]. Im Umkehrschluss heißt das, die Wirtschaftskriminalität sei nicht generell der Organisierten Kriminalität zuzurechnen.
Dieses Verständnis spiegelt sich auch in der Organisation der Arbeitsaufteilung in den Behörden nieder. So ist die Abteilung 2 des Landeskriminalamt Sachsen beispielsweise unter anderem in die Dezernate 22 (Organisierte Kriminalität), 23 (Wirtschaftskriminalität) und 25 (Korruption) unterteilt[608]. Im LKA Nordrhein-Westfalen befasst sich das Dezernat 11 mit den Ermittlungen OK/OK-Rauschgift, während im Dezernat 12 Ermittlungen zu Wirtschafts- und Computerkriminalität und im Dezernat 15 zu Korruption und Umweltkriminalität geführt werden[609].
Die Aussagen der Dezernats- oder Inspektionsleiter zum Schwerpunkt der Ermittlungen sind insofern vor dem Hintergrund zu sehen, dass die Experten sämtlich aus OK-Dienststellen kamen und Angaben zu den Ermittlungen in ihrem Zuständigkeitsbereich gemacht haben.
Das bedeutet aber wiederum auch, die Bearbeitung von Verfahren, die Verflechtungen von Wirtschaft und Politik offenbaren und die als qualitativ hoch-

606 Podolsky, Wahrnehmung neuerer Kriminalitätsformen, S. 97.
607 A2.
608 LKA Sachsen – Organigramm ab 1. Juli 2005, http://www.polizei.sachsen.de/lka/dokumente/downloads/downloads_ohne_konvert/Organigramm_a4_20080101.pdf
609 http://www1.polizei-nrw.de/lka/stepone/data/downloads/25/01/00/080219__organigramm_lka_nrw.pdf.

wertige OK-Verfahren einzuschätzen sind, obliegt allein den für die Bearbeitung von Wirtschaftsdelikten zuständigen Stellen von Justiz und Polizei, während OK bekämpfende Organisationseinheiten nicht involviert sind. In der Folge sind in den Wirtschaftskriminalität bearbeitenden Dienststellen festgestellte Kriminalitätsstrukturen den OK-Einheiten nicht bekannt. Die einseitige Ausrichtung der OK-Dienststellen auf die Bekämpfung von Rauschgift- und Rotlichtkriminalität führt zwangsläufig dazu, dass OK-Dienststellen fachlich nicht in der Lage sind, Kriminalität im Zusammenhang mit dem Wirtschaftsleben zu bearbeiten.
Dabei wurden die Vorschriften zum OrgKG gerade vor dem Hintergrund einer vermeintlich wachsenden Gefahr der Unterwanderung und Korrumpierung staatlicher und gesellschaftlicher Institutionen durchgesetzt[610].
Insofern sind die Bestrebungen einiger Dienststellen, sich vermehrt den Problemen Wirtschaftkriminalität und Korruption zuzuwenden, positiv hervorzuheben, sofern hierzu konkrete Konzepte umgesetzt werden. Erfolgsversprechend erscheint mir der Ansatz, die generell zeit- und personalintensiven Ermittlungen im Rauschgiftbereich vollständig aus den OK-Dienststellen auszulagern beziehungsweise auf andere Dienststellen zu übertragen, um so freie Kapazitäten beispielsweise für Initiativen im Bereich der Wirtschaftskriminalität zur Verfügung zu haben.
Da sich insbesondere Straftaten der Wirtschaftskriminalität durch ein weit verzweigtes Netzwerk von Verbindungen auszeichnen, sind Voraussetzungen für eine qualitative Verbesserung der OK-Bekämpfung auch eine gemeinsame Informationsverarbeitung und gemeinsame Ermittlungsstrategien der bislang isoliert von einander agierenden Organisationseinheiten für die Bearbeitung von Wirtschaftskriminalität und der OK-Bekämpfung.

Nach den Ergebnissen der Befragung sind Initiativermittlungen grundlegend bestimmt von den zur Verfügung stehenden Personal- und Sachressourcen.
Gelingt es den Dienststellen nicht, nach einer relativ begrenzten Zeit erste Ergebnisse vorzuweisen, müssen die Ermittlungen nach Angaben der Experten eingestellt werden.
Da es sich bei OK vielfach um Kontrollkriminalität handelt, kommt dem Ressourceneinsatz insofern eine regulierende oder steuernde Funktion zu. Kriminalitätsbekämpfung orientiert sich damit möglicherweise nicht an der Sozialschädlichkeit einer Kriminalitätsform, sondern unter Umständen am politischen Willen oder am schnellen Erfolg.
Es sind verfahrensökonomische Gesichtspunkte, welche die Entscheidung beeinflussen, wo Schwerpunkte gesetzt werden und inwieweit Phänomene näher beleuchtet werden können.

610 Krey, JR 1992, 309(309).

Aufgrund des nicht mehr zu bewältigenden Umfangs, den OK-Verfahren annehmen, wenn die Polizei allen Informationen nachgeht, wird die Bedeutung einer Verfahrensplanung zunehmend erkannt. Durch ein Verfahrensmanagement, welches die Auswahl und die Durchführung der Verfahren betrifft, kann der Ressourceneinsatz optimiert werden und die Qualität kriminalpolizeilicher Ermittlungsarbeit verbessert werden[611].
Der Verfahrensökonomie dient auch eine Abstimmung mit der Staatsanwaltschaft hinsichtlich der Ziele, damit sich die Ermittlungen nicht auf Straftaten konzentrieren, die später im Prozess von untergeordneter Bedeutung sind.
Da die Entscheidung darüber, in welchen Bereichen Initiativermittlungen geführt werden, letztlich auch Einfluss auf die Richtung und Intensität einer späteren Strafverfolgung haben kann, sollte sie in Absprache mit der Staatsanwaltschaft getroffen werden. Ob dies vor allem auch in den kleinen Dienststellen entsprechend praktiziert wird, darf nach den Aussagen der Experten bezweifelt werden[612].

II. Instrumente und Maßnahmen

1. Daten aus den Experteninterviews

a) Bedeutung und Einsatz einzelner Mittel

Der Polizei stehen im Vorfeld des Ermittlungsverfahrens verschiedene Instrumente zur Verfügung. Ermächtigungsgrundlagen finden sich in den Polizeigesetzen oder Polizeiaufgabengesetzen der Länder[613]. Es stellte sich die Frage, welche Instrumente für die Initiativermittlungen von besonderer Bedeutung sind beziehungsweise häufig zum Einsatz kommen.

Das Entscheidende für eine erfolgreiche Vorfeldarbeit sei, so ein Experte, dass die Polizei die schon vorliegenden Informationen gezielt zusammentrage[614].
Immer wieder würden in den Datenbanken vorhandene Erkenntnisse von zentraler Stelle nicht als im Kontext stehend erkannt oder nicht aufgefunden[615].
Die Möglichkeit, mit modernen EDV-Systemen aus laufenden Ermittlungsverfahren bestimmte relevante allgemeingültige Erkenntnisse für andere Dienststellen zur Verfügung stellen zu können, werde als probates Mittel, Verdachts-

---

611 Wagner, Kriminalistik 2005, 152(152).
612 Die Problematik „Zusammenarbeit von Polizei und Staatsanwaltschaft" wird ausführlich in Kapitel E. IV. 1. c) erörtert.
613 Vgl. hierzu Kapitel B. II.
614 A1.
615 A1.

schöpfung zu betreiben, gesehen[616]. In solche Datenbanken würden alle Erkenntnisse eingestellt, um eine Informationsverdichtung innerhalb des Systems zu erhalten[617]. Schon eine Personenabfrage in den Datenbanken allein könne ausreichen, genügend Angaben zu erhalten, um daraus weitere Ermittlungsverfahren zu initiieren[618].
Etwa 80 % der Aufgaben in dem Bereich Analyse und Auswertung seien ohne zusätzliche Rechtseingriffe durchführbar[619].
Eine erhebliche Rolle spiele dabei das Internet[620]. In diesem Zusammenhang zitiert ein Experte[621] einen Mitarbeiter von Europol, der bereits vor einigen Jahren die These aufgestellt habe, 90% der von der Polizei benötigten Informationen seien im Internet verfügbar.

Um zu weiteren Erkenntnissen zu gelangen, bediene sich die Polizei auch des Mittels der Observation oder des gezielten Einsatzes von Vertrauenspersonen oder Informanten[622].
Observationsmaßnahmen in dieser Phase dienten zunächst dazu, die Tätergruppierung einzugrenzen und zu identifizieren[623].
„Das Einsatzmittel der Vertrauensperson, das Abschöpfen oder die Inanspruchnahme von Informanten ist von jeher ein sehr erfolgversprechendes, ein sehr zielführendes Ermittlungsinstrument“[624] und gewinne zunehmend an Bedeutung[625]. Entsprechend würden auch in den Bundesländern, in denen eine ausdrückliche Ermächtigung im Polizeirecht fehle, VP-Einsätze auf polizeirechtlicher Basis durchgeführt[626].
VP-Einsatz und -abschöpfung kompensierten nach Expertenangaben auch das Informationsdefizit, das durch den Wegfall der „erkennenden Fahndung“ in den Behörden entstanden sei[627]. Über diese Beamten seien seinerzeit Informationen über das aktuelle Geschehen eingeholt worden, wie sie nicht durch Akten- oder Datenbankauswertung gewonnen werden könnten[628].

616 B2.
617 B2.
618 B2.
619 A1.
620 A1.
621 A1.
622 A1; B2.
623 S3.
624 B2.
625 B2.
626 A2 (In Baden-Württemberg beispielsweise über §§ 1, 3, 5 PolG BW).
627 A5.
628 A5.

Das Instrument des verdeckten Ermittlers verliere stetig an Bedeutung[629]. Insbesondere Langzeiteinsätze mit verdeckten Ermittlern gegen ausländische Straftäterorganisationen würden zunehmend erschwert, weil nicht genügend Personal zur Verfügung stehe[630]. Damit sei auch der rückläufige VE-Einsatz Mitursache dafür, dass die Polizei häufiger auf VP zurückgreifen müsse[631].

b) Hinlänglichkeit der verfügbaren Mittel

Die nach den Ländergesetzen der Polizei zur Verfügung stehenden Instrumente und deren Einsatzmöglichkeiten werden von den befragten Experten als (grundsätzlich) ausreichend angesehen[632]. Die Grenzen der Möglichkeiten würden der Polizei teilweise durch die datenschutzrechtlichen Bestimmungen aufgezeigt[633].

Insbesondere werde auch die in beinahe allen Ländern fehlende Befugnis zu Telefonüberwachungen im Rahmen von Initiativermittlungen nicht bemängelt[634]. Ein Experte betont, die Frage danach, ob die rechtlichen Instrumentarien ausreichen, beantworte er mit einem ausdrücklichen ja[635]. Von anderer Seite heißt es: „Wir bei uns...wir bräuchten das eigentlich gar nicht"[636].
Teilweise wird zwar eingeräumt, die präventive Telekommunikationsüberwachung (TKÜ) könne sich im ein oder anderen Fall durchaus bewähren[637] beziehungsweise „wäre gelegentlich schon wünschenswert"[638]. Präventive, den §§ 100a-i StPO entsprechende Maßnahmen könnten in Bezug auf die Effizienz mit Sicherheit förderlich sein, weil Kräfte nicht durch wochenlange Büroermittlungen gebunden würden[639]. Anderseits wird aber darauf hingewiesen, die technischen Überwachungsmaßnahmen seinen ebenfalls sehr personal- und zeitaufwendig[640]. Insofern wird die Befürchtung geäußert, die Polizei könne dann auch schnell überfordert sein[641]. Insgesamt sei die Haltung solch weitreichenden Befugnissen gegenüber eher skeptisch[642].

---

629 B2.
630 B2; A2.
631 A2.
632 A2; S1; B2.
633 B2.
634 A1; B2; A4; S3.
635 B2.
636 B2.
637 A2; S3.
638 C5; ähnlich A4.
639 C5.
640 A4; A2.
641 A4.
642 S3; A4.

Zudem wird moniert: „Was nützt mir das schönste Gesetz, wenn mir auf der anderen Seite die Rechtsprechung so viele Restriktionen auferlegt, dass im Prinzip das Ding wieder leer läuft“[643]. Es müssten ausreichende Vorinformationen bereits vorhanden sein, um eine fundierte Gefahrenlage begründen zu können und in eine präventive TKÜ einsteigen zu können[644].

Das Repertoire der zur Verfügung stehenden Mittel ist nach Expertenansicht ausreichend, denn „wir brauchen ja nicht die Beweislage, die zu einer Verurteilung erforderlich wäre, sondern wir wollen die Frage klären, besteht oder ist ein Anfangsverdacht begründbar, ja oder nein“[645]. Erfahrungsgemäß sei hierzu die Zusammenführung von Informationen und der Austausch innerhalb der Polizei, persönlich sowie über die Datenbanken, ausreichend[646].
Zudem wird die Einstellung vertreten, im Zweifel an die Staatsanwaltschaft heranzutreten, um das Vorliegen eines Anfangsverdachtes sachbezogen überprüfen zu lassen[647]. „Damit ist man auch für die zukünftigen Ermittlungen auf der sicheren Seite, weil von Anfang an eine saubere Gesetzesgrundlage für das Vorgehen gegen eine Person vorliegt“[648].
Lasse sich die Relevanz durch andere Maßnahmen belegen, könne die Polizei dann, wenn sie einen Beschuldigten habe, beispielsweise direkt auf der Grundlage von § 100a StPO mit einer Telekommunikationsüberwachungsmaßnahme in die Ermittlungen einsteigen[649]. Der Übergang von Vorfeldermittlungen mit der Befugnis zur Nutzung verdeckter polizeirechtlicher Ermittlungsinstrumente zu strafprozessualen Ermittlungen sei fließend[650]. „Wenn meine Ermittlungen hier auf eine Person hinlaufen und auf einen bestimmten Deliktsbereich, dann brauche ich nur noch einen Treffer in unserem polizeilichen System mit einer Verbindung und dann habe ich, wenn ich das an der Stelle möchte, ein Ermittlungsverfahren. (...) Und wenn ich einen dringenden Tatverdacht auf irgendeine Person habe, wäre es meiner Meinung nach auch ein Fehler, das Verfahren noch nicht zu eröffnen und in einem Initiativermittlungsbereich zu lassen“[651].
Ohnehin stelle es sich häufig als schwierige Aufgabe dar, die aus der verfahrensinitiierenden Analyse gewonnenen Informationen zum richtigen Zeitpunkt und in der richtigen Form in das Ermittlungsverfahren einzubringen[652].

---

643 B2.
644 B2.
645 A1.
646 A4.
647 A1.
648 A2.
649 B2.
650 S1.
651 A2.
652 A2.

„Und wenn ich den Schritt gegangen bin in ein Ermittlungsverfahren, dann ist es auch am sinnvollsten, alles weitere im Ermittlungsverfahren zu machen. Also man sollte in einem OK-Verfahren nicht zwischen einem Js-Ermittlungsverfahren mit der Staatsanwaltschaft und auf eigenen polizeilichen Maßnahmen bauend ermitteln“[653].

c) Probleme bei der Datenerhebung unter Einsatz von technischen Mitteln

Während die der Polizei zur Verfügung stehenden Mittel als ausreichend angesehen werden, seien es nach Angaben eines Experten vielmehr die datenschutzrechtlichen Bestimmungen, die der Polizei teilweise die Grenzen ihrer Möglichkeiten aufzeigten[654]. Insbesondere längere Speicherungsfristen sowie eine Vernetzung zwischen den Strafverfolgungsbehörden und Gewerbeämtern, Zoll- und Finanzbehörden, die einen direkten Zugriff auf die dort gespeicherten Daten ermöglichen würde, werden gefordert[655].

Die Weiterentwicklung der Technik stelle die Polizei ebenfalls vor Probleme[656]. Während bis vor wenigen Jahren die Überwachung eines Festnetzanschlusses ausgereicht habe, um die Gespräche dieser Person abzuhören, habe derselbe Verdächtige heute möglicherweise mehr als zehn Handykarten, die er nutze[657]. Durch die Möglichkeit einer Rufnummernmitnahme sei für die Polizei auch der Provider nicht mehr ohne weiteres erkennbar[658].
Probleme bestünden weiter dann, wenn es zu Grenzüberschreitungen komme und ein in Deutschland angemeldetes Handy im Ausland genutzt werde[659]. Benutzten Tatverdächtige Handys, die über Satellit miteinander kommunizierten und stehe der Server im Nahen Osten, sei das Problem ähnlich, weil auch dann eine richterliche Anordnung der Überwachungsmaßnahme nicht möglich sei[660]. Zudem werde eine Kommunikation gar nicht mehr registriert[661].

Tatverdächtige, die Kriminalität zu ihrer Lebensgrundlage gemacht hätten, lernten mit jedem Verfahren[662]. „Wenn die Täter im Sinne einer lernenden Organisation bestimmte Verhaltensweisen aufstellen, beispielsweise nicht mehr

653 A2.
654 B2.
655 B2.
656 B2.
657 B2.
658 B2.
659 B2.
660 B2.
661 B2.
662 B2.

mit dem Handy telefonieren, keine SMS-Nachrichten mehr schreiben, wichtige Besprechungen persönlich abhalten oder andere Wege der Telekommunikation wie Telefonieren über call-shops oder Internettelefonie nutzen, sind die Grenzen der Möglichkeiten des Erkennens von Verdachtslagen erreicht[663]".

d) VE- und VP-Einsatz

Nicht nur der Einsatz technischer Mittel, sondern auch die Inanspruchnahme und das Abschöpfen von Vertrauenspersonen oder Informanten ist mit Problemen verbunden:

Die Tatsache, dass der Informant möglicherweise nur Geld verdienen wolle, stelle seine Glaubwürdigkeit per se in Frage[664].
Zudem wiesen auf diesem Weg übermittelte Informationen oft nicht die gewünschte Qualität auf[665].
Ein weiteres Problem sei die ethnische Abschottung[666]. In Bereichen, in denen es die Polizei mit Tätergruppierungen anderer Ethnien zu tun habe, sei der Zugang besonders schwierig: „Der verdeckte Ermittler beispielsweise wird niemals in eine ostasiatische Tätergruppierung eindringen können oder in eine türkisch strukturierte Glücksspielbande"[667].
Teilweise seien diese Gruppierungen auch aufgrund von Erfahrungen, die sie in ihrer Heimat gemacht hätten, extrem vorsichtig[668]. Die Angst vor Repressalien gegen die im Herkunftsland verbliebenen Angehörigen hemme ebenfalls die Aussagebereitschaft gegenüber der Polizei[669].
Die Spezialdienstellen versuchten VP für den Einsatz in den Bereichen zu gewinnen, in die man bislang nicht habe eindringen können[670].
Um eine VP oder auch einen VE zur Bekämpfung von Wirtschaftskriminalität im Banken-, Versicherungs-, oder Großkonzernbereich einsetzen zu können, müssten diese neben einem entsprechenden Auftreten über einschlägige Erfahrung beziehungsweise Vorbildung verfügen[671].

Werde eine VP von dem Umfeld, in dem sie eingesetzt werde, angehalten, eine strafbare Handlung auszuführen und lehne sie dies ab, sei sie sofort nicht mehr

663 B2.
664 A2.
665 A2.
666 B2.
667 B2.
668 A4.
669 B2.
670 A4.
671 A4.

vertrauenswürdig und erhalte keine weiteren Informationen[672]. Selbstverständlich dürfe eine VP zur Informationsbeschaffung dennoch keine Straftat begehen[673].

Aufgrund der stetigen Veränderungen gebe es, was den Einsatz von VP oder VE angehe, auch immer wieder rechtliche Fragestellungen, die von zentraler Stelle geklärt werden müssten, wie beispielsweise die Möglichkeiten einer Legendierung eines verdeckten Ermittlers im Ausland[674]. Die ZOK (Zentrale Stelle Organisierte Kriminalität und Korruption) halte sich jedoch dann bei Beratungen zurück, wenn es um rein polizeirechtliche Maßnahmen gehe, wie etwa um eine Tätigkeit verdeckter Ermittler im Bereich der Initiativermittlungen[675].

e) Informantenschutz

Würden im Vorfeld des Ermittlungsverfahrens VP, VE und Informanten eingesetzt, so gelte es, diese von Beginn an in ausreichendem Maße zu schützen[676]. Besonders mit hochwertigen Informationen müsse sensibel umgegangen werden, damit keine Rückschlüsse auf den „Verräter" gezogen werden könnten[677]. Das gelte insbesondere, weil die Polizei in der Vergangenheit Fälle zur Kenntnis genommen habe, in denen es zu regelmäßigen Überprüfungen der Mitglieder gekommen sei[678].
Dienststellen, zu deren Aufgaben der Zeugenschutz und die Zentrale VP-Führung gehörten, seien zum Schutz der Hinweisgeber extrem abgeschottet[679]. Aufgrund des hohen Gefährdungspotentials stünden auch die Auswerter und Analytiker nicht im direkten Kontakt zu den VE/VP[680]. Ein Austausch finde nur mit den VE- oder VP-Führern statt, die auch die Berichte für andere Dienststellen verfassten[681]. Die außergewöhnliche Abschottung zeichne sich weiter dadurch aus, dass selbst in den Auswerte- und Analysestellen OK Kenntnisse über die Arbeit der zentralen VP/VE - Führung im Einzelnen nicht vorlägen[682] und in der Regel der Informant auch den Ermittlern nicht bekannt sei[683].

672 A2.
673 Tegtmeyer/Vahle(Tegtmeyer), PolG NRW, § 19 Rn 5.
674 S1.
675 S1.
676 A2.
677 A2.
678 A2.
679 A4.
680 A4; A5.
681 A5.
682 A4; A5.
683 A2.

Entsprechend wichtig sei es die Legende des VP- oder VE-Führers abzustimmen, damit Treffen zwischen diesem und dem Informanten nicht verdächtig erschienen[684].
Der VP-Führer befinde sich während des Einsatzes im Umfeld der VP[685]. Auch leite er gegebenenfalls die notwendigen rechtlichen Schritte ein, damit die Identität nicht offenbart werden müsse[686]. In der Regel müssten Vertrauenspersonen nicht im Strafverfahren auftreten, sondern würden mit einer Sperrerklärung belegt, so dass man zwar die Ermittlungsergebnisse über den VP-Führer präsentieren könne, der Polizeibeamter sei, die VP aber als solche geschützt bliebe[687]. In der Konsequenz würden Strafen teilweise erheblich gemildert, was man jedoch in Kauf nehme, um die Wiedereinsetzbarkeit der VP zu gewährleisten und ihre Gefährdung auszuschließen[688].
Zum Schutz der VP werde bei jedem VP-Einsatz eine Einsatzkonzeption erstellt, in der Grenzen festgesetzt würden[689]. „Es wird nicht um jeden Preis der Ermittlungserfolg gesucht, sondern während des Einsatzes parallel auch der Schutz der VP mit berücksichtigt“[690]. Die Polizei sehe sich hier in der „Garantenpflicht“[691] und handle nach dem Motto: „Es gibt keine Information um jeden Preis, sondern der Schutz der Quelle steht zuvorderst“[692]. Immer wieder habe die Polizei nach Angaben der Experten mit dem Problem zu kämpfen, inwieweit Informationen tatsächlich im Gerichtsverfahren, ohne die Quelle zu enttarnen, eingebracht werden könnten[693]. In der Folge könnten in der Praxis viele Dinge aufgrund der Gefährdung bei der Enttarnung der Quelle nicht präsentiert werden[694].

f) Gewichtigkeit der unter Einsatz der Instrumente gewonnenen Erkenntnisse für das spätere Verfahren und Dokumentation der Grundlagen für die Informationsbeschaffung in den Akten

Es stellt sich die Frage, welchen Stellenwert die im Vorfeld gewonnenen Erkenntnisse generell für spätere Verfahrensabschnitte haben.

---

684 A2.
685 B2.
686 B2.
687 B2; A2.
688 B2.
689 B2.
690 B2.
691 B2.
692 B2.
693 B2.
694 B2.

Nach Expertenansicht handle es sich um „Grundlagen“[695] oder „allgemeine rohe Erkenntnisse“[696], die den „Einstieg“[697] bildeten, „Türöffner“[698] oder „Auslöser“[699] seien, aber „dann später in der Hauptverhandlung im Zweifelsfalle auch keine Rolle mehr spielen“[700].
Eine „reine Verurteilung auf VP-Erkenntnissen ist kaum vorstellbar“[701], beziehungsweise eine Beweisführung alleine mit einer Vertrauensperson „wäre das Schlechteste von allem“[702], da in der Regel eine Sperrerklärung vorliege, so dass ohnehin lediglich der VP-Führer als Zeuge vom Hörensagen vernommen werden könne[703]. Um auf dieses Beweismittel erst gar nicht zurückgreifen zu müssen oder um tatsächlich auch den Beweiswert in einer Hauptverhandlung so gering wie möglich erscheinen zu lassen, müsse die Erkenntnislage, die durch den Einsatz und das Abschöpfen einer VP gewonnen werde, flankiert werden durch umfangreiche Ermittlungsmaßnahmen[704].

Gleichzeitig seien diese Erkenntnisse aber auch Voraussetzung und conditio sine qua non für einen Teil der Ermittlungsverfahren[705]. „Informationen, die Grundlage sind, um überhaupt den Verdacht gegen jemand zu richten, sind zuerst einmal wichtig, um genügend Anhaltspunkte für den Einstieg in ein Strafverfahren zu bekommen“[706]. „Grundsätzlich können dann später alle Informationen verwertet werden, soweit sie auf einer legalen Rechtsgrundlage erhoben wurden“[707]. Die wesentlichen Erkenntnisse aus den Initiativermittlungen werden in einem einleitenden Bericht beziehungsweise Vermerk zusammengefasst und in die Ermittlungsakte übernommen[708].

In der Vergangenheit ließen sich die rechtlichen Grundlagen für diese Informationsbeschaffung durch die Polizei vielfach den Ermittlungsakten nicht entnehmen[709]. Im Einleitungsvermerk fanden sich zumeist formelhafte Wendungen wie „polizeilicherseits wurde bekannt oder „vertrauliche Hinweise ergaben“[710].

---

695 S3; B2.
696 S3.
697 S3.
698 A2.
699 A2.
700 S3.
701 A2.
702 B2.
703 A2.
704 B2.
705 A4; A5.
706 B2.
707 B2.
708 B2.
709 Vgl. Kinzig, Bewältigung von OK, S. 440.
710 Vgl. Kinzig, Bewältigung von OK, S. 440.

Den Angaben einzelner Experten zufolge, sei dies früher so gewesen, während heute Aktenwahrheit/Aktenklarheit oberstes Gebot sei[711].

Die Mehrzahl der befragten Experten hingegen räumt ein, die Polizei wolle und könne ihre Ermittlungstaktik nicht niederschreiben: „Man kann nicht verdeckte Ermittlungen da eingeben. Die gehören da auch nicht hin“[712]. Die Grundsätze von Aktenwahrheit und Aktenklarheit versuche man zu wahren, indem die Vermerke der Wahrheit entsprächen, dabei jedoch gewissermaßen einer Vollständigkeit entbehrten[713].
Das bestätigt ein Staatsanwalt, in dem er berichtet, die Staatsanwaltschaft erhalte die Vorerkenntnisse von der Polizei in einem Einleitungsvermerk aufbereitet[714]. Das sei in der Regel ein zusammenfassender Vermerk aus Erkenntnissen der ASTOK und aus Quellenvernehmungen von VP´s, die nicht in die Akte genommen werden könnten, weil es sich um eine Nah-VP handle, die nicht „abgedeckt“, also hinreichend geschützt werden könne[715]. „Das kann dann ein für uns nicht unbedingt jetzt zwingend immer aufbröselbarer Vermerk sein. Also wir können da nicht sagen, das muss eine ASTOK Erkenntnis sein und das muss aus einer VP-Quelle sein“. In der Tat würden im Einleitungsvermerk Erkenntnisse so zusammengeschrieben, dass deren Herkunft „ein wenig im Dunkeln bleibt“[716].

2. Analyse und Bewertung

Nach den Angaben der Experten bildet die Analyse verschiedener Informationsquellen wie der polizeilichen Datenbanken oder des Internets die Basis für eine erfolgreiche Vorfeldarbeit. In der Mehrzahl der Fälle sind nach den gewonnenen Erkenntnissen keine zusätzlichen Rechtseingriffe notwendig.
Eingeräumt wird aber auch, in den Datenbanken vorhandene Erkenntnisse würden oftmals nicht aufgefunden.
Obschon die benötigten Informationen der Polizei also regelmäßig bereits vorliegen, erfolgen in diesem Fall weitere Rechtseingriffe beispielsweise durch den Einsatz von Vertrauenspersonen.

Die der Polizei zur Verfügung stehenden Instrumente werden von den Experten als grundsätzlich ausreichend angesehen. Insbesondere wird auch die in der

711 B2; B4.
712 B2.
713 B2.
714 S3.
715 S3.
716 S3.

überwiegenden Zahl der Länder im Polizeirecht fehlende Befugnis einer Telekommunikationsüberwachung zur vorbeugenden Verbrechensbekämpfung nicht beanstandet. Nach Expertenansicht würde dieses Mittel schon aufgrund des damit verbundenen Personal- und Zeitaufwandes zu einer Überforderung der Polizei führen.
Da entsprechende Rechtsgrundlagen für eine Telekommunikationsüberwachung zum Zwecke der Vorsorge für die künftige Strafverfolgung in den meisten Ländergesetzen fehlen, lassen sich mangels praktischer Erfahrungen keine gesicherten Aussagen zur Auswirkung unter ökonomischen Gesichtspunkten treffen.
Zudem sind die gesetzlichen Anforderungen an einen Einsatz in den Ländern, die eine präventive Telefonüberwachung zur vorbeugenden Verbrechensbekämpfung geregelt haben, meiner Ansicht nach sehr hoch. Schon aus diesem Grunde ist fraglich, ob bei genauer Betrachtung im konkreten Fall überhaupt Raum für eine Anwendung entsprechender polizeirechtlicher Normen bleibt.

Auf ein weiteres Problem weist die Aussage eines Experten des Landeskriminalamtes hin, nach dessen Ansicht das Repertoire der zur Verfügung stehenden Mittel auch insofern ausreichend sei, als es alleine darum gehe, die Frage nach dem Vorliegen eines Anfangsverdachtes zu klären. Der Übergang vom Zeitpunkt der Befugnis zur Nutzung verdeckter polizeirechtlicher Ermittlungsinstrumente zu den strafprozessualen Ermittlungen sei fließend und letztlich entscheide die Polizei, ob ein Ermittlungsverfahren eröffnet werde.

Indem der Polizei durch das Polizeirecht für die Initiativermittlungen weitreichende Befugnisse an die Hand gegeben worden sind, ist ihr ein Anreiz für den frühen Einstieg ins Ermittlungsverfahren genommen worden.
Zwar fügt oben benannter Experte seinen Ausführungen hinzu, seiner Meinung nach wäre es ein Fehler, das Verfahren noch nicht zu eröffnen und in einem Initiativermittlungsbereich zu belassen.
Letztlich gibt es jedoch keine Garantie, dass die Polizei einem Anfangsverdacht nachgeht, wenn sie möglicherweise daran interessiert ist, ihre eigene Beobachtungsstruktur zu erhalten.

Bei der Anwerbung von Vertrauenspersonen wie bei dem Einsatz von Verdeckten Ermittlern stehen die Strafverfolgungsbehörden einer Zugangsproblematik gegenüber, weil sie es teilweise mit Gruppierungen zu tun haben, deren Mitglieder aus einem anderen Kulturkreis stammen oder die sich ethnisch abschotten. Verdeckte Ermittler mit einem entsprechenden Migrationshintergrund, die sich in dem Kulturkreis bewegen können, gibt es nach übereinstimmenden Angaben der Experten ebenso wenig wie Vertrauenspersonen, die zu einer Zusammenar-

beit mit der Polizei bereit sind. Die Strafverfolgungsbehörden haben kaum eine Möglichkeit, die Strukturen dieser Organisationen aufzuhellen.
Gleiches gilt für den Bereich der Wirtschaftskriminalität, weil in der Regel nur solche Personen entscheidende Informationen liefern können, die über eine Vorbildung in der entsprechenden Sparte verfügen.
Das kann möglicherweise zu einer einseitigen Ausrichtung der OK-Bekämpfung führen, wenn ganze Bereiche der Wirtschaftskriminalität vernachlässigt werden.

Mit der bevorzugten Hinwendung zur Hinweisquelle VP setzen sich die Strafverfolgungsbehörden zudem der Gefahr aus, dass die zumeist dem kriminellen Milieu angehörenden Vertrauenspersonen die Zielrichtung der Ermittlungen wesentlich mitbestimmen. Die Folge ist ein fremdgesteuertes und selektives Vorgehens der Strafverfolgungsbehörden.
Durch eine „Belohnung" oder Bezahlung der VP für ihren Einsatz wird dieses Abhängigkeitsverhältnis gestärkt.
Um einen Kontrollverlust zu vermeiden, ist es insofern wichtig, die VP nicht von einer Bestrafung auszunehmen.
Dass die VP „verbrannt" ist, wenn sie es ablehnt, eine strafbare Handlung auszuführen, muss dabei hingenommen werden.

Nach Expertenangaben gibt es aufgrund der stetigen Veränderungen in Bezug auf den Einsatz von VP oder VE immer wieder rechtliche Fragestellungen, die von zentraler Stelle geklärt werden müssen. Soweit es sich um polizeirechtliche Maßnahmen während der Phase der Initiativermittlungen handelt, fehlt es an einer Zentralstelle, die als Pendant zur ZOK auf polizeilicher Ebene eine länderübergreifende Beratungsfunktion ausübt.

Die rechtlichen Grundlagen, auf denen die Informationsbeschaffung der Polizei basiert, lassen sich nach Angaben der Mehrzahl der befragten Experten auch heute den Ermittlungsakten vielfach nicht entnehmen. Bewusst verzichtet die Polizei darauf, die genaue Herkunft einzelner Informationen im Einleitungsvermerk anzugeben, um nicht ihre Ermittlungstaktik preisgeben zu müssen.
Auf welche Weise insbesondere die Erkenntnisse der ASTOK ins Verfahren eingebracht werden können, ist rechtlich bislang noch nicht abschließend geklärt.
Auf der einen Seite besteht das Gebot der Aktenklarheit, dem auch die ASTOK verpflichtet ist. Auf der anderen Seite kann diese Dienststelle nur dauerhaft erfolgreich arbeiten, wenn sie ihre Herangehensweise nicht im Detail offenbaren muss.
Es gilt zu klären, wie der Spagat zwischen den Grundsätzen von Aktenklarheit und Aktenwahrheit und dem Interesse der Analysedienststelle daran, nicht in die

Öffentlichkeit zu treten und kriminaltaktische Maßnahmen verraten zu müssen, gelingen kann.

III. Datenverarbeitung

1. Daten aus den Experteninterviews

a) Datenerhebung und Datenerfassung im Vorfeld

„Wenn die Erkenntnisse rechtmäßig erhoben worden sind, werden sie auch abgespeichert, egal ob sie auf Grundlage der Strafprozessordnung in einem laufenden Verfahren erhoben wurden und dann für spätere Strafverfahren wieder Verwendung finden oder ob sie auf polizeirechtlicher Grundlage im Vorfeld eines Ermittlungsverfahrens erhoben wurden“[717].

Die Strafverfolgungsbehörden unterschieden zwischen so genannten harten und weichen Daten[718]. Vor allem im Bereich der Bekämpfung der Organisierten Kriminalität gebe es auch Datenbanken, in die weiche Daten aufgenommen würden, also solche, die noch nicht bewertet worden seien beziehungsweise „die in einem Ermittlungsverfahren nicht umsetzbar sind und nicht darstellbar sind“[719]. „Gerade die weichen Informationen müssen so früh wie möglich eingestellt werden, um einen Mehrwert aus der Datenverarbeitung zu haben“[720]. Das gelte insbesondere, weil OK-Verfahren in der Regel über einen Zeitraum von mehreren Jahren liefen[721]. Würden die Informationen erst nach Verfahrensabschluss eingestellt, so wären sie teilweise veraltet und würden anderen Nutzern überhaupt nicht mehr dienlich sein[722]. Errichtungsanordnungen regelten, wann und wie lange weiche Daten gespeichert werden dürften[723].

Eine gewisse „Qualitätssicherung“ werde vorgenommen, indem nur ausgewählte Beamte aus OK-Dienststellen berechtigt seien, ihre Erkenntnisse in die entsprechenden Datenbanken einzustellen[724]. Hierzu gehörten vor allem die für Initiativermittlungen zuständigen Auswerter.[725].

In der Vergangenheit seien Informationen zuerst gesammelt und zu einem späteren Zeitpunkt eingestellt worden[726]. Weiterentwicklungen in dieser Hin-

---

717 B2.
718 B2.
719 B2.
720 B2.
721 B2.
722 B2.
723 A2.
724 A2.
725 A2.
726 B4.

sicht würden auch auf die veränderte technische Ausstattung zurückgeführt, die es ermögliche, Initiativermittlungen von Beginn an mit einer Datenbank zu begleiten[727].
In der Praxis werde die Aufforderung, die anfallenden Erkenntnisse umgehend in die entsprechenden Datenbanken einzustellen, aber teilweise immer noch kritisch gesehen und daher auch nicht immer umgesetzt[728]. „Die Realität ist einfach, dass die Kollegen sich natürlich dreimal überlegen, was pack ich in irgendwelche Datenbanken rein"[729]. Naturgemäß erhöhe sich in laufenden Verfahren die Gefahr des „Durchsickerns" einer Information, je mehr Personen davon Kenntnis erlangten[730]. Insofern seien oft Angst und Misstrauen vorherrschend: „Es ist also irgendwie eigentlich schizophren. Alle wollen den Bundestopf, weil sie daran partizipieren wollen, aber keiner ist bereit, in die andere Richtung die Dinge da einzustellen"[731].
Eine gewisse Zurückhaltung sei aber „durchaus berechtigt", wenn etwa eine VP oder ein VE aufgrund der entsprechenden Information gefährdet werden könne[732].
Aus Expertensicht sei es dennoch weit gefährlicher, Informationen nicht in Systeme einzustellen[733]: „Wenn man nicht Informationen zusammen in einen Topf gibt, dann kann man keine Zusammenhänge erkennen und das ist schädlicher als eben die Gefahr, dass auch mal eine Information durchsickert wird"[734].

Die Staatsanwaltschaft erhebe vor Einleitung eines Ermittlungsverfahrens keine Daten[735].
Soweit erforderlich, würden Personalien von beteiligten Personen vervollständigt[736].
Zwar müssten auch von der Staatsanwaltschaft strafrechtlich relevante Informationen, die anfielen, entgegen genommen werden[737]. Dies ergebe sich schon aus dem Legalitätsprinzip. Aufgrund der allgemein bestehenden Gefahr einer Informationsüberflutung seien die Strafverfolgungsbehörden aber gehalten, sich an einem vorher ausgearbeiteten Plan zu orientieren[738]. Insofern bestehe nicht „die

727 B4; A1.
728 A4.
729 A4.
730 A4.
731 A4.
732 B4; A5.
733 A1.
734 A1.
735 S1.
736 S3.
737 S1.
738 S1.

große Gefahr, Informationen zu erhalten, die vielleicht interessant wären, aber nicht von Gewicht sind“[739].

b) Datenaustausch und Datenherrschaft

„Die von der Polizei genutzten Datenbanken sind so unterschiedlich, wie die Recherchemöglichkeiten, die sie bieten“[740].
Nach Expertenangaben entstünden immer wieder Probleme, weil Datenbanken nicht kompatibel seien[741]. In den Behörden, in den Bundesländern und auf Bundesebene seien unterschiedliche Systeme im Einsatz, die nicht über Schnittstellen verfügten[742]. Dadurch könnten im Dateiformat angelieferte Daten teilweise nicht eingespielt und automatisch von einem ins andere System übertragen werden: „In diesem Fall nimmt man sich die Papierakte und fängt an, monatelang Daten einzugeben“[743]. „Man muss das alles per Hand dann mehrfach erfassen und da haben die Kollegen draußen einfach die Zeit nicht zu“[744].
In der Folge würden Informationen teilweise nicht in alle vorgesehenen Datenbanken eingestellt[745]. „Der ganze Bereich der Datenverarbeitung in der gesamten Bundesrepublik, was Schnittstellenproblematiken auch zur Bundespolizei, dem BKA und anderen Länderpolizeien, was den Informationsaustausch und Transfer angeht, ist äußerst mangelhaft“[746]. Nach Expertenangaben sei der polizei-kriminalpolitische Wille, zentraler zu arbeiten, durchaus vorhanden[747]. Es sei ein „Generationsproblem“ gewesen, dass die ersten OK-Bekämpfer alles für sich behalten wollten“[748]. In den letzten Jahren sei „ein Wandel eingetreten“ und es „hat sich viel getan“[749].

Bei regionalen und überregionalen „OK-Runden“ fände ein persönlicher Informationsaustausch statt[750]. Daneben sei der Informationsaustausch über Datenbanken von Bedeutung, wobei die neuere Technik verschiedene Möglich-

---

739 S1.
740 B2.
741 A5.
742 A5.
743 C5.
744 A5.
745 A5.
746 B2.
747 A4.
748 B4.
749 B4.
750 B4.

keiten biete, den Zugriff auf Daten einzuschränken beziehungsweise Verfahren für einen gewissen Zeitraum abzuschotten[751].

Teilweise würden in den Bundesländern Vorgangssysteme eingesetzt, bei denen die Voraussetzungen für eine elektronische Weitergabe der in den regionalen Dienststellen gesammelten Erkenntnisse an die Landesdatenbanken gegeben seien, wo aber der einzelnen Behörde die Entscheidung darüber vorbehalten sei, ob die Informationen landesrelevant seien[752]. Werde dann von dieser Behörde die OK-Relevanz nicht erkannt und würden die Daten für eine Weitergabe an die Landesdatenbank nicht freigegeben, so könne in der Folge beispielsweise das Landeskriminalamt als Zentralstelle nicht auf diese Daten zugreifen[753].

Der Zugang zu den Datenbanken sei in konkreten Berechtigungs- und Benutzerkonzepten festgelegt[754]. Grundsätzlich seien die OK-Datensätze geöffnet für alle diejenigen, die im Bereich der Organisierten Kriminalität Daten erhoben, Daten sammelten und Daten auswerteten[755]. Solange sich die verfahrensinitiierende Analyse mit einem Phänomen beschäftige, seien nur diese Beamten berechtigt, die Daten einzusehen[756]. Gehe eine solche Analyse in die Phase der Initiativermittlungen über, erhielten auch die Ermittler eine Zugangsberechtigung zu den Datenbänken[757]. Erst wenn ein Ermittlungsverfahren eingeleitet werde, lägen die Daten in einer landesweiten OK-Anwendung, in der die sachbearbeitende Dienststelle ein Lese- und Schreibrecht und die benachbarten Dienststellen ein Leserecht hätten[758].

In anderen Bundesländern, die (noch) nicht über das integrierte Vorgangssystem verfügten, würden besonders brisante Informationen in innerhalb der Dienststelle abgeschottete Datenbanken eingestellt, wie sie teilweise zum Beispiel für den VP-Bereich existierten[759]. Dort hätten nur Beamte aus dem entsprechenden Bereich Zugriff auf die Daten[760].

Innerhalb der Dienststellen gebe es organisatorische, aber keine rechtlichen Zugriffsregelungen[761].

Selbst Führungskräften fehle eine entsprechende Berechtigung, soweit diese aufgrund ihrer Aufgaben einen Zugang zu entsprechenden Datenbanken nicht

751 B4.
752 A5.
753 A5.
754 A2.
755 A2; B4.
756 A2.
757 A2.
758 A2.
759 B4.
760 A2; B4.
761 B2.

benötigten[762]. „Das Prinzip „need to know“ spielt eine wesentliche Rolle, das heißt jeder soll das wissen, was er wissen muss“[763].

Die Staatsanwaltschaft habe keinen direkten Zugriff auf die Datenbanken der Polizei[764]. Dies sei sinnvoll, weil die Staatsanwaltschaft anderenfalls gezwungen wäre, sämtliche Erkenntnisse aktenkundig zu machen[765]. Das sei insofern problematisch, weil es sich bei Erkenntnissen der ASTOK oft um „weiche“ Daten handle[766]. Erkenntnisse könnten teilweise auch dann nicht verwertet werden, wenn es dabei um VP-Erkenntnisse gehe, deren Offenlegung zugleich eine erhebliche Gefährdung der VP bedeuten würde oder es Erkenntnisse von einer Person seien, der aufgrund ihrer Tatbeteiligung keine Vertraulichkeit zugesichert werden könne[767].

Ein direkter Zugriff der Staatsanwaltschaft auf die polizeilichen Daten hätte dann zur Folge, dass diese fälschlicherweise aktenkundig gemacht würden[768].

Aus einem Bundesland wird berichtet, es sei ein System im Aufbau, welches den Austausch von reinen Verwaltungsdaten, Aktenzeichen und Personaldaten vorsehe[769].

Es würden von Seiten der Polizei aber keine Informationen zurückgehalten, die aus Sicht der Staatsanwaltschaft verfahrensrelevant sein könnten[770]. Daher werde schon während der Analyseprojekte mit der Staatsanwaltschaft abgestimmt, welche Informationen für das Verfahren relevant seien[771]. Mit Ausnahme von Informationen über die Identität von Vertrauenspersonen, die, wie oben erläutert, aus Gefährdungsaspekten nicht in die Akten aufgenommen werden könnten, erhalte die Staatsanwaltschaft alle gewünschten Informationen[772].

Ein System, das der Staatsanwaltschaft sämtliche polizeilichen Erkenntnisse zur Verfügung stelle, werde auch deshalb nicht als praktikabel angesehen, weil der entsprechende Informationsfluss für den Staatsanwalt nicht handhabbar wäre[773].

762 A2.
763 A1.
764 A2; B2; B4.
765 S3.
766 B2; S3.
767 S3.
768 S3.
769 B2.
770 A1.
771 A1.
772 A1.
773 B2; S3.

Auch mit anderen Behörden bestehe kein automatisierter Abgleich[774]. Anlassbezogen werde mit Stellen außerhalb der Polizei wie mit der Finanzverwaltung zusammengearbeitet[775].

Rechtsgrundlage für einen Informationsaustausch zwischen Finanzbehörden und Polizei könne § 116 AO sein, wonach Gerichte und Behörden Tatsachen, die den Verdacht einer Steuerstraftat begründeten, den Finanzbehörden mitzuteilen hätten[776]. Dieser Informationsfluss laufe in beide Richtungen[777]. Das bedeute, die Polizei fordere sowohl Informationen an, beantworte aber auch Anfragen[778]. Von einem anderen Experten wird angegeben, einen Datenaustausch gebe es nicht, weil die Polizei ihre Daten niemandem überlasse[779]. Ein Datenabgleich finde allenfalls mit solchen Daten statt, die die Polizei von anderen Behörden erhalte[780].

Die Novellierung des Geldwäschegesetzes habe insofern ebenfalls neue Möglichkeiten eröffnet, insbesondere durch § 31b AO und § 10 Abs. 2 GwG[781]. Nach § 31b AO dürfen vom Steuergeheimnis geschützte Verhältnisse des Betroffenen offenbart werden, soweit dies der Durchführung eines Strafverfahrens wegen Geldwäsche diene. Über die Einleitung eines Strafverfahrens wegen Geldwäsche sei die Finanzbehörde nach
§ 10 Abs. 2 GwG zu informieren.

774 A2.
775 B2.
776 A1.
777 A1.
778 A1.
779 A2.
780 A2.
781 A1.

c) Visualisierung

Zu Beginn eines jeden Auswerte- beziehungsweise Analyseprojektes werde eine Datenbank eingerichtet[782].

Die ASTOK Dienststellen arbeiteten darüber hinaus mit speziellen Softwaretools, die es ermöglichten, durch den Import von Daten aus Datenbanken Fakten zu visualisieren und Beziehungen aufzuzeigen[783]. Diese Verbindungen würden graphisch dargestellt und könnten dann mit Riesenplottern auf wandgroßen Blättern ausgedruckt werden[784]. Auf diese Weise würden möglicherweise bis dahin nicht erkannte Verbindungen aufgezeigt[785].

Ein solches Softwarepaket sei „Analyst´s Notebook"[786], mit dem nach Angaben des Vertreibers Diagramme sowohl per Hand als auch automatisch, durch den Import bestehender Daten, erzeugt werden könnten. Die zwei Komponenten des Pakets, „Link Notebook" und „Case Notebook", böten unterschiedliche Möglichkeiten der Visualisierung.

Mit Link Notebook könnten Beziehungsdiagramme erstellt werden, mit denen Verbindungen zwischen verschiedenen Objekten wie Personen, Fahrzeugen und Organisationen graphisch wiedergeben würden. Darüber hinaus könnten Geld- und Warenflüsse in Netzdiagrammen sichtbar gemacht werden.

Für die Analyse von komplexen und großen Diagrammen stünden automatische Layout-Optionen zur Verfügung. Das Fächer-Layout lege beispielsweise Beziehungen zwischen großen Netzwerken offen, während das hierarchische Layout Diagramme in der Form von Stammbäumen oder Organigrammen erzeuge.

Case Notebook biete die Möglichkeit zur Erstellung von Fall- und Flussdiagrammen.

Falldiagramme stellten Ereignisse, die miteinander in Beziehung stünden, in einer bestimmten Zeitspanne dar, beispielsweise Treffen zwischen zwei Rauschgifthändlern. Case Notebook platziere die Ereignisse automatisch in chronologischer Reihenfolge, wodurch widersprüchliche Aussagen und Ereignisse direkt erkennbar würden.

Mit einem Flussdiagramm könnten wiederholt auftretende Aktivitäten wie eine Häufung von Telefongesprächen zwischen zwei Anschlüssen oder vermehrte Zahlungseingänge auf einem Konto visualisiert werden.

---

782 A1.
783 B2.
784 B2.
785 B2.
786 Analyst´s Notebook ist ein Softwarepaket der Rola GmbH. Die nachfolgenden Ausführungen beruhen auf den Angaben der Produktbeschreibung der Rola GmbH, abrufbar unter www.rola.com.

Darüber hinaus biete Analyst´s Notebook auch die Möglichkeit der Volltextrecherche. Mit der Funktion „Visuelle Suche“ könne, basierend auf den vom Benutzer festgelegten Beschriftungen und Attributen, nach speziellen Arten von Entitäten und Verbindungen gesucht werden.

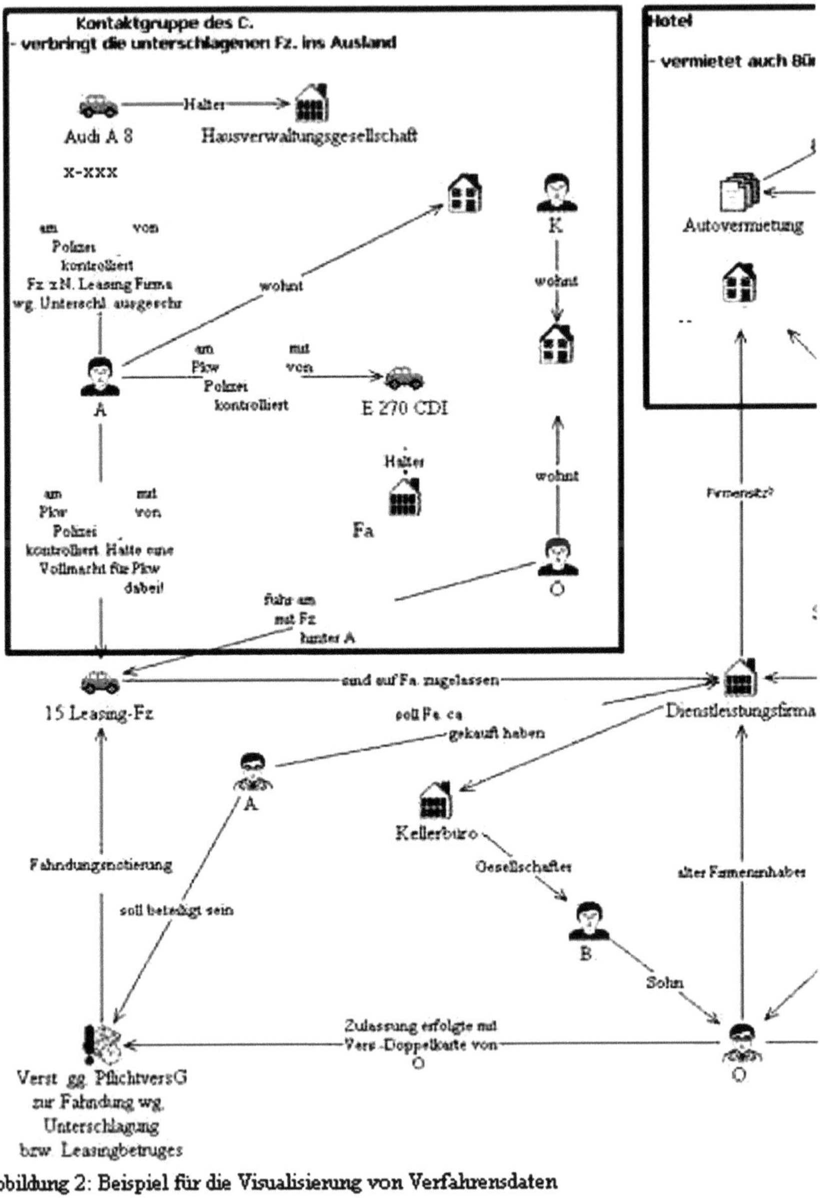

Abbildung 2: Beispiel für die Visualisierung von Verfahrensdaten
Quelle: -unveröffentlicht-

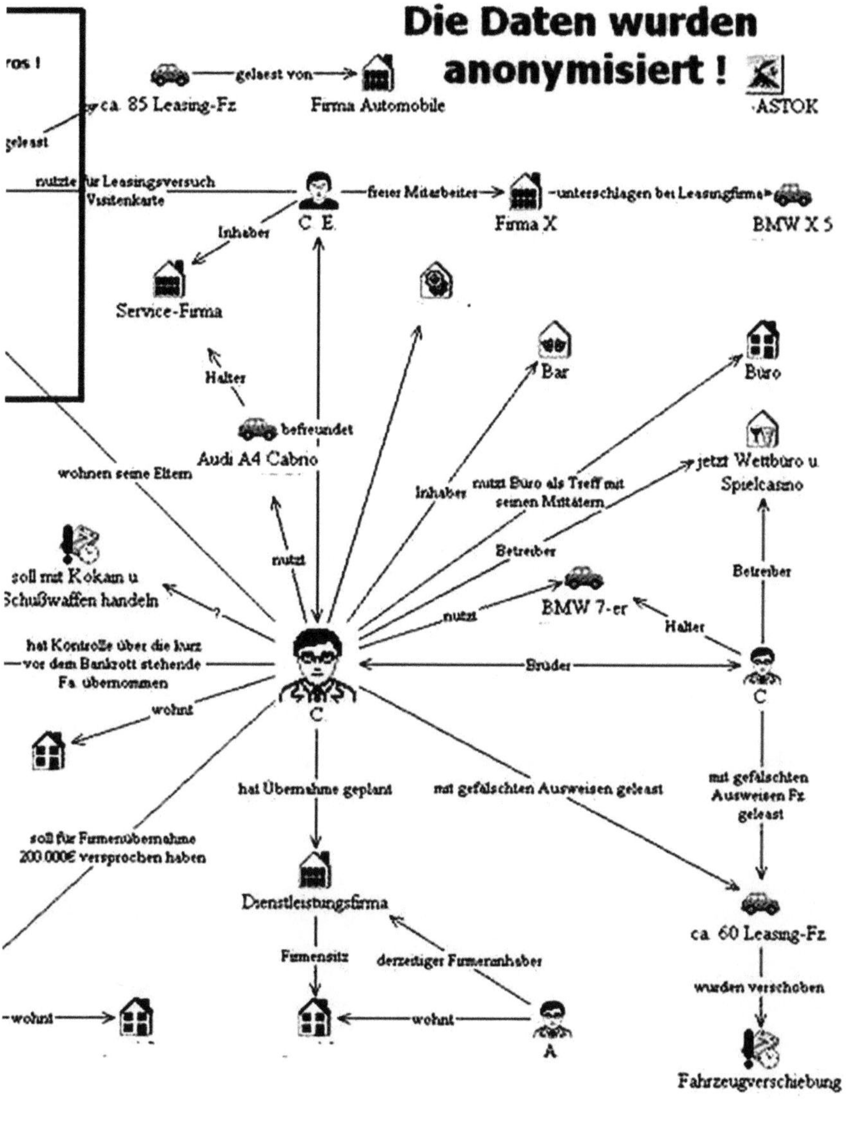

Die Daten wurden anonymisiert !
ros !
gelaest von
ca. 85 Leasing-Fz
Firma Automobile
ASTOK
geleast
nutzte für Leasingsversuch Visitenkarte
freier Mitarbeiter
unterschlagen bei Leasingfirma
C. E.
Firma X
BMW X 5
Inhaber
Service-Firma
Bar
Büro
Halter
befreundet
Audi A4 Cabrio
wohnen seine Eltern
Inhaber
nutzt Büro als Treff mit seinen Mittätern
jetzt Wettbüro u. Spielcasino
nutzt
Betreiber
Betreiber
soll mit Kokain u Schußwaffen handeln
BMW 7-er
nutzt
Halter
hat Kontrolle über die kurz vor dem Bankrott stehende Fa. übernommen
Bruder
C
C
wohnt
hat Übernahme geplant
mit gefälschten Ausweisen geleast
mit gefälschten Ausweisen Fz geleast
soll für Firmenübernahme 200.000€ versprochen haben
Dienstleistungsfirma
ca. 60 Leasing-Fz
Firmensitz
derzeitiger Firmeninhaber
wurden verschoben
wohnt
wohnt
A
Fahrzeugverschiebung

2. Analyse und Bewertung

Die Polizei hat die Notwendigkeit einer unmittelbaren Erfassung aller erhobenen Daten eigenen Angaben zufolge erkannt. Dazu beigetragen hat auch der Fortschritt der Technik, durch den es der Polizei möglich ist, Initiativermittlungen von Beginn an mit einer Datenbank zu begleiten.
Obschon die Notwendigkeit einer unmittelbaren Datenerfassung gesehen wird und die technischen Voraussetzungen geschaffen sind, erfolgt aber aus Angst vor Verrat noch immer nicht überall eine Umsetzung. Dabei besteht nach Ansicht von Führungskräften eine größere Gefahr, wenn Zusammenhänge nicht erkannt werden können, weil Informationen zurückgehalten werden.

Von zentraler Bedeutung ist die Aussage mehrerer Experten, der ganze Bereich der Datenverarbeitung in der gesamten Bundesrepublik, was Schnittstellenproblematiken auch zur Bundespolizei, dem BKA und anderen Länderpolizeien sowie den Informationsaustausch und Transfer angehe, sei äußerst mangelhaft.
Denn obwohl die Problematik von inkompatiblen Datenbanken bereits seit fünfzehn Jahren erkannt ist, konnte sie offenbar bislang nicht gelöst werden. Innerhalb einzelner Bundesländer ist es gelungen, sich auf eine landesweite OK-Datenbankenunterstruktur der einzelnen Dienststellen zu einigen. Eine aus Sicht eines Außenstehenden längst überfällige Übereinkunft auf eine einheitliche Datenlandschaft bundesweit ist aber auch in nächster Zeit nicht absehbar. Das föderative System in der Bundesrepublik macht es den einzelnen Ländern möglich, an einem Verfahren festzuhalten, das im Hinblick auf eine effektive OK-Bekämpfung nicht zeitgemäß erscheint.
Dies ist unverständlich, zumal die Polizei gerade im OK-Bereich mit Tätern zu tun hat, die nicht vor Ländergrenzen halt machen. Aufgrund der oftmals vorhandenen ethnischen Hintergründe wäre streng genommen schon eine bundesweite Sicht zu kurz gegriffen.
Ein direkter Zugriff auf den Datenbestand eines anderen Bundeslandes ist den Polizeibeamten nicht möglich.
Aber auch die restriktive Weitergabe von Daten zwischen den Dienststellen innerhalb einzelner Bundesländer führt zu erheblichen Einschränkungen des Informationsaustauschs.
Während erste Bestrebungen, den Informationsaustausch zu verbessern, am Anfang teilweise auf erhebliche Widerstände gestoßen sind, da die Dienststellenbeamten nicht bereit waren, ihre Daten weiterzugeben, sprechen die Experten in diesem Zusammenhang zumindest von einem Wandel, der in den letzten Jahren eingetreten sei. Der vorsichtige Umgang mit sensiblen Daten ist aufgrund von Geheimhaltungsaspekten ohne Zweifel sehr wichtig, darf aber nicht dazu führen, dass Zusammenhänge nicht erkannt werden können, weil Informationen zurückgehalten werden. Integrierte Vorgangssysteme, bei denen die Vorausset-

zungen für eine elektronische Weitergabe der in den regionalen Dienststellen gesammelten Erkenntnisse an die Landesdatenbanken gegeben sind, sind ein Schritt in die richtige Richtung. Sie bilden zunächst die Grundlage für einen funktionierenden Informationsaustausch. Die regionalen Dienststellen tragen aber gleichsam die Verantwortung dafür, dass OK-Relevanz erkannt wird und die Daten für eine Weitergabe an die Landesdatenbank freigegeben werden.
Die häufig getätigte Aussage „Wenn Polizei wüsste, was Polizei weiß" hat jedoch offenbar trotz modernster Software nicht an Aktualität verloren.

Eine direkte Zugriffsmöglichkeit der Staatsanwaltschaft auf polizeiliche Daten wird von den befragten Experten zu Recht als problematisch abgelehnt. Da die Staatsanwaltschaft gezwungen wäre, sämtliche Erkenntnis aktenkundig zu machen, würde dies grundsätzlich auch für VP-Erkenntnisse gelten, selbst wenn dies eine erhebliche Gefährdung der Person nach sich ziehen könnte. Die Staatsanwaltschaft geriete in einen unlösbaren Konflikt mit dem Interesse an einer Geheimhaltung.
Daneben wird berechtigter Weise die Befürchtung geäußert, durch einen direkten Zugriff der Staatsanwaltschaft auf Daten der Polizei könnten auch von der Polizei vorgehaltene unbewertete Daten als gesicherte Erkenntnisse in die Akten der Staatsanwaltschaft gelangen.

IV. Organisation und Zusammenarbeit

1. Daten aus den Experteninterviews

a) Strukturelle Bedingungen innerhalb der polizeilichen Organisation

aa) Organisation in der Fläche

Die Organisation der OK-Bekämpfung innerhalb der Polizei sei in den Ländern unterschiedlich geregelt[787].
Die Anzahl der OK-Dienststellen in den Bundesländern variiere und sei abhängig von Faktoren wie Fläche und Bevölkerungsdichte, aber auch von der politischen Entscheidung zu einem bestimmten Aufbau[788].
So basiere beispielsweise in Hessen die Organisationsform auf einem LKA mit sieben Flächenpräsidien, bei denen OK-Dienststellen eingerichtet seien[789].

787 A2; A2.
788 B2.
789 A2.

Bayern, das in der Fläche mehr als dreimal so groß ist, verfüge derzeit ebenfalls über sieben Präsidien mit sieben OK-Dienststellen, die gerade zu zehn Präsidien umorganisiert würden[790].
In Nordrhein-Westfalen seien es mit dem LKA 18 Dienststellen, die OK bearbeiteten[791].
In Sachsen werde OK alleine vom Dezernat Organisierte Kriminalität des LKA Sachsen bearbeitet, das über drei Außenstellen in den Kriminalitätshochburgen des Landes verfüge[792]. In den Kriminalinspektionen der sieben Polizeidirektionen in Sachsen seien Bandendezernate eingerichtet, die für die Bearbeitung von Bandenkriminalität zuständig seien und mit denen in der Regel eine enge Abstimmung und Koordination erfolge[793].
In Niedersachsen habe es eine Neuorganisation in der Form gegeben, dass die OK-Dienststellen stärker konzentriert worden seien[794]. Die OK-Dienststellen seien nun angesiedelt bei den Polizeidirektionen im Lande und beim LKA[795].

Bei einer Beschränkung auf wenige Ermittlungsstützpunkte für OK könnten Arbeitskraft, Logistik sowie Möglichkeiten der Datenverarbeitung und Datennutzung an einem Ort konzentriert werden[796]. Gerade weil OK nicht an Grenzen halt mache, sei unerheblich, wo das Phänomen bearbeitet werde[797].
Besonders in den Flächenstaaten, in denen es ländlich strukturierte Bereiche und Großstädte gebe, komme es von alleine zu einer Spezialisierung in den OK-Dienststellen der Großstadtpräsidien, weil das Kriminalitätsaufkommen und somit die Fallzahlen in den ländlichen Gebieten naturgemäß niedriger seien[798].
In Ballungsräumen komme es aufgrund der Abschottung der OK-Dienststellen auch untereinander nicht selten zu parallelen Ermittlungen[799].
In Sachsen habe man mit einer zentralen Bearbeitung von OK im Landeskriminalamt gute Erfahrungen gemacht, weil so alle Erkenntnisse einer Stelle vorlägen und damit ein landesweiter Überblick gegeben sei[800]. Parallele Ermittlungen gebe es aber auch dort, weil insbesondere zwischen Bandenkriminalität und OK die Übergänge fließend seien und in diesem Bereich ein erhöhter Abstimmungsbedarf bestehe[801]. Ein enger Kontakt sei über die regionalen Außenstellen des

790 B2.
791 A4.
792 A2.
793 A2.
794 S1.
795 S1.
796 B2.
797 B2.
798 B2.
799 B2.
800 A2.
801 A2.

LKA gegeben, die sich in räumlicher Nähe zu den in den Kriminalitätsinspektionen eingerichteten Bandendezernaten befänden[802].
Ein Experte erklärt, wie immer im Leben komme es auch bei der Organisationsform auf den goldenen Mittelweg an[803]. In einem großen Flächenland mit hoher Einwohnerdichte sei eine Konzentration der Ermittlungen auf eine Dienststelle nicht sinnvoll[804]. Eine extreme Dekonzentration aber berge die Gefahr, dass kleine Dienststellen mit OK-Verfahren, die in der Regel sehr personal- und zeitaufwendig seien, überfordert seien[805]. „Dann besteht die Gefahr, dass man Kompromisse macht, die nicht sachgerecht sind“[806]. Die Dienststellen müssten leistungsstark, aber auch personalstark sein, weil OK-Verfahren sehr aufwendig seien[807].
In Nordrhein-Westfalen gebe es derzeit eine politische Diskussion, einige Bereiche, zu denen die OK ebenso gehöre wie Finanzermittlungen oder die Bekämpfung der Wirtschaftskriminalität, weiterhin zu stärken, sie aber möglicherweise auf eine geringere Zahl von Kreispolizeibehörden zu reduzieren[808].

Die Auswerte- und Analysestellen in Nordrhein-Westfalen seien entsprechend der Organisation der OK-Dienststellen so aufgebaut, dass nicht nur eine Analyse- und Auswertestelle im LKA bestehe, sondern auch bei den großen Behörden Pendantdienststellen eingerichtet seien, welche die gleiche Aufgabe für ihren Bereich wahrnähmen[809]. Diese Dienststellen befänden sich in einem stetigen Austausch, basierend auf persönlichen Treffen, sowie auf einem technischen Austausch über eine „closed-user-group“, einem Forum im Intranet der Polizei mit Zugangsbeschränkung[810]. Des Weiteren entscheide ein Gremium, ob die Informationen der einzelnen Dienststellen möglicherweise darüber hinaus Anhaltspunkte für eine landesweite Auswertung oder eine verfahrensinitiierende Analyse böten[811]. Solche landesweiten Auswerteprojekte würden dann, teilweise mit Unterstützung aus den Dienststellen im Land, durch die ASTOK beim LKA betrieben[812].
Die Experten der Analyse- und Auswertestellen bemängeln die Zergliederung[813]. Analysen der OK-Entwicklung hätten Handlungsempfehlungen hervorgebracht,

802 A2.
803 A1.
804 A1.
805 A1.
806 A1.
807 A1.
808 B2.
809 A4.
810 A5.
811 A5.
812 A5.
813 A4.

von denen eine sehr deutlich darauf gerichtet gewesen sei, von den vielen einzelnen kleinen Behörden zu einer kleineren Zahl an größeren Behörden zu gelangen[814]. Vor allem in Ballungsräumen wie dem Rhein-Main-Gebiet oder dem Ruhrgebiet lägen die großen Städte in unmittelbarer Nachbarschaft und bildeten einen kriminalgeographischen Raum[815]. Täter, die sich von einer Stadt in die benachbarte 20 Kilometer entfernt gelegene Stadt bewegten, wechselten bei der derzeitigen Organisationsstruktur gleichsam vom Zuständigkeitsbereich der einen OK-Dienststelle in den der anderen[816]. Im Rhein-Main Gebiet komme die Überschreitung von Ländergrenzen erschwerend hinzu[817].
Die aktuelle Organisationsstruktur werde daher als „nicht mehr zeitgemäß"[818] empfunden. Es werde eine stärkere Zentralisierung befürwortet, die jedoch nicht mit dem Verlust der regionalen Fachkompetenz einhergehen solle[819].

In den großen Staatsanwaltschaften gebe es spezielle OK-Abteilungen[820]. In Nordrhein-Westfalen beispielsweise seien in zehn Staatsanwaltschaften solche Schwerpunktstaatsanwaltschaften zur OK-Bekämpfung eingerichtet worden[821].
Aus einer OK-Abteilung wird berichtet, die Dezernenten bearbeiteten vorrangig bestimmte Nationalitäten und hätten einen bestimmten Kriminalitätsschwerpunkt[822].
Um die Organisationsstrukturen der Strafverfolgungsbehörden aufeinander abzustimmen, hätten alle Bundesländer bei ihren Generalstaatsanwaltschaften sogenannte OK-Koordinatoren, deren Aufgabe der Erfahrungs- und Informationsaustausch auf überörtlicher Ebene sei[823]. Der Koordinator entscheide auch über die Führung von Sammelverfahren[824] beziehungsweise führe eine Regelung herbei, wenn bei bezirksübergreifenden Verfahren die Zuständigkeitsfrage nicht geklärt werden könne[825]. Darüber hinaus hätten einige wenige Bundesländer „Zentrale Stellen OK" eingerichtet[826].

814 A4.
815 B2; A4.
816 B2.
817 B2.
818 A4.
819 A4; ähnlich S1.
820 S1.
821 S1.
822 S1.
823 S1.
824 3.2.3 RiStBV Anlage E, abgedruckt in Meyer-Goßner S. 2044.
825 S1.
826 S1.

Bei der Generalstaatsanwaltschaft in Celle sei seit dem 1.3.1996 für das Land Niedersachsen eine „Zentrale Stelle Organisierte Kriminalität und Korruption (ZOK)“ eingerichtet[827].
Diese befasse sicht mit den Bereichen OK, Korruption, Gewinnabschöpfung, Geldwäsche und internationaler Zusammenarbeit und sei auch Kontaktstelle des europäischen justitiellen Netzes[828].
Zu ihren Aufgaben gehöre die landesweite Beratung, Information und Unterstützung der Strafverfolgungsbehörden[829]. Neben der Klärung von Rechtsfragen gehe es um die Zusammenarbeit der Strafverfolgungsbehörden, also den Staatsanwaltschaften, der Landespolizei, dem Zoll, den Finanzämtern und anderen Polizeibehörden[830].

Des Weiteren sammle die ZOK auch Erfahrungen zu organisatorischen Fragen und biete Hilfestellung bei der Beseitigung von Hindernissen, die zum Beispiel im Verhältnis zu den Netzbetreibern entstünden, wenn es um Telekommunikationsüberwachung gehe[831].

Die ZOK übernehme in Niedersachsen auch die Aufgabe der Koordination bei überörtlichen Ermittlungskomplexen, wenn aufgrund der gesetzlichen Zuständigkeitsregelungen für einen bestimmten Ermittlungskomplex mehrere Staatsanwaltschaften nebeneinander zuständig seien und sorge durch eine Verfahrenskonzentration dafür, dass der Polizei ein fester Ansprechpartner benannt werden könne[832].
Die Beratungs- und Koordinationsaufgaben von ZOK und OK-Koordinatoren erstreckten sich naturgemäß nicht auf den polizeirechtlichen Verantwortungsbereich der Initiativermittlungen[833].
Bislang hätten sich die Staatsanwaltschaften in der Phase der Initiativermittlungen, sofern fremde Zuständigkeiten betroffen gewesen seien, damit beholfen, auswärtige Staatsanwaltschaften durch entsprechende Informationen zu eigenen Initiativermittlungen zu bewegen[834]. Solche Bemühungen hätten nach Expertenangaben jedoch in der Vergangenheit nur geringen Erfolg gezeigt[835].

---

827 Vgl.www.staatsanwaltschaften.niedersachsen.de/master/C8615180_N7147277_L20_D0_I3749624.html.
828 S1.
829 S1.
830 S1.
831 S1.
832 www.staatsanwaltschaften.niedersachsen.de/master/C8615180_N7147277_L20_D0_ I3749624.html.
833 S1.
834 S3.
835 S3.

bb) Organisationsformen

Initiativermittlungen sollten nach Expertenansicht in einer Sonderkommission oder Ermittlungsgruppe in Form eines Projektmanagements geführt werden[836]. Der Übergang von der verfahrensinitiierenden Analyse in die Ermittlungen und die weitere Begleitung des Verfahrens durch die verfahrensbegleitende Analyse setze eine genaue Definition der einzelnen Arbeitsbereiche voraus[837]. In einem Verfahren, in dem eine Ermittlungsgruppe nicht alle Ermittlungen allein tätigen könne, sondern Teilaufgaben auch an andere Stellen abgeben müsse, solle ein Projektplan existieren[838]. Das Projektmanagement gewährleiste durch eine klare Zielsetzung und Auftragserteilung, durch Zeitvorgaben für die Abarbeitung einzelner Schwerpunkte, dass ein komplexes Verfahren systematisch vorwärts getrieben werde[839].
Kleinere Ermittlungsgruppen bestünden aus zwei Beamten[840]. Größere Komplexe würden abhängig vom Informationsaufkommen und den anfallenden Aktivitäten von fünf bis fünfzehn Beamten bearbeitet[841]. Die Ermittlungsgruppen selbst bestünden aus einem Ermittlungsgruppenleiter und den Sachbearbeitern sowie einem Auswerter[842]. Ähnlich dem Aufbau einer SOKO seien die Aufgaben innerhalb der Ermittlungsgruppe unter den Sachbearbeitern aufgeteilt[843].
In der Vergangenheit sei auch manchmal der Anstoß zur Einleitung von Ermittlungsverfahren von der Finanzverwaltung, von der Steuerfahndung oder im Bereich des Menschenhandels von der Bundespolizei ausgegangen, was zu sehr erfolgreichen gemeinsamen Ermittlungskommissionen geführt habe[844]. Die institutionalisierte oder anlassgezogene Bildung von behördenübergreifenden gemeinsamen Ermittlungskommissionen in Teilbereichen (ähnlich dem amerikanischen Vorbild der Task-Forces) werde als zukunftsweisend angesehen[845].

---

836 A2.
837 A2.
838 A2.
839 A2.
840 A2.
841 A2.
842 A2.
843 A2.
844 B2.
845 B2.

cc) ASTOK: Die Vor- und Nachteile einer Zentralauswertung

Von Anfang an sei großer Wert auf eine Trennung von OK-Ermittlungen und OK-Analyse gelegt worden[846].
Unterschiedliche Dienststellen und eine örtliche Trennung sollten sicherstellen, dass die Analysten „eben nicht so schnell in das Tagesgeschäft wieder `reingezogen werden"[847].
Der Kontakt zwischen Analysten und Ermittlern dürfe jedoch nicht verloren gehen[848]. Ein Austausch über neue Phänomene und Entwicklungen sei für beide Seiten unabdingbar[849].
„In vielen Bereichen ist dieser Kontakt noch nicht so da"[850].
Folge des Verlustes eines funktionierenden Informationsaustausches zwischen Auswertungs- und Ermittlungsführung sei ein zusätzlicher Steuerungsbedarf, um eine aktuelle Informationsverarbeitung zu gewährleisten[851].
In der Vergangenheit habe es oft Konkurrenzkämpfe zwischen Ermittlern und Auswertern gegeben[852]. Die Ermittler hätten keinen Sinn in der Weitergabe von Informationen gesehen und diese selber für die Generierung neuer Ermittlungsverfahren aufbereitet, weil sie den Auswertern und Analytikern Untätigkeit zum Vorwurf gemacht hätten[853]. Die zeitaufwendige Arbeit der ASTOK führe aber der Natur der Sache nach nicht immer zu einem direkten, messbaren Erfolg. Teilweise dienten Projekte auch anderen Zwecken, so beispielsweise als Arbeitsgrundlage für die Behörde. Zudem nehme die ASTOK weitere umfangreiche Aufgaben wahr. Zu diesen gehörten neben der Erstellung von Statistiken und Lagebildern auch die verfahrensbegleitende Auswertung und Beratung sowie das zur Verfügung stellen von Datenbanken oder die Visualisierung von Daten.
Das Akzeptanzproblem sei von Anfang an da gewesen und dieses gebe es auch immer noch[854].
Indem die Auswerte- und Analysestelle ihre Arbeit nicht mit Übergabe an die ermittelnde Dienststelle einstellten, sondern die Ermittler mit ihren technischen Möglichkeiten, aber auch mit dem gesammelten Hintergrundwissen noch über eine längere Zeit begleiteten und unterstützten, versuche man, dem Problem zu begegnen[855].

---

846 A4.
847 A4.
848 A4.
849 A4.
850 A5.
851 Forstenhäusler, Kriminalistik 1999, 738(740).
852 A5.
853 A5 auch für die folgenden Angaben.
854 A5.
855 A4.

Andere Experten unterscheiden bei der Frage nach der Herauslösung des Analyse- und Auswertungsbereichs zwischen der strategischen und der operativen Analyse[856] und sprechen sich für eine Ablösung zumindest der strategischen Analyse von den Ermittlungen aus[857].
„Das Wichtigste ist aber, dass man die operative Analyse, die ja ein Bindeglied zwischen der strategischen Analyse und den Ermittlungen ist, in ihrer Aufbauorganisation so implementiert, dass der Kontakt, der permanente Kontakt zu beiden Stellen gewährleistet ist. Wie auch immer man das organisatorisch regelt, ob man die operative Analyse eigenständig macht, ob man sie den Ermittlungen, oder der strategischen Analyse zuschlägt, das spielt dabei eine untergeordnete Rolle“[858].
Insofern würden sowohl eine komplette Trennung von Auswertung und Ermittlungen als auch eine Zusammenlegung Probleme bergen[859].
Einen „Königsweg“ gebe es nicht, sondern die Organisation müsse der Dienststelle angepasst sein[860]. Vorgeschlagen wird das Anberaumen von regelmäßigen Besprechungen aber auch die Vorgabe von festen Informationswegen[861].

Aus einer Dienststelle wird berichtet, dort sei kürzlich eine gemeinsame Analysestelle für die Bereiche OK und Staatsschutz eingerichtet worden[862].
Die Einrichtung einer zentralen Analyse- und Auswerteeinheit, die gleichfalls für Allgemeinkriminalität zuständig wäre, werde aus Gründen der Geheimhaltung als problematisch angesehen[863].

dd) Kontrollmechanismen innerhalb der Polizei

„Die Effizienz der Auswertung hängt vom schwächsten Glied der Informationsverarbeitungskette ab. Eine Vernachlässigung einzelner Phasen führt zwangsläufig zu suboptimalen Gesamtergebnissen[864]“.

---

856 Anm: Die operative Analyse unterstützt die sachbearbeitende Dienststelle bei ihrer Ermittlungsarbeit durch eine das Verfahren begleitende systematische Auswertung aller objektiven und auch subjektiven Befunde, während sich die strategische Analyse losgelöst von einem bestimmten Verfahren mit einzelnen Phänomenen oder Ethnien beschäftigt.
857 A2.
858 A2.
859 A2.
860 A2.
861 A2.
862 B4.
863 B4.
864 Büchler/Meywirth/Vogt, Kriminalistik 1997, 242(245).

Gibt es daraus folgend in der polizeilichen Organisation Kontrollen der Arbeit einzelner Bereiche wie beispielsweise der Analysestellen, welche die Qualität der Arbeit sicherstellen?

Die Experten geben an, eine gezielte oder kontinuierliche Kontrolle der Arbeitsbereiche Analyse und Auswertung sei in der Praxis nicht vorstellbar beziehungsweise könne nicht gewährleistet werden[865]. „Denn wenn der ausgebildete und bewährte, erprobte und erfahrene Auswerter bestimmte Sachen nicht findet oder falsch bedient oder nicht sachgerecht macht, werden praktisch wenige gegenüberstehen, die das besser machen können[866]“.

Der Erfolg sei auch nicht daran messbar, wie viele Datensätze von einer Behörde in die Datenbanken eingespeist würden[867]. Im Bereich OK habe man es ausschließlich mit qualitativen Daten zu tun, so dass eine einzige extrem hochwertige Information wichtiger sein könne als eine Vielzahl anderer Erkenntnisse[868].

Bevor zu Ermittlungen angesetzt werde, müssten die Beamten allerdings nach Absprache mit dem Vorgesetzten eine Konzeption und eine Projektskizze schreiben, in der neben den Maßnahmen auch ein Zeitrahmen festgeschrieben werde[869]. Eine regelmäßige Pflicht zur Berichterstattung verhindere, dass man sich über einen langen Zeitraum erfolglos mit einem Phänomen beschäftige[870]. Die Nachbereitung von Verfahren erfülle ebenfalls eine Kontrollfunktion, indem sie die Gelegenheit biete zu erkennen, ob die Analysen korrekt seien und ob der richtige Ansatz und die richtigen Instrumentarien gewählt worden seien[871].

ee) Zentrale VP-Führung

Die operative Auswertung erfordere eine sehr enge Zusammenarbeit mit der VP-Führung, um Erkenntnisse zu erlangen, die Grundlage für die Einleitung von Initiativermittlungen sein könnten[872].
Aus Ermittlersicht sei eine zentrale VP- und Informantenführung „nicht optimal“[873]. Die Nähe zum Verfahren beziehungsweise die Nähe zur VP sei für den

865 A2.
866 A2.
867 A4.
868 A4.
869 A2.
870 A2; B4.
871 A2.
872 Forstenhäusler, Kriminalistik 1999, 738(741).
873 A2.

Ermittler wichtig[874]. Ein Ermittlungsgruppenleiter aus dem OK-Bereich moniert, besonders in der Phase, in der „grobe" Erkenntnisse gesammelt würden, werde ein direkter Kontakt zum VP-Führer gewünscht, damit schnell vermittelt werden könne, welche Informationen benötigt würden[875]. Räumliche Trennungen der Dienststellen machten persönliche Kontakte sehr organisationsaufwändig[876]. Die VP-Führer würden den VP wichtige Fragen nicht stellen, weil sie nicht wüssten, welche Fragen die Auswerter stellen würden[877].
Andere Experten erklären, eine zentrale VP-Führung sei insofern äußerst wichtig, weil nur so eine Stelle den Gesamtüberblick über den Einsatz von VE und VP habe[878]. Die Einsätze müssten koordiniert sein, damit nicht beispielsweise eine VP zwei Dienststellen gegeneinander ausspiele oder zwei Einsätze parallel zueinander liefen, bei denen ein Zusammenhang zu Beginn nicht erkennbar gewesen sei[879]. Dies könne bei einer zentralen VP-Führung ausgeschlossen werden[880].

b) Zusammenarbeit innerhalb der Polizei

Zwischen den OK-Dienststellen im Land bestehe ein gut funktionierender Informationsverbund[881]. Die Zusammenarbeit werde durch einen stetigen Austausch über das Intranet, über das alle Polizeidienststellen landesweit verbunden seien, sowie durch regelmäßige Tagungen oder Fachbearbeiterbesprechungen gewährleistet[882]. Zwischen den Behörden im Land oder auch mit den Bundesbehörden gebe es keine Konkurrenz, „sondern eine sehr pragmatische gemeinsame Arbeitshaltung, nach dem Motto: Gemeinsam sind wir stark"[883].
Aus einem anderen Bundesland wird berichtet, eine Konkurrenz dahingehend, wer das beste Verfahren eines Jahres präsentieren könne, gebe es nicht[884]. Vielmehr versuche man, sich gegenseitig mit verfügbaren Ressourcen zu unterstützen und sehe sich als „Ermittlungsfamilie OK"[885].

---

874 A2.
875 B2.
876 B2.
877 B2.
878 A2.
879 A2.
880 A2.
881 A2; A1; B2.
882 A2; ähnlich A1.
883 A1.
884 B2.
885 B2.

Idealerweise erfolge auch eine Zulieferung durch die vor Ort tätigen Beamten, wie Bezirksdienstbeamte oder Streifenwagenpolizisten[886].

Probleme ergäben sich wiederum, wenn Abschottungsgesichtspunkte eine Rolle spielten[887]. Als schwierig werde empfunden, Informationen, die bei einer Dienststelle vorhanden seien, in Erfahrung zu bringen, ohne dem Beamten dort preiszugeben, woran die eigene Dienststelle arbeite[888]. Ob dies möglich sei, sei aber vor allen Dingen abhängig von dem jeweils zuständigen Kollegen[889].
Eine erfolgreiche Zusammenarbeit der OK-Dienststellen setze manchmal eine Mitteilung von brisanten Informationen an die jeweils mitarbeitende Dienststelle voraus[890]. Das funktioniere nur, wenn ein enger Kontakt bestehe und ein persönliches Vertrauensverhältnis gegeben sei[891].

Aus einem Bundesland wird von einem Konkurrenzkampf zwischen der Zentralstelle und regionalen Dienststellen berichtet[892]. Übergeordnete Behörden übernähmen, so der Vorwurf, Verfahren nur dann, wenn sie diese gut „verkaufen" könnten, während von arbeitsintensiven Verfahren ohne öffentlichkeitswirksamen Erfolg Abstand genommen werde[893]. Von einem Experten des zuständigen LKA wird eingeräumt, Spannungen ergäben sich aufgrund der fachaufsichtlichen Stellung der LKÄ und der damit verbundenen koordinierenden Funktion, die Polizeipräsidien zu bestimmten Arbeiten anzuhalten[894]. Das führe insbesondere dann zu Konflikten, wenn die Flächenpräsidien durch ihre Größe ein sehr eigenständiges Arbeiten gewohnt seien[895].

c) Verhältnis Polizei/Staatsanwaltschaft

„Initiativ zu werden, ist eine der wichtigsten Aufgaben der Staatsanwaltschaft, und sie hat –zu Recht- die Sachleitungsbefugnis in strafrechtlichen Ermittlungsverfahren"[896]. Auch wird ihr eine begrenzte Vorermittlungskompetenz zugebilligt, was die Klärung eines Sachverhaltes dahingehend anbelangt, ob die

886 B4.
887 A2; B2.
888 B2.
889 B2.
890 A2.
891 A2.
892 B2.
893 B2.
894 A2.
895 A2.
896 Vgl. KK-Schoreit, § 152 Rn. 16.

Voraussetzungen des § 152 Abs. 2 StPO vorliegen[897]. „Soweit jedoch mit der Aufnahme des Passus über Initiativermittlungen als Nr. 6 der Anlage E[898] in die RiStBV die Sachleitungsbefugnis der Staatsanwaltschaft auf die Vorfeldermittlungen ausgedehnt werden sollte und dem Bedürfnis Rechnung getragen werden sollte, der Staatsanwaltschaft aufgrund geänderter und neuer Kriminalitätsformen (OK) im Vorfeld Kompetenzen einzuräumen, ist das nicht gelungen“[899].
Nach dem ausdrücklichen Wortlaut der Richtlinien ist alleiniges Ziel von Initiativermittlungen die Klärung, ob ein Anfangsverdacht besteht[900]. Strafprozessuale Zwangs- und Eingriffsbefugnisse stehen den Strafverfolgungsbehörden in diesem Stadium nicht zu[901].
Gemäß Ziffer 6.3 der oben angegebenen Richtlinien richten sich die Befugnisse der Polizei zu Initiativermittlungen im Rahmen der Gefahrenabwehr nach den Polizeigesetzen.
Offen bleibt, wie und mit welchen Instrumenten eine Abklärung des Vorliegens eines Anfangsverdachtes durch die Staatsanwaltschaft erfolgen kann. Letztlich stehen der Polizei die Instrumente des Polizeirechts zur Verfügung, während der Staatsanwaltschaft, die sich nicht auf polizeirechtliche Vorschriften stützen kann, dieser Bereich verschlossen bleibt.

Welche Rolle also kommt der Staatsanwaltschaft im Vorfeld de facto zu?

aa) Einbindung der Staatsanwaltschaft

Beabsichtige die Polizei die Initiierung eines Projektes, so bitte sie einen Vertreter der Staatsanwaltschaft zu einer Vorbesprechung[902]. Zum einen benötige die Polizei einen Ansprechpartner für rechtliche Fragestellungen[903]. Zum anderen müsse die Staatsanwaltschaft entsprechende Kapazitäten zur Verfügung stellen können, damit entstehende Verfahren auch bewältigt werden könnten[904]. Nach Angaben eines Staatsanwaltes würden Projekte in dem Bezirk, in dem er tätig sei, schon in einem ganz frühen Stadium an die Staatsanwaltschaft herangetragen[905].

---

897 Vgl. hierzu schon die Ausführungen zu den Vorermittlungen unter A. II. 1.
898 Gemeinsame Richtlinien der Justizminister/ -senatoren und der Innenminister/ -senatoren der Länder über die Zusammenarbeit von Staatsanwaltschaft und Polizei bei der Verfolgung der Organisierten Kriminalität.
899 Jäger, Kriminalistik 1995, 189(190).
900 Vgl. Ziff. 6.2 der o.a. Richtlinien.
901 Vgl. Ziff. 6.2 der o.a. Richtlinien.
902 S3.
903 S3.
904 S3.
905 S3.

Ein anderer Experte gibt an, bei der ZOK sei die Weitergabe von Daten immer wieder ein Thema, weil Staatsanwälte oft Zweifel äußerten, ob verfahrensrechtlich relevante Daten von der Polizei rechtzeitig an sie herangetragen würden[906]. Möglicherweise beginne eine Polizeibehörde mit Initiativermittlungen, ohne die Staatsanwaltschaft in der Frühphase mit einzubeziehen, verneine später die Frage des Anfangsverdachtes und sehe dann von einer Vorlage bei der Staatsanwaltschaft ab[907]. Die Entscheidung über das Vorliegen eines Anfangsverdachtes müsse aber der Staatsanwaltschaft vorbehalten bleiben[908].
Da die Staatsanwaltschaft keinen unmittelbaren Zugriff auf polizeiliche Daten habe, sei sie darauf angewiesen, rechtzeitig von der Polizei mit verfahrensrechtlich relevanten Daten versorgt zu werden[909].
Durch ihre Datenhoheit sei die Polizei der Staatsanwaltschaft und der Justiz „immer haushoch überlegen“[910]. Die Staatsanwaltschaft müsse sich in gewissem Umfang auf die Polizeiarbeit, beispielsweise die Auswertung von umfangreichen Telekommunikationsüberwachungsmaßnahmen, verlassen, weil kein automatisierter Datenaustausch stattfinde[911].

Das Verhältnis Polizei-Staatsanwaltschaft sei „gut und eng, soweit das gegenseitige Vertrauen vorhanden ist“[912] beziehungsweise „gut und sehr vertrauensvoll“[913], „sehr eng und vertrauensvoll“[914] oder „überhaupt total problemlos“[915].
Bewährt habe sich nach Expertenangaben die Einrichtung von Schwerpunktstaatsanwaltschaften OK[916].
Einmal jährlich führe die Polizei gemeinsam mit den OK-Koordinatoren der Staatsanwaltschaften Dienstbesprechungen durch, deren Ziel es sei, behördenübergreifende Phänomene zu erkennen und parallele Projektarbeit zu vermeiden[917]. „An diesen Besprechungen nehmen diese Staatsanwaltschaften teil und die sind immer wieder aufgefordert, auch dort selber Vorschläge anzubringen“[918]. Aufgrund des Konfliktpotentials, das sich ergebe, weil eine gesetzliche Regelung der justitiellen Belange im Vorfeld fehle, bemühe sich die Polizei nach eigenen Angaben bewusst darum, Maßnahmen mit der Staatsanwaltschaft

906 S1.
907 S1.
908 S1; A1.
909 S1.
910 S1.
911 S1.
912 S3.
913 S1.
914 S1.
915 A2; B2.
916 A2.
917 A1.
918 A1.

abzustimmen, „auch wenn es rechtlich nicht, gesetzlich nicht –besser gesagt- verpflichtend für uns wäre“[919]. „Das heißt, es gibt kein derartiges Analyseprojekt, das begonnen wird mit operativen rechtlichen Eingriffsmaßnahmen, ohne dass das auch mit der zuständigen OK-Abteilung abgestimmt ist, besprochen ist, auch wenn dort noch keine Zuständigkeit besteht“[920]. „Die Polizei ruft dann an, wir wollen mal ein Verfahren vorstellen, dann kommt das zu einem Gespräch ...und dann wird überlegt: Reicht das aus? Reicht das nicht aus? Sollte man sich diesem Feld `mal widmen?“[921].
In der Regel sei die Staatsanwaltschaft dann auch bereit, die Polizei bei deren Initiativen zu unterstützen[922].
Ein anderer Experte gibt an, die Staatsanwaltschaft werde zwar über die Projekte, die auf polizeirechtlicher Basis geführt würden, informiert, eine Einbindung während des Projektverlaufs gebe es aber nicht, weil dies auch nicht erforderlich sei[923].
Ein weiterer Experte erklärt, Projekte würden in aller Regel nicht mit der Staatsanwaltschaft abgestimmt, weil diese noch nicht unmittelbar in ein justitielles Ermittlungsverfahren mündeten[924]. In dem Bereich, in dem ein Erhebungsprojekt gestartet werde, benötige man noch keinen Staatsanwalt[925]. „Wenn die Polizei Informationen zusammengetragen, verdichtet und vielleicht noch mit weiteren polizeilichen Strukturermittlungen unterlegt hat und eine Analyse darüber hat laufen lassen, also alle Informationen gesammelt und bewertet hat und man sagt ok, es ist jetzt soviel Gehalt da, dass man von der grundsätzlichen allgemeinen Verdachtslage ausgehen muss, dann geht man an die Staatsanwaltschaft“[926]. Mit der Staatsanwaltschaft werde dann ein gemeinsames Konzept aufgestellt, „wenn man ein Phänomen entdeckt und einigermaßen abtestbar erkannt hat“[927]. Anregungen zu Initiativermittlungen von Seiten der Staatsanwaltschaft seien nicht bekannt[928] oder gebe es nie[929] beziehungsweise relativ selten[930]. „Es wäre schön, wenn da mal die ein oder andere Initiative kommen würde“[931].

---

919 A1.
920 A1.
921 S1.
922 A2.
923 A2.
924 B2.
925 B2.
926 B2.
927 B2.
928 A4; B2; B4.
929 A2.
930 B2.
931 B2.

Positive Erfahrungen seien nach Angaben einiger Experten gemacht worden, wenn nach dem Projektmanagement vorgegangen worden sei und die betroffenen Dienststellen ebenso wie die Staatsanwaltschaft am Projekt beteiligt worden seien[932].

„Eine gedeihliche Zusammenarbeit sieht in der Regel schon so aus, dass bestimmte Projekte, Phänomene, das Beschäftigen mit bestimmten Ethnien, losgelöst von täterorientierten Ermittlungsansätzen, im Einzelfall sehr wohl mit der Staatsanwaltschaft abgesprochen werden“[933]. Die Informationen, die unter anderem auch zur Einleitung von Vorfeldermittlungen führten, lägen aber nur der Polizei und nicht der Staatsanwaltschaft vor[934]. Das bedeute im Ergebnis: „Es gibt eine Abstimmung, aber auf der Grundlage von Informationen, die der Staatsanwaltschaft in dieser Form auch gar nicht vorliegen“[935].

Die Staatsanwälte behelfen sich eigenen Angaben zufolge teilweise damit, frühzeitig den Anfangsverdacht zu bejahen, „damit die Staatsanwaltschaft auch da in diesem Gebiet dann den Fuß in der Tür drin hat“[936].

Aus einem anderen Bundesland wird berichtet, die geführten Initiativermittlungen seien vorab mit der Staatsanwaltschaft erörtert worden und man habe sich dann dahingehend geeinigt, „dass die Staatsanwaltschaft gesagt hat: Macht mal und berichtet mir, sobald ihr den Anfangsverdacht habt. Vorher will ich noch nichts wissen“[937]. Einen Disput darüber, ob der Staatsanwalt sachleitend zuständig sei oder nicht, habe es nicht gegeben[938].

Die Intensität der Einbindung sei an die Erwartungen der Staatsanwaltschaft gekoppelt, die von einer Information erst bei Vorliegen eines Anfangsverdachtes bis hin zu einer intensiven Einbindung bis ins Detail gingen[939]. Die Polizei versuche aber in jedem Fall, die Staatsanwaltschaft zu einem recht frühen Zeitpunkt informativ mit einzubeziehen, damit diese jedenfalls schon entsprechend disponieren könne[940].

Die Staatsanwaltschaft müsse sich rechtzeitig darauf einstellen können, Durchsuchungsbefehle, Haftbefehle oder verdeckte Maßnahmen zu beantragen[941]. Insofern werde eine begleitende Betreuung von Seiten der Staatsanwaltschaft als zweckmäßig angesehen[942]. Eine rechtzeitige Information liege durchaus auch im

932 B4; B2.
933 B2.
934 B2.
935 B2.
936 S1.
937 A2.
938 A2.
939 A4; B4.
940 A4; A5.
941 S1.
942 S1.

Interesse der Polizei, da eine kurzfristige Benachrichtigung der Staatsanwaltschaft zu einer „wechselseitigen Blockade“ führen könne[943].
Da strafprozessuale Ermittlungen das gemeinsame Ziel von Staatsanwaltschaft und Polizei seien, sei es zudem sinnvoll, sich frühzeitig abzustimmen, „damit man Sorge dafür tragen kann, dass das, was jetzt ermittelt wird, auch schon in dem vorstrafprozessualen Bereich, hinterher verwertbar bleibt für das Strafverfahren“[944].

Beispielhaft für die Notwendigkeit einer engen Zusammenarbeit wird von einer Führungskraft eines LKA von einem Fall aus dem Bereich der Wirtschaftskriminalität berichtet, bei dem im Vorfeld eine Absprache zwischen Polizei und Staatsanwaltschaft getroffen worden sei, nach der man eine gewerbs- und bandenmäßige Begehungsweise angenommen habe. In der Folge habe die Polizei mehr als 200 Einzelsachverhalte an- beziehungsweise aufarbeiten müssen[945]. Im Laufe des Ermittlungsverfahrens habe der Staatsanwalt, der offenbar von dieser Haltung abgewichen sei, Verfahren, an denen die Polizei gearbeitet habe, der Zuständigkeit halber an andere Staatsanwaltschaften bundesweit abgegeben, wo diese Verfahren teilweise umgehend eingestellt worden seien[946]. Ein solches Vorgehen führe verständlicherweise zu einer Frustration bei der Polizei, die sich nicht förderlich auf die gemeinsame Arbeit auswirke[947].

Ein anderer Experte berichtet von einem Verfahren, das Einbruchdiebstahl, BTM-Delikte, Gewaltdelikte bis hin zu Tötungsdelikten, aber unter anderem auch Scheckbetrügereien mit Schecks aus Diebstählen zum Gegenstand gehabt habe[948]. Die Täter hätten dabei unter anderem 1000 Schecks erbeutet, verfälscht und vorgelegt. An diesem „Paket“ Scheckbetrug hätten zwei Polizeibeamte über einen Zeitraum von neun Monaten gearbeitet. Nachdem sie ihre Arbeit beendet und das Ergebnis dem Staatsanwalt präsentiert hätten, habe dieser entschieden, aus Gründen der Prozessökonomie von einer Verfolgung dieser Taten abzusehen.
In einem anderen Fall sei zwischen Polizei und Staatsanwaltschaft das Ziel vereinbart worden, dem Verdacht nachzugehen, ob es sich bei einer Gruppierung um eine Kriminelle Vereinigung i.S.v. § 129 StGB handle[949]. Die Staatsanwaltschaft aber sei, wie sich im Laufe des Verfahrens gezeigt habe, nicht ernsthaft

943 S1.
944 S1.
945 A2.
946 A2.
947 A2.
948 A1 auch für die Folgenden.
949 A1.

an diesem Ziel interessiert gewesen[950]. Bei der Polizei sei der Eindruck entstanden, die Staatsanwaltschaft habe sie möglicherweise nur motivieren wollen[951]. Wichtig für eine professionelle und notwendige Zusammenarbeit sei eine Zielvereinbarung, die von beiden Seiten eingehalten werde[952].

bb) Kontrolle durch die Staatsanwaltschaft

Voraussetzung für erfolgreiche Initiativermittlungen ist nach den Expertenangaben ein gegenseitiges Vertrauen zwischen der Polizeidienststelle und dem einzelnen Dezernenten beziehungsweise der Staatsanwaltschaft.
Fraglich ist, ob auch Kontrollmechanismen existieren, die über eine vertrauensvolle Zusammenarbeit hinausgehen?

Nach Einleitung eines Ermittlungsverfahrens liege die Sachleitungsbefugnis bei der Staatsanwaltschaft, die dann die Möglichkeit einer Kontrolle habe, indem sie die Polizei unter Setzung einer Frist zur Berichterstattung über den Stand der Ermittlungen anhalten könne[953].
Während der Initiativermittlungsphase gebe es keine Kontrolle durch die Staatsanwaltschaft[954]. Bei der Sammlung der zur Verdachtsgewinnung notwendigen Informationen könne die Polizei auf eine beachtliche Machtfülle zurückgreifen[955]. Die Polizei habe es in der Hand, Verdachtssituationen zu definieren[956]. Auch fiskalische Aspekte könnten nach Angaben der Experten zunehmend eine Rolle spielen: „163 – Legalitätsprinzip haben wir – hin oder her – und trotzdem, da kann auch die Staatsanwaltschaft einen Kopfstand machen, denn die Polizei entscheidet letztendlich, wenn wir keinen Handlungszwängen unterliegen, dass wir strafverfolgend tätig werden müssen. Aber spätestens bei der Frage, wenn ich etwas generiere, glaube ich, sind wir auf dem Weg, tatsächlich Schwerpunkte zu setzen, 163 hin oder her"[957].
Teilweise wird gefordert, die Staatsanwaltschaft solle Herrin des Ermittlungsverfahrens wie auch der Vorfeldermittlungen sein[958]. Nach der derzeitigen Rechtslage könnten Maßnahmen, die auf strafprozessualer Ebene von Seiten der

950 A1.
951 A1.
952 A1.
953 S1.
954 A1; A2; B2; B4.
955 Vgl. Feest/ Blankenburg, Die Definitionsmacht der Polizei.
956 Vgl. Feest/ Blankenburg, Die Definitionsmacht der Polizei.
957 B2.
958 S1.

Staatsanwaltschaft abgelehnt würden, unter Umgehung der richterlichen oder staatsanwaltlichen Kontrolle auf dem Polizeiwege durchgeführt werden[959].
Der Vorwurf: „Die Polizei macht was sie will" wird zurückgewiesen[960]. Hingewiesen wird auf gewisse bestehende personelle Dissonanzen: Den Ermittlungsgruppen oder Ermittlungskommissionen, die je nach Verfahrensgegenstand mit vier bis zwölf Beamten besetzt seien, stehe in der Regel ein Dezernent der Staatsanwaltschaft gegenüber, der spätestens in der Phase der offenen Ermittlungen hoffnungslos überlastet sei[961].

d) Zusammenarbeit mit inländischen Behörden

Polizei und Staatsanwaltschaft arbeiteten bereits im Vorfeld von Ermittlungsverfahren mit einer Reihe weiterer Stellen zusammen, wie beispielsweise mit der Steuerfahndung[962].
Sehr gut funktioniere auch die Zusammenarbeit mit der Bundespolizei in Verfahren, in denen Menschenhandel und illegale Grenzüberschreitungen zusammenträfen[963]. In diesem Bereich seien in der Vergangenheit in verschiedenen Bundesländern gemeinsame Ermittlungsgruppen mit Vertretern der Bundes- sowie der Landespolizei gebildet worden[964]. Der Grund für die Einrichtung von gemeinsamen Ermittlungsgruppen liege vor allem darin, dass Menschenhandel und „Schleusungen" (also die Hilfe bei illegalen Grenzübertritten) meistens tateinheitlich begangen würden[965]. Während aber Menschenhandel in die Zuständigkeit der Landespolizei falle, sei die Bundespolizei nach dem Gesetz über die Bundespolizei für die Kontrolle des grenzüberschreitenden Verkehrs verantwortlich, weswegen durch gemeinsame Ermittlungsgruppen eine umfassende Verdachtsschöpfung betrieben werden könne[966].
Günstig auf die Verdachtsschöpfung wirke sich die besonders gute technische Ausstattung der Bundespolizei sowie ihre Vertretung bei allen deutschen Botschaften durch Verbindungsbeamte aus[967].

---

959 S1.
960 B2.
961 B2.
962 S1.
963 S1.
964 A2; S1.
965 S1.
966 S1.
967 S1.

e) Zusammenarbeit mit ausländischen Behörden und Probleme bei Auslandsermittlungen

In der Phase der Projektarbeit werde in der Regel noch kein Kontakt zum Ausland aufgenommen[968]. Bestenfalls bestehe die Möglichkeit, über bereits bestehende Informationsstränge anzufragen[969]. Einen strukturierten Informationsfluss aus dem Ausland gebe es erst im laufenden Ermittlungsverfahren über die Rechtshilfe[970].

Meist gebe es aber eine pragmatische Zusammenarbeit, weswegen es auch im Vorfeld von Rechtshilfeersuchen schon zu einem informellen Austausch kommen könne[971].

Vernetzte Systeme, wie zum Beispiel das Schengener Informationssystem, seien für eine Verdachtsschöpfung im Bereich der Organisierten Kriminalität nahezu nicht geeignet, weil dort nur „harte Daten" eingestellt seien[972].

Derzeit würden europäische Informationssysteme aufgebaut, die aus Datenbanken der Mitgliedsländer beliefert würden[973]. Der Mandatsbereich bei Europol erhalte von Deutschland auf automatisiertem Wege Daten aus dem BKA-System, welches wiederum von den LKÄ beliefert werde[974]. Europol erhalte dadurch die Möglichkeit, grenzüberschreitende Fälle zu registrieren und entsprechende Rückmeldungen zu geben, damit bei Bedarf ein Austausch stattfinden könne[975]. Dieser Weg über Europol als zentraleuropäische Dienststelle werde von einigen Experten befürwortet, allerdings mit dem Verweis, auf diese Weise würden immer noch nicht „die Straftäter aus Albanien oder Nordafrika" erfasst[976].

Ein Experte moniert: „Eurojust auf justitieller Ebene, Interpol, Europol werden diese Probleme ... in Teilbereichen allenfalls erschlagen oder lindern, allenfalls marginal minimieren, aber niemals auslösen oder ausschalten"[977]. Nach langjährigen Erfahrungen liege es an dem Engagement der einzelnen Behörde, der einzelnen Dienststelle beziehungsweise der einzelnen Ermittlungsgruppe, Ansprechpartner zu finden[978]. Seien diese gefunden, so habe man in der Vergangenheit insbesondere dann positive Erfahrungen gemacht, wenn dort die Bereit-

968 B4; S3.
969 B2; B2.
970 B2.
971 S1.
972 B2.
973 A5.
974 A5.
975 A5.
976 A4.
977 B2.
978 B2.

schaft zu sogenannten Spiegelverfahren, also Parallelverfahren im Ausland, bestanden habe[979].

Die Zusammenarbeit im präventiv-polizeilichen Bereich werde in den nächsten Jahren wichtiger, weil die Täter „internationaler" würden[980]. Immer häufiger nutzten Täterorganisationen aus, dass mit Ländergrenzen auch die Zuständigkeit (und damit oftmals der Informationsaustausch) der Polizei ende, operierten aus dem Ausland und kämen lediglich zur Straftatenbegehung nach Deutschland[981].

Die Zusammenarbeit mit dem Ausland ähnele dem Bild einer „Mehrklassengesellschaft"[982]. „Es ist ein großer Unterschied, ob wir mit der Schweiz oder mit Italien oder mit Spanien oder mit Polen oder wem auch immer zusammenarbeiten"[983]. Insgesamt habe sich die Zusammenarbeit deutlich verbessert[984]. Insbesondere auch die Arbeit mit den neuen EU- Mitgliedsstaaten sei unproblematisch[985]. Es gebe allerdings unterschiedliche Kulturen, unterschiedliche Rechtsordnungen, unterschiedliche Steuerungsmechanismen und eine unterschiedliche Kompetenzverteilung zwischen Polizei und Staatsanwaltschaft und diese Unterschiede führten immer wieder zu Schwierigkeiten[986].

Die Kooperation mit den Anrainerstaaten sei generell gut[987]. Teilweise problembehaftet sei die Zusammenarbeit mit den Niederlanden aufgrund der liberaleren Sichtweise in Bereichen wie der BTM-Bekämpfung[988].

Mit Polen gebe es derzeit schon deswegen kaum eine Zusammenarbeit, weil die polnische OK-Bekämpfung in Warschau zentralisiert sei[989]. Insbesondere in den zentralistisch ausgerichteten Staaten seien die Wege lang, weil die komplette Organisationsstruktur durchlaufen werden müsse[990]. Auch aufgrund häufig wechselnder Verantwortlichkeiten auf polnischer Seite hätte bislang kein dauerhafter Kontakt aufgebaut werden können[991].

Bedeutend intensiver sei beispielsweise in Sachsen die Zusammenarbeit der deutschen Behörden mit Tschechien[992]. In der Vergangenheit seien diverse EU-

979 B2.
980 A4.
981 A4.
982 A2.
983 A2.
984 A1.
985 A1.
986 A1.
987 B2.
988 B2.
989 A2.
990 A2.
991 A2.
992 A2.

Projekte gemeinsam durchgeführt worden[993]. Aus mehreren Stationsaufenthalten sei ein erprobter Kontakt entstanden[994].
Probleme bei der gemeinsamen Arbeit basierten auf rechtlichen Divergenzen[995]. So ließen die datenschutzrechtlichen Bestimmungen in Tschechien etwa eine Weitergabe von weichen Daten an ausländische Stellen nicht zu[996]. Darüber hinaus würden in Tschechien selbst Ermittlungsverfahren immer noch vergleichbar dem System der ehemaligen DDR als polizeiliche Ermittlungsverfahren geführt, welche als geheim eingestuft seien, weswegen nicht ohne weiteres Daten weitergegeben würden[997].
In Bezug auf Frankreich funktioniere die Zusammenarbeit mit der Staatsanwaltschaft gut, während ein Austausch mit der französischen Polizei problematisch sei[998]. Begründet liege dies auch im französischen System, weil die französische Polizei beispielsweise nicht befugt sei, ohne Genehmigung eines Untersuchungsrichters oder Staatsanwaltes Daten an ausländische Polizeien weiterzugeben[999].
Letztendlich hänge es auch immer von der einzelnen Person ab, wie eine Zusammenarbeit funktioniere[1000].
Aus polizeilicher Sicht sei jedenfalls der direkte Kontakt oft der erfolgversprechendste[1001].

Strukturermittlungen oder verfahrensinitiierende Analysen hätten den großen Vorteil, „dass man im Vorlauf vor dem Verfahren schon die Möglichkeit hat, die internationalen Kontakte, die man benötigt, eben entsprechend aufzubauen, um sie dann, wenn die Ermittlungen beginnen, auch zu haben und nicht erst aufbauen zu müssen“[1002].

2. Analyse und Bewertung

Fasst man die Expertenaussagen zusammen, so lässt sich keine Hinwendung zu einer bestimmten Organisationsform der OK-Bekämpfung erkennen.
Eine zentrale Bearbeitung von OK hat den Vorteil einer Konzentration von Ressourcen, ermöglicht eine Spezialisierung, verhindert parallele Ermittlungen

993 A2.
994 A2.
995 A2.
996 A2.
997 A2.
998 S1.
999 S1.
1000 S1.
1001 A2.
1002 A2.

sowie eine mögliche Überforderung von kleinen Dienststellen durch personal- und zeitaufwendige Verfahren. Insbesondere in Ballungsgebieten, die einen kriminalgeographischen Raum bilden, soll nach Ansicht der Experten die Bekämpfung der OK von einer zentralen Dienststelle übernommen werden.
Auf der anderen Seite wird bei einer Konzentration auf eine Dienststelle in einem großen Flächenland mit einer hohen Bevölkerungsdichte der Verlust der regionalen Fachkompetenz befürchtet.
Die Organisation der Bekämpfung von OK muss folglich an der Struktur des Bundeslandes ausgerichtet sein. Insgesamt geht die Tendenz hin zu einer stärkeren Zentralisierung.
Strukturelle Defizite können auch durch einen regelmäßigen persönlichen oder technischen Austausch relativiert werden, wie er beispielhaft von Experten einer ASTOK aus Nordrhein-Westfalen beschrieben wird.

Die Organisation der OK-Bekämpfung auf Seiten der Staatsanwaltschaft, mit der Einrichtung von Schwerpunktstaatsanwaltschaften zur OK-Bekämpfung, ist grundsätzlich vergleichbar mit der Struktur auf polizeilicher Seite.
Der Erfahrungs- und Informationsaustausch und die Beratung auf überörtlicher Ebene sind Aufgaben von bei den Generalstaatsanwaltschaften ansässigen OK-Koordinatoren und der ZOK, sofern sich ein Verfahren im justitiellen Verantwortungsbereich befindet.
Im Aufbau der Staatsanwaltschaften fehlt aber eine Zentralstelle, die auf Seiten der Justiz, ähnlich dem BKA und den LKÄ auf Polizeiseite, für bundes- oder landesweite Initiativermittlungen zuständig ist. Einer einzelnen Staatsanwaltschaft bleibt im Fall von Initiativermittlungen gegen eine bundesweit tätige Gruppierung derzeit nur die als unbefriedigend beschriebene Möglichkeit, Initiativermittlungen bei auswärtigen Staatsanwaltschaften anzuregen.

Die Herauslösung des Auswertungs- und Analysebereiches aus einer OK-Einheit hat nach dem Ergebnis der Expertenbefragung sowohl Vor-, als auch Nachteile.
Aus den Gesprächen mit den Experten ist als Problem insbesondere die oft mangelnde Akzeptanz und Wertschätzung der Auswertungstätigkeit bei den Ermittlungsdienststellen hervorgegangen. Die Trennung von Auswertungs- und Ermittlungsbereich ist hierfür mitursächlich, weil eine Annerkennung für Ermittlungserfolge in diesem System nur auf die Ermittler zurückfällt. Die ASTOK haben mit dem Vorwurf zu kämpfen, ihre Arbeit hätte bisweilen nur in geringem Umfang zum Erfolg geführt. Ursache für die von einem Experten beschriebenen Konkurrenzkämpfe zwischen Ermittlern und Auswertern ist die vermeintlich ungerechte Arbeitsverteilung zwischen den unter Vorgangsdruck stehenden Ermittlungsdienststellen und der ASTOK, der entsprechend ihrer Zielvorgabe gewisse Freiheiten zugestanden werden.

Eine Begleitung der Ermittlungen durch die Analysekräfte über die Phase der Verfahrensinitiierung hinaus, erscheint zur Bewältigung des Akzeptanzproblems notwendig. Die Auswerter und Analysten bedienen sich bei ihrer täglichen Arbeit spezieller Software-Applikationen wie Analyst`s Notebook, mit denen sie die Ermittler auch in der Phase der Ermittlungen bei ihrer Arbeit hilfreich unterstützen können.

Die Zusammenarbeit innerhalb der Polizei wird von einigen der befragten Experten als gut funktionierender Informationsverbund dargestellt, der gekennzeichnet sei durch eine gemeinsame Arbeitshaltung und gegenseitige Unterstützung und in dem es in der Regel keine Konkurrenz dahingehend gebe, wer das beste Verfahren präsentieren könne.
Andere Experten erklären einschränkend, eine erfolgreiche Zusammenarbeit zwischen den OK-Dienststellen funktioniere immer nur, wenn ein enger Kontakt bestehe und ein persönliches Vertrauensverhältnis gegeben sei.
Teilweise werden auch Konkurrenzkämpfe beschrieben.
So wird aus einem Bundesland von einem Konkurrenzkampf zwischen der Zentralstelle und einer regionalen Dienststelle bezogen auf die Bearbeitung von Erfolg versprechenden Verfahren berichtet. Von Seiten eines befragten Experten des zuständigen LKA wird dieses Problem als ein sich aus der fachaufsichtlichen Stellung des LKA ergebender Konflikt dargestellt.
Auf das Konkurrenzverhältnis zwischen Ermittlungsdienststellen und ASTOK wurde bereits oben näher eingegangen.
Soweit einige Experten demnach von einem gänzlich unproblematischen Verhältnis der Polizeidienststellen untereinander sprechen, ergibt sich ein gewisser Widerspruch zu den geschilderten Konkurrenzsituationen. Zwar ist ein direkter Vergleich der Angaben nicht möglich, weil es sich um Aussagen von Fachleuten aus unterschiedlichen Dienststellen und verschiedenen Bundesländern mit teilweise voneinander abweichenden Organisationsstrukturen handelt. Die geschilderten Konkurrenzkämpfe dürften aber gelegentlich auch dort auftreten.

Die Aussagen der Experten zur Zusammenarbeit zwischen Polizei und Staatsanwaltschaft vermitteln ebenfalls kein einheitliches Bild. Einige Praktiker beschreiben das Verhältnis zwischen Polizei und Staatsanwaltschaft als unproblematisch, andere als problemträchtig. Aus Sicht der Polizei wird vor allem die Einbindung der Staatsanwaltschaft in die polizeiliche Vorfeldarbeit relativ problemlos gesehen. Nach polizeilicher Darstellung wird die Staatsanwaltschaft frühzeitig informiert, eine Einbindung erfolgt aber nur und soweit, wie die Staatsanwaltschaft dies erwartet und wünscht. Staatsanwälte hingegen äußern teilweise Zweifel, ob verfahrensrechtlich relevante Daten rechtzeitig an sie herangetragen werden.

Durch die Datenhoheit der Polizei im Vorfeld muss die Staatsanwaltschaft erst in die Lage versetzt werden, einen Anfangsverdacht zu prüfen. Dies geschieht nicht, wenn die Polizei für sich die Frage des Vorliegens eines Anfangsverdachtes verneint und von einer Vorlage bei der Staatsanwaltschaft absieht. Im Ergebnis kann die Staatsanwaltschaft die ihr vorbehaltene Entscheidung über das Vorliegen eines Anfangsverdachtes überhaupt nur treffen und ihre Verantwortlichkeit nur wahrnehmen, wenn die hierfür benötigten Informationen von der Polizei an sie herangetragen werden.
Begründet liegt das Konfliktpotential im Fehlen einer gesetzlichen Regelung der justitiellen Belange im Vorfeld. Obschon sich die Polizei nach eigenen Angaben bewusst darum bemüht, Maßnahmen mit der Staatsanwaltschaft abzustimmen, geschieht das immer mit der Einschränkung „auch wenn es gesetzlich nicht verpflichtend für uns wäre“[1003]. Die derzeitige Rechtslage bietet insofern keine Gewähr dafür, dass die Polizei einem Anfangsverdacht nachgeht, wenn sie möglicherweise daran interessiert ist, ihre eigene Beobachtungsstruktur zu erhalten.

Aus Sicht der Polizei wird die Zusammenarbeit mit der Staatsanwaltschaft insofern als problematisch geschildert, als die Staatsanwaltschaft teilweise von mit der Polizei vereinbarten Zielen abweiche.
So führt es nachvollziehbar zu eine Frustration auf polizeilicher Seite, wenn eine Vielzahl von Sachverhalten von der Polizei aufgearbeitet wird und die Staatsanwaltschaft dann von der Verfolgung dieser Taten aus Gründen der Prozessökonomie absieht oder Verfahren aufgesplittet und danach umgehend eingestellt werden.
Unter verfahrensökonomischen Gesichtspunkten sind Absprachen zwischen Polizei und Staatsanwaltschaft im Vorfeld von großer Bedeutung. Sie vermeiden darüber hinaus einseitige Frustration mit negativen Auswirkungen auf die Zusammenarbeit von Polizei und Staatsanwaltschaft. Abgesprochene Ziele der Strafverfolgungsbehörden sollten insofern festgeschrieben werden und in der Folge sollte auch an diesen Zielen festgehalten werden.

Eine über die vertrauensvolle Zusammenarbeit zwischen Polizei und Staatsanwaltschaft hinausgehende Kontrolle der Staatsanwaltschaft über die Tätigkeit der Polizei im Vorfeld besteht nach Angaben der Experten nicht. Faktisch bestimmt vor allem die Polizei, wo bei der Generierung von Verfahren Schwerpunkte gesetzt werden. Damit kann sie entscheidenden Einfluss darauf nehmen, welche Straftaten aufgedeckt und später von der Staatsanwaltschaft verfolgt werden. Hierfür stehen der Polizei in den Polizeigesetzen umfangreiche Maßnahmen zur Verfügung, die es ihr ermöglichen, weitestgehend unabhängig von

---

1003 A1.

der Staatsanwaltschaft zu agieren. Die Forderung von Seiten der Staatsanwaltschaft, die Sachleitungsbefugnis der Staatsanwaltschaft auf das Vorfeld zu erstrecken, ist nachvollziehbar. Unter den derzeitigen personellen Voraussetzungen bei der Staatsanwaltschaft würde die Durchsetzung dieser Forderung aber nicht zu wesentlichen Veränderungen führen, da es der Staatsanwaltschaft nach den Angaben der Experten gar nicht möglich wäre, sich im erforderlichen Umfang im Vorfeld einzubringen. Insofern müssten die personellen Ressourcen der Staatsanwaltschaften bei einer Aufgabenerweiterung angepasst werden.

Die besondere Bedeutung einer intensiven Zusammenarbeit der Dienststellen mit in- und ausländischen Behörden wird von allen befragten Experten hervorgehoben. Eine systematische Zusammenarbeit im Vorfeld von Ermittlungsverfahren gibt es, wie sich den Aussagen entnehmen lässt, dennoch nicht. Vor allem mit dem Ausland existiert ein strukturierter Informationsfluss erst im Ermittlungsverfahren über den Weg der Rechtshilfe. Dabei wird von den Experten die Bedeutsamkeit einer Zusammenarbeit aufgrund der grenzüberschreitenden Aktivität von Täterorganisationen durchaus auch für den Bereich der Vorfeldaktivitäten betont.
Eine Kooperation von inländischen Dienststellen mit anderen Behörden im In- und Ausland findet nach den vorliegenden Erkenntnissen derzeit in unterschiedlichem Umfang statt. Eine allgemeingültige Aussage darüber, mit welchen Staaten eine gute Zusammenarbeit praktiziert wird, kann nicht getroffen werden. Der Erfolg einer Zusammenarbeit hängt nach den gewonnenen Erkenntnissen ab von Organisationsstrukturen und Rechtsordnungen, aber eben auch von einzelnen Personen. Nach übereinstimmenden Angaben der Experten sind es an erster Stelle die direkten Kontakte, die zum Erfolg führen, wobei es die Aufgabe der einzelnen Behörde oder Dienststelle bleibt, diese Kontakte aufzubauen und zu pflegen.

V. Rahmenbedingungen

1. Daten aus den Experteninterviews

Die Rahmenbedingungen für Initiativermittlungen werden von Seiten der Polizei überwiegend positiv bewertet[1004]. Die Ausstattung der OK-Dienststellen sei „für Polizeiverhältnisse top“[1005] beziehungsweise „überwiegend gut“[1006]. Die Ausstattung im technischen Bereich mit PCs und Software sei „zufriedenstellend und ausreichend“[1007]. Besonders die Analyse- und Auswertestellen OK seien mit dem neuesten technischen Equipment ausgestattet[1008]. Insgesamt werde in der Vernetzung der Arbeitsplätze eine große Zeitersparnis in der Vorgangsbearbeitung gesehen, die einen gewaltigen Fortschritt im Vergleich zu den vergangenen Jahren bedeute[1009].
Mit den verfügbaren Gesetzesinstrumentarien komme man gut zurecht[1010].

Teilweise wird angegeben, Grenzen würden durch das verfügbare Personal und die finanziellen Mitteln aufgezeigt[1011].
Aus Personalmangel müssten Initiativen manchmal zurückgestellt werden und so werde unter Umständen der richtige Zeitpunkt verpasst, um zu agieren[1012].
Mit einem größeren Personaleinsatz könnten mit Sicherheit mehr OK-relevante Delikte bearbeitet werden, zumal man sich in Bereichen der Kontrollkriminalität bewege[1013]. Nach Expertenansicht sei aber „der Markt so groß und breit, dass er niemals ausgetrocknet werden kann“[1014].
Zudem benötige man in den Spezialdienststellen nicht einfach Personal, sondern gut ausgebildetes erfahrenes Personal mit möglichst viel Ermittlungshintergrund und OK-Wissen[1015].
Einsatzkommandos für längerfristige Observationen seien vielerorts nicht kurzfristig verfügbar[1016].

1004 B2; B2; A2.
1005 B2.
1006 B2.
1007 A2.
1008 A2.
1009 B2.
1010 A2.
1011 B2; B2.
1012 B2.
1013 B2.
1014 B2.
1015 A5.
1016 A2.

Zurückgeführt wird die Ressourcenknappheit teilweise auf die Priorisierung des Staatsschutzes, welche aufgrund begrenzter Ressourcen zu Einschränkungen in anderen Bereichen führe[1017].

Von Seiten der Staatsanwaltschaft wird bemängelt, es fehlten Kanzleikräfte, Wachtmeister und Bürokräfte in den Geschäftsstellen, weshalb Akten nicht bearbeitet werden könnten[1018]. Umfangreiche OK-Verfahren könnten nur unter „Selbstausbeutung" des Dezernenten geführt werden[1019]. Selbst größere Verfahren mit einer Kommission mit 20-40 Beamten führe ein Einzeldezernent[1020]. Überlegungen, solche Verfahren von zwei bis drei Staatsanwälten bearbeiten zu lassen, seien nicht praktikabel[1021]. Nur in Einzelfällen sei es möglich, den Dezernenten durch Umschichtung oder Freistellung zu entlasten[1022].

2. Analyse und Bewertung

Defizite sind hinsichtlich der personellen Ressourcen festzustellen. Nach den gewonnenen Erkenntnissen fehlt es vor allem an speziell ausgebildetem Personal oder Spezialkräfte sind nicht kurzfristig verfügbar, beziehungsweise werden aufgrund aktueller politischer Entscheidungen in anderen Bereichen eingesetzt.
Positiv hervorgehoben wird der Gewinn durch den technischen Fortschritt der vergangenen Jahre.
Insgesamt können die Rahmenbedingungen als gut bewertet werden. Das Personalproblem besteht, wie auch von den Experten eingeräumt wird, nicht allein in diesem Bereich. Vielmehr handelt es sich um ein generelles Problem.

VI. Nachbereitung von OK-Verfahren

1. Daten aus den Experteninterviews

Nachbereitungen finden nach Angaben der Mehrzahl der befragten Experten grundsätzlich in allen Verfahren statt[1023]. Einzelne Experten berichten, eine Nachbereitung im klassischen Sinne am Ende eines Verfahrens gebe es nicht

---

1017 B2.
1018 S1.
1019 S3.
1020 S3.
1021 S3.
1022 S3.
1023 A1; A2; B2; B2.

oder nicht immer, sondern eine Selbstkontrolle erfolge fortlaufend während des Verfahrens[1024]. Einzelne Experten räumen ein, es gebe natürlich auch Fälle, die nicht nachbereitet würden, „weil schon wieder die nächsten Aktenstapel da liegen, die bewältigt werden müssen“[1025].

Würden Nachbereitungen durchgeführt, sei die Qualität solcher „Auswertungen“ unterschiedlich[1026]. Nachbereitungen bedürften noch der Verbesserung[1027]. Sie dienten der Polizei dazu, den eigenen Ressourcenansatz kritisch zu hinterfragen[1028]. Darüber hinaus lasse sich in einer Nachbereitung klären, ob die Maßnahmen die erwartete Wirkung erzielt hätten[1029].
„Letztendlich geschieht die Nachbereitung auch, um wieder Verdachtsmomente, Erkenntnisse herauszunehmen, die dann ein weiteres Verfahren, ein späteres Folgeverfahren möglicherweise zulassen oder die Basis bilden, um irgendwo ein Phänomen noch mal näher zu betrachten“[1030]. Man beginne mit einer strategischen Analyse und schließe den Kreis mit einem Erfahrungsbericht aus dem Ermittlungsverfahren[1031] beziehungsweise über das Ermittlungsverfahren werde die Abschlusserkenntnis zu der anfänglichen strategischen Analyse geliefert[1032]. Eine Ermittlungsgruppe, die ein weiteres Verfahren in dem gleichen Bereich übernehme, könne auf den gesamten Erfahrungswert aus strategischer Analyse, Erfahrungsbericht und Ermittlungen zurückgreifen[1033].
Probleme sollten nach Ansicht eines Experten nach jedem Ermittlungskomplex diskutiert, aber auch positive Erfahrungen registriert und auf andere Initiativermittlungen übertragen werden[1034]. Auftretende Problematiken würden nach den Angaben einzelner Experten in Dienststellenbesprechungen umgehend diskutiert[1035]. Durch einen permanenten Kontakt zur Staatsanwaltschaft würden auftretende Defizite nicht auf eine Nachbereitung verschoben, sondern möglichst direkt behoben[1036]. Das sei besonders deswegen praktikabel, weil aus größeren Verfahren immer wieder einzelne Verfahren entstünden und abgetrennt würden, weswegen es oft keinen klaren Abschluss gebe[1037].

1024 B2; B2.
1025 S1.
1026 A2.
1027 A1.
1028 B2.
1029 B2.
1030 B2.
1031 A2.
1032 A2.
1033 A2.
1034 S1.
1035 B2.
1036 B2.
1037 B2.

Von anderer Seite wird eingewandt, zur Nachbereitung gehöre nicht nur ein einfaches Gespräch, sondern es sei vielmehr erforderlich, die Erkenntnisse aus den Verfahren nachzubereiten und in Dateien einzuspeisen[1038].
Sehr wichtig, jedoch auch personalaufwändig, sei die weitere Verfahrensbegleitung nach Abschluss der polizeilichen Ermittlungen, wie beispielsweise die Prozessbegleitung zur Beobachtung von Prozessteilnehmern oder als Erfahrung der Verwertung polizeilich erhobener Daten vor Gericht, sowie die Betreuung von Häftlingen[1039].
Erfahrungen aus der Hauptverhandlung hätten in der Vergangenheit teilweise Anlass zu polizeilichen Fortbildungsmaßnahmen gegeben[1040]. Beispielhaft berichtet wird von einem Verfahren gegen eine Tätergruppierung, die homogen in der Verteidigung aufgetreten sei und deren Mitglieder sich, nach dem Eindruck der Staatsanwaltschaft, entsprechend einer zentral vorgegebenen Verteidigungsstrategie nicht zur Sache hätten einlassen dürfen: „Diese Verteidigung ist also als Sockelverteidigung durchgeführt worden, aber dann auch als ausgesprochen aggressive Konfliktverteidigung, was die Befragung der polizeilichen Zeugen angeht"[1041]. Diese Erfahrung aus der Hauptverhandlung in Bezug auf das Verteidigungsverhalten habe in der Nachbereitung zu einer Fortbildungsreihe für Polizeibeamte geführt, die aufgrund von Ermittlungen im OK-, BTM-Bereich oder sonstigen relevanten problematischen Bereichen mit ähnlichen Verteidigern oder Verteidigerkonstellationen zu tun haben könnten, um den Polizeibeamten die Möglichkeit zu geben, sich auf eine derartige Hauptverhandlungssituation einstellen zu können[1042].
Nach Angaben eines Staatsanwaltes werde es ausdrücklich begrüßt, wenn in größeren Verfahren Polizeibeamte als Gerichtsbeobachter teilnähmen und auf diese Weise forensische Erfahrung sammelten[1043]. Oft wüssten Polizeibeamte, die große Verfahren betrieben, gar nicht, worauf es ankomme[1044]:
Obgleich in einem Rauschgiftverfahren eine umfangreiche Vernehmung eines Beschuldigten stattgefunden habe, habe der vernehmende Polizeibeamte es beispielsweise versäumt, die Umstände näher zu erfragen, die für die rechtliche Würdigung der Tat durch den Staatsanwalt von Bedeutung gewesen seien[1045].
Da schon der Erwerb von Rauschgift zum Zwecke gewinnbringender Weiterveräußerung den Tatbestand des Handeltreibens hinsichtlich der Gesamtmenge erfülle, seien darauf folgende Veräußerungen von Teilmengen nicht mehr recht-

1038 A1; B2.
1039 A1.
1040 S3.
1041 S3.
1042 S3.
1043 S1.
1044 S1.
1045 S1.

lich selbständige Taten, sondern es liege insgesamt nur eine Tat im Rechtssinne (Bewertungseinheit) vor[1046].
Bei der Befragung sei jedoch nicht gezielt erfragt worden, wann die Lieferungen erfolgt seien und aus welchen Lieferungen welche Teilmengen wann veräußert worden seien[1047].
Durch eine Nachbereitung hätten die Polizeibeamten für diese Problematik sensibilisiert werden können[1048].

Ebenso müssten Polizeibeamte Beweiserhebungs- und Beweisverwertungsverbote kennen und Personen mit einem Zeugnisverweigerungsrecht nach § 52 StPO unmittelbar einer Vernehmung durch den Ermittlungsrichter zuführen, damit in der Hauptverhandlung gerichtsverwertbares Beweismaterial zur Verfügung stehe[1049].

Benachrichtigungspflichten, wie sie sich aus § 168c Abs. 5 StPO ergeben, müssten ebenfalls erkannt und berücksichtigt werden, damit es nicht zu einem Verwertungsverbot komme[1050].
Ausgeschlossen sei im Falle eines Verstoßes gegen § 168c Abs. 5 StPO die Vernehmung des Ermittlungsrichters[1051].

In der Vergangenheit sei die Nachbereitung vielfach von den Beamten als persönliche Kritik missverstanden worden[1052].
Bei der Nachbereitung handle es sich jedoch um „etwas ganz Wichtiges“[1053], beziehungsweise „einen ehernen Grundsatz der Dienstvorschriften“[1054].

Eine gemeinsame Nachbereitung durch Polizei und Staatsanwaltschaft wird von den befragten Experten begrüßt und finde in der Praxis auch in dieser Form statt[1055]. Die Angaben zur Häufigkeit reichen von „sehr oft“[1056] bis „ausnahmsweise“[1057]. Ein Experte gibt an, es finde in jedem Fall ein abschließendes Gespräch mit der Staatsanwaltschaft statt, bei dem jedoch lediglich Beiträge der

---

1046 A1; st. Rspr., vgl. BGHR BtMG § 29 Bewertungseinheit 1 ff.; Weber Vor. §§ 29 ff. Rn 435 ff.
1047 S1.
1048 S1.
1049 S1.
1050 S1.
1051 S1; vgl. Meyer-Goßner § 168c, Rn 6.
1052 B2.
1053 S1.
1054 B2.
1055 S3; B2.
1056 B2.
1057 B2.

Staatsanwaltschaft aufgenommen würden, während die Polizei den Erfolg ihrer Ermittlungskonzeption selbst überprüfe[1058]. In regelmäßigen Besprechungen würden im OK-Bereich mit der Staatsanwaltschaft Problematiken erörtert und Maßnahmenkataloge aufgestellt[1059].
In Einzelfällen seien auch Zentrale Stellen wie die ZOK an nachträglichen Analysen beteiligt[1060]. Erkenntnisse würden dann von dort entweder in schriftlicher Form an die Dienststellen übermittelt oder auf regelmäßigen Besprechungen thematisiert, wo Erfahrungen weitergegeben würden[1061]. Derartige Analysen gehörten aber noch nicht wie in der freien Wirtschaft zur gängigen Praxis[1062].

In Fällen mit Beteiligung ausländischer Dienststellen sei die Nachbereitung besonders wichtig, weil es durch die unterschiedlichen Rechtsordnungen und unterschiedlichen Sitten oft zu Fehlern komme, die in weiteren Verfahren vermieden werden könnten[1063].

Nicht nur die Polizei, sondern auch die Staatsanwaltschaft leite aus Nachbereitungen wichtige Erkenntnisse ab[1064].
So könnten insbesondere Erfahrungen mit bestimmten Tätergruppierungen in neuen Verfahren gegen diese hilfreich sein, weswegen auch eine enge Zusammenarbeit beziehungsweise der Erfahrungsaustausch mit anderen Staatsanwaltschaften zielführend sei[1065].
Nachdem beispielsweise im Zuge der Ermittlungen gegen eine deutschlandweit operierende Tätergruppierung bekannt geworden sei, dass an anderer Stelle ebenfalls gegen diese Gruppierung ermittelt werde, hätten zu einem späteren Zeitpunkt Erfahrungen aus der Hauptverhandlung nach dorthin weitergegeben werden können[1066]. Dies habe Informationen betroffen über die notwendigen Sicherheitsvorkehrungen in und außerhalb des Sitzungssaals, Erkenntnisse über das Verteidigerauftreten, die Verteidigungsstrategie sowie das Auftreten der teilweise in der Hauptverhandlung im Zuschauerbereich anwesenden Hintermänner der Angeklagten[1067].

1058 B2.
1059 A2.
1060 S1.
1061 S1.
1062 S1.
1063 B2.
1064 S3.
1065 S3.
1066 S3.
1067 S3.

Grundsätzlich solle nach jedem Verfahren neu definiert werden, ob der richtige Ansatz gewählt und die richtigen Instrumentarien eingesetzt worden seien[1068]. Immer wieder versuche man, den Erfolg mit den Instrumentarien herbeizuführen, die sich einmal bewährt hätten[1069]: „Die OK-Verfahren aber sind derart unterschiedlich, dass ein und derselbe Weg im Vorgehen niemals ein zweites Mal funktioniert"[1070].
Nur eine Nachbereitung ermögliche eine stetige Anpassung an die Weiterentwicklung des Gegenübers hinsichtlich Organisationsstruktur und Tatbegehungsweise sowie an den technischen Fortschritt auf beiden Seiten[1071].

2. Analyse und Bewertung

Wie sich den Angaben der befragten Experten entnehmen lässt, findet eine abschließende Nachbereitung noch nicht in allen Verfahren statt. Die Intensität und Qualität solcher nachträglichen Analysen scheint ebenfalls sehr unterschiedlich auszufallen.
Der Grund hierfür wird vor allem in anderweitigem Arbeitsanfall gesehen.
Teilweise wird argumentiert, Probleme würden in Besprechungen nach jedem einzelnen Verfahrenskomplex diskutiert. Defizite könnten auf diese Weise sofort behoben werden, zumal ein klarer Abschluss der Verfahren oft gar nicht bestimmbar sei.
Die weit überwiegende Zahl der befragten Experten erkennt eine Notwendigkeit von Nachbereitungen am Ende des Verfahrens an.
Die Teilnahme von Polizeibeamten als Prozessbeobachter in großen Verfahren wird von Seiten der Staatsanwaltschaft ausdrücklich begrüßt.
Sowohl Staatsanwälte als auch Polizeibeamte sprechen sich für eine gemeinsame Nachbereitung aus. Für die Polizei ist es wichtig, anhand der verhängten Sanktionen überprüfen zu können, ob der Aufwand der Ermittlungen angemessen war und dies auch mit der Staatsanwaltschaft diskutieren zu können. Eine Nachbereitung am Ende eines jeden Verfahrens erscheint vor dem Hintergrund des festgestellten Personalproblems vor allem für einen möglichst effektiven Ressourceneinsatz bei der OK-Bekämpfung von entscheidender Bedeutung zu sein.

1068 A2.
1069 A2.
1070 A2.
1071 A2.

VII. Abschließende Einschätzung und Bewertung von „Initiativermittlungen im Bereich der Organisierten Kriminalität"

Initiativermittlungen seien das „Herzstück im Rahmen der Bekämpfung der Organisierten Kriminalität"[1072] beziehungsweise die „Krönungsklasse"[1073]. Zugleich handle es sich aber um „das schwierigste Thema in diesem Bereich"[1074]. Der Einsatz von modernster Technik und Software könne den Kriminalisten nicht ersetzen, weil das Erkennen, das im Zentrum stehe, kriminalistisches Gespür und die richtige Einschätzung erfordere[1075]. Nach Beobachtungen eines Experten sei dieses Bewusstsein in den letzten Jahren teilweise verloren gegangen[1076].

Vor allem aber sei die Analyse- und Auswertetätigkeit wichtige Dunkelfeldforschung[1077]. Sie biete die Möglichkeit, Bereiche zu beleuchten, selbst wenn keine Anzeige vorliege und es nicht schon konkret um die Aufklärung von festgestellten Taten gehe[1078]. Auf diese Weise könnten im Analysebereich Erfahrungen über potentielle Straftäter gesammelt und zusammengeführt werden und aus Vermutungen gesicherte Erkenntnisse werden[1079]. Täter, die ansonsten unbehelligt geblieben wären, könnten ihrer gerechten Strafe zugeführt werden[1080].
Durch die Ausgliederung der ASTOK-Dienststellen stünden die dort tätigen Beamten verglichen mit den Ermittlern weniger unter Vorgangsdruck [1081].
Voraussetzung für ein erfolgreiches Verfahren sei ein strukturiertes Vorgehen zwischen den einzelnen Arbeitsbereichen und die systematische Zusammenarbeit mit den beteiligten Stellen wie der Staatsanwaltschaft in Form des Projektmanagements, aber auch die schriftliche Dokumentation in Form von Ermittlungskonzeptionen, Erfahrungsberichten, Ermittlungsberichten oder auch Analyseberichten[1082].

1072 B2.
1073 A4.
1074 B2.
1075 B2.
1076 B2.
1077 B2.
1078 A4.
1079 A4.
1080 A4.
1081 A5.
1082 A2.

F: Zusammenfassung der Ergebnisse und Schlussfolgerungen

I. Zusammenfassung

1. Einordnung von OK-Verfahren

Um einen Sachverhalt als OK-relevant einzuordnen, bedient sich die Polizei zunächst der OK-Definition, wie sie 1990 von der AG Justiz/Polizei festgelegt wurde (Kapitel E.I.1.a)).
Diese Definition wird aber als nur bedingt praktikabel und auslegungsbedürftig angesehen, weshalb den Auswerte- und Analysestellen OK ergänzend ein vom BKA entwickelter Katalog der Potentialanalyse und ein in Baden-Württemberg erarbeiteter Katalog, das „Additive Verfahren“, zur Verfügung gestellt wurden.
Daneben existieren in den Richtlinien für das Straf- und Bußgeldverfahren Indikatoren zur Erkennung OK-relevanter Sachverhalte, die ergänzend herangezogen werden.
Eine Einordnung als Organisierte Kriminalität in Abgrenzung zur qualifizierten Bandenkriminalität kann dennoch oft erst im Laufe des Verfahrens oder nach dessen Abschluss erfolgen. Da zu einem fortgeschrittenen Zeitpunkt die Abgabe eines Verfahrens aufgrund seiner Komplexität aber nicht praktikabel ist, wird teilweise befürwortet, die strenge Trennung zwischen Bandenkriminalität und Organisierter Kriminalität aufzugeben.
Die mangelnde Kompatibilität der Definitionen in Europa stellt zudem ein Problem in Bezug auf die Zusammenarbeit mit Nachbarstaaten dar.

2. Entstehung von OK-Verfahren und die Bedeutung poaktiver Ermittlungstätigkeit

Der Ursprung von OK-Verfahren ist vielfältig (Kapitel E.I.1.b).aa)-ee)).
Der überwiegende Teil der Ermittlungsverfahren ist auf eine aktive Informationsgewinnung der Polizei zurückzuführen, wogegen das Anzeigeverhalten im OK-Bereich von untergeordneter Bedeutung ist.
Den größten Anteil an dieser „aktiven Informationsgewinnung“ der Polizei bilden nach den gewonnen Erkenntnissen die Folgeverfahren, die sich aus Überschussinformationen aus anderen Verfahren ergeben. Gerade in großen Betäubungsmittelverfahren gibt es weit verzweigte Ableger, die bei weiteren Hinweisen Ansatzpunkt für Ermittlungen sein können.
In letzten Jahren wurden in den Polizeibehörden flächendeckend ASTOK Dienststellen eingerichtet, die durch Analysen und Auswertungen neue Erkenntnisse zu aktuellen Phänomenen gewinnen und Verfahren generieren sollen. Die auf diese Weise initiierten Verfahren bilden jedoch nach dem Ergebnis der

Untersuchung bislang nur einen geringen Anteil an der Gesamtzahl der OK-Verfahren.
Vielfach sind es Informationen von Verdeckten Ermittlern, Vertrauenspersonen oder Informanten, die Grundlage für neue Ermittlungen sind.
Der Anstoß zu Ermittlungen kommt teilweise auch von anderen Behörden wie den Finanzbehörden oder der Bundespolizei.

Der Entstehung von Verfahren auf der Grundlage von Analysen und Auswertungen wird überwiegend große Bedeutung beigemessen und entsprechend wird ihre geringe Zahl beklagt (Kapitel E.I.1.b)ff)).
Begründet wird die Bedeutung mit einer Höherwertigkeit solcher Verfahren in Bezug auf Qualität und OK-Potential.
Die geringe Zahl der auf eigentlichen Initiativen beruhenden Ermittlungen wird generell auf einen Ressourcenmangel zurückgeführt. Nach den vorliegenden Erkenntnissen wird Personal gebunden, weil sich eine Vielzahl von Verfahren, insbesondere im Bereich der Betäubungsmittelkriminalität, aus dem Domino-Effekt ergeben.
Die Datenanlieferung aus Bereichen der Allgemeinkriminalität ist nach den gewonnenen Erkenntnissen unzureichend und mitursächlich für die geringe Zahl der durch Analyse und Auswertung entstehenden Verfahren.

3. Verlauf von Initiativermittlungen

Hinsichtlich der Frage, wann die Polizei die ihr verfügbaren Instrumente einsetzt, ergab sich Folgendes:
Initiativermittlungen lassen sich generell in drei Phasen unterteilen
(Kapitel E.I.1.c)aa)).
Die Polizei beginnt in Phase 1 damit, die ihr zu einem Phänomen oder einer Ethnie in Aktenform und Datenbanken vorliegen Daten zu sichten und zusammenzuführen.
Die Vernetzung der Dienststellen ist dabei von großer Bedeutung. Die Landeskriminalämter werden von den örtlichen Auswerte- und Analysestellen fortlaufend mit als OK-relevant ausgewerteten polizeilichen Informationen beliefert, durch deren Zusammenführung sie Hinweise auf bestimmte Taten oder Tätergruppierungen erhalten.
Ergeben sich aufgrund einer Bewertung Verdachtsmomente, so werden die nun vorliegenden Informationen in Phase 2 mit Erkenntnissen aus öffentlichen sowie der Polizei zugänglichen Datenquellen angereichert. Parallel erfolgt stetig eine Bewertung daraufhin, ob eine OK-Relevanz gegeben ist.
In einer dritten Phase verlässt die Polizei den Bereich der Behördenermittlung mit dem Einsatz der besonderen Mittel der Datenerhebung wie Observationen

oder dem Einsatz von Vertrauenspersonen. Auf diese Weise werden die in den Behördenermittlungen gewonnenen Erkenntnisse verifiziert.
Strukturierte Informationsgewinnungs-, Informationsverdichtungs- und Informations- auswerteverfahren, die auf allgemeinen Erkenntnissen oder Vermutungen zu einer bestimmten Gruppierung, Ethnie, oder einem Phänomen basieren, werden als Projekte bezeichnet. Solche Projekte können Grundlage für Initiativermittlungen und möglicherweise auch schon für die Einleitung eines Ermittlungsverfahrens sein. Zu Beginn eines Projektes wird ein Projektplan erstellt, der die Ziele sowie die benötigten Ressourcen festlegt und den Zeitraum bestimmt, innerhalb dessen weiterführende Erkenntnisse gewonnen werden müssen.

4. Strategien der Polizei

Die Frage danach, ob die Polizei über Konzepte und Strategien verfügt, die eine Veränderung des Strafverfolgungssystems aufzeigen, führte zu nachfolgender Erkenntnis:
Konzepte und Strategien zur Verdachtsgewinnung wurden nach den gewonnenen Erkenntnissen von den Dienststellen in unterschiedlichem Umfang entwickelt und noch immer muss die Verdachtsgewinnung in Teilen als „Zufallsprodukt“ bezeichnet werden (Kapitel E.I.1.c) bb)).
Als eine Strategie wird der verstärkte Einsatz der Technik benannt, mit dem die Polizei versucht, möglichst viele Informationen in Datenbanken zu erfassen und auszuwerten, um auf diese Weise langfristig Erfolge zu erzielen. Kooperationen mit anderen Behörden sind nach den vorliegenden Erkenntnissen ebenfalls Teil der Strategie, Informationen darüber zu erlangen, in welchen Bereichen eine Organisation tätig ist. Der persönliche und der virtuelle Austausch aller beteiligten Behörden untereinander wird ebenso als eine Verdachtsgewinnungsstrategie benannt, wie die Übertragung der Zuständigkeit für bestimmte Phänomene auf einzelne Beamte, die dann mit ihrem Erfahrungshintergrund neue Informationen sammeln und diese bewerten.

5. Schwerpunkte bei Initiativermittlungen und ermittlungsbestimmende Faktoren

Die Betäubungsmittelkriminalität bildet nach wie vor den Schwerpunkt bei Initiativermittlungen (Kapitel E.I.1.c)cc)).
Begründet wird dies zum einen mit der vergleichsweise einfachen Verdachtsschöpfung, weil sich ein Verfahren meist aus dem anderen ergibt und zum anderen mit den umgehend erzielbaren Ermittlungserfolgen.
Initiativermittlungen in anderen Bereichen wie der Wirtschaftskriminalität gibt es jedenfalls in den OK-Dienststellen nach den vorliegenden Erkenntnissen nur selten. Die Initiierung von Verfahren in diesem Bereich wird als weit schwieriger beschrieben, zumal es kaum äußere Anstöße zu Ermittlungen gibt. In der Konsequenz ist die Polizei in einzelnen OK-Dienststellen dazu übergegangen, grundsätzlich gar keine Betäubungsmittelkriminalität mehr zu bearbeiten, um sich auf Gebiete wie die Wirtschaftskriminalität konzentrieren zu können.
Einfluss auf die Auswahl der Bereiche, in denen mit Initiativermittlungen begonnen wird, hat unter anderem die Ausprägung des Kriminalitätsaufkommens in der jeweiligen Region
Die Entscheidung darüber, wo Initiativermittlungen geführt werden, wird in einem Zielvereinbarungsprozess auf der Führungsebene getroffen. Grundlagen für diese Entscheidung können strategische Analysen, eine sprunghaft angestiegene statistische Fallzahl oder auch eine öffentlichkeitswirksame Tat sein.

Vor allem die verfügbaren Personal- und Sachressourcen nehmen als ermittlungsbestimmende Faktoren Einfluss darauf, ob und inwieweit Initiativermittlungen geführt werden können (Kapitel E.I.1.c)dd)).
Es muss eine Dienststelle vorhanden sein, die von vorneherein eine erhebliche Personalstärke stellt, sowie bei Bedarf weitere Kräfte seitens der Polizei zuführen kann. Darüber hinaus ist gegebenenfalls zeitweilig der Einsatz von Spezialkräften erforderlich.
Verfahrensökonomische Gesichtspunkte gewinnen zunehmend an Bedeutung und machen eine Absprache der Verfahrensziele und der konzeptionellen Vorgehensweise mit der Staatsanwaltschaft erforderlich.
Einfluss auf den erfolgreichen Verlauf von Initiativermittlungen hat darüber hinaus eine sorgfältig ausgearbeitete Ermittlungskonzeption, welche die Gefahr einer Informationsüberflutung bannt und die Hinzuziehung von Spezialisten bei Bedarf sicherstellt.

6. Instrumente zur Erkenntnisgewinnung

Hinsichtlich der Frage, welche Mittel die Polizei zur Erkenntnisgewinnung einsetzt, zeigte sich:
Basis für eine erfolgreiche Verdachtsschöpfung sind die bestehenden Datenbanken mit ihren vielfältigen dienststellenübergreifenden Recherchemöglichkeiten (Kapitel E.II.1.a)).
Daneben bedienen sich die Auswerter und Analysten der im Internet frei verfügbaren Informationen. Der größte Teil der Aufgaben in den Bereichen Analyse und Auswertung ist nach den vorliegenden Erkenntnissen ohne den Einsatz weiterer Instrumente durchführbar.
Sind weitergehende Maßnahmen erforderlich, so werden vor allem Observationen und der Einsatz von Vertrauenspersonen und Informanten als zielführende Instrumente angesehen, die zunehmend an Bedeutung gewinnen.
Der Verdeckte Ermittler hat an Bedeutung verloren, weil nicht genügend Personal mit dem entsprechenden Erfahrungs- und Migrationshintergrund zur Verfügung steht. Das ist nach den gewonnenen Erkenntnissen auch ein Grund dafür, weswegen des Öfteren auf Vertrauenspersonen zurückgegriffen werden muss.

Die der Polizei im Vorfeld des Ermittlungsverfahrens derzeit zur Verfügung stehenden Instrumente und deren Einsatzmöglichkeiten sind nach den gewonnenen Erkenntnissen ausreichend (Kapitel E. II.1.b)).
Kaum bemängelt wird die in den meisten Ländergesetzen fehlende Befugnis zur präventiven Telefonüberwachung. Zum einen werden technische Überwachungsmaßnahmen als zu personal- und zeitaufwändig beschrieben, zum anderen wird auf die hohen Einstiegsvoraussetzungen der Rechtsprechung für die präventive Telekommunikationsüberwachung verwiesen.
Im Vorfeld, in dem es alleine darum geht, den Anfangsverdacht zu begründen, sind nach den Erfahrungen der Experten die Zusammenführung von Informationen und deren Austausch innerhalb der Polizei ausreichend, um genügend Angaben für die Initiierung weiterer Ermittlungsverfahren zu erhalten.
Da der Übergang von Vorfeldermittlungen mit der Befugnis zur Nutzung verdeckter polizeirechtlicher Ermittlungsinstrumente zu strafprozessualen Ermittlungen fließend ist, wird teilweise befürwortet, das Ermittlungsverfahren frühzeitig zu eröffnen und dann auf der Grundlage der Strafprozessordnung in die Ermittlungen einzusteigen. Die Staatsanwaltschaft muss in die Lage versetzt werden, das Vorliegen eines Anfangsverdachtes frühzeitig sachbezogen zu überprüfen, damit die als häufig schwierig beschriebene Aufgabe, die aus der verfahrensinitiierenden Analyse gewonnenen Informationen zum richtigen Zeitpunkt und in der richtigen Form in das Ermittlungsverfahren einzubringen, entfällt. Derzeit liegt es jedoch, mangels Sachleitungsbefugnis der Staatsanwalt-

schaft im Vorfeld, gewissermaßen in der Hand der Polizei, das Verfahren noch nicht zu eröffnen und in einem Initiativermittlungsbereich zu belassen.

7. Probleme beim Einsatz von Instrumenten zur Erkenntnisgewinnung

Die Grenzen ihrer Möglichkeiten beim Einsatz technischer Mittel werden den Strafverfolgungsbehörden durch die datenschutzrechtlichen Bestimmungen aufgezeigt, die Speicherungsfristen festlegen und einen direkten Zugriff auf die Daten anderer Behörden wie Gewerbeämtern, Zoll- und Finanzbehörden untersagen (Kapitel E.II.1.c)).
Der technische Fortschritt hat ebenfalls zu neuen Problemen geführt. Insbesondere die Telefonüberwachung ist weit aufwändiger und teilweise auch undurchführbar geworden, seit die Entwicklung weg von Festnetzanschlüssen hin zu einer Kommunikation über Handynetze eingetreten ist oder sogar andere Wege der Telekommunikation wie das Telefonieren über call-shops oder Internettelefonie genutzt werden.

Beim Einsatz von Vertrauenspersonen, Verdeckten Ermittlern und Informanten ergeben sich vor allem Probleme im Umgang mit Gruppierungen aus fremden Kulturen, die sich abschotten (Kapitel E.II.1.d)).
Für verdeckte Ermittler deutscher Herkunft ist eine Aufnahme in diese Kulturkreise unmöglich. Polizeibeamte aus anderen Kulturkreisen mit dem entsprechenden Erfahrungshintergrund stehen meist nicht zur Verfügung und auch die Anwerbung von Vertrauenspersonen ist fast unmöglich.
Probleme ergeben sich auch in Bezug auf fachliche Qualifikationen.
Um eine VP oder auch einen VE zur Bekämpfung von Wirtschaftskriminalität im Banken-, Versicherungs-, oder Großkonzernbereich einsetzen zu können, müssen diese neben einem entsprechenden Auftreten über einschlägige Erfahrung beziehungsweise Vorbildung verfügen.
Eine zentrale Stelle, die ähnlich der ZOK im Ermittlungsverfahren, allgemeine rechtliche Fragestellungen beispielsweise in Bezug auf den Einsatz von VE und VP klärt und beratend tätig wird, existiert für den Bereich der Initiativermittlungen nicht.

Zum Schutz der Hinweisgeber sind Dienststellen, zu deren Aufgaben der Zeugenschutz und die Zentrale VP-Führung gehören, extrem abgeschottet (Kapitel E.II.1.e)).
Ein Informationsaustausch mit den OK-Dienststellen findet nur über die VE- oder VP-Führer statt. Regelmäßig ist der Informant allein dem VP-Führer bekannt, welcher auch gegebenenfalls die notwendigen rechtlichen Schritte einleitet, damit die Identität nicht offenbart werden muss.

In der Regel werden Vertrauenspersonen mit einer Sperrerklärung belegt, damit sie nicht im Strafverfahren auftreten müssen. Während des gesamten Verfahrens wird der Schutz der VP berücksichtigt und es wird in Kauf genommen, wenn Ermittlungsergebnisse aufgrund der Gefährdung bei der Enttarnung der Quelle nicht im Gerichtsverfahren eingebracht werden können.

8. Vorfelderkenntnisse als Einstieg ins Ermittlungsverfahren

Die im Vorfeld gewonnenen Erkenntnisse sind Grundlagen und unabdingbare Voraussetzung für den Einstieg in das Ermittlungsverfahren
(Kapitel E.II.1.f)).
Um auf eine Beweisführung mit einer VP beispielsweise erst gar nicht zurückgreifen zu müssen, wird die Erkenntnislage, die durch den Einsatz und das Abschöpfen einer VP gewonnen wird, flankiert durch umfangreiche Ermittlungsmaßnahmen. Die wesentlichen Erkenntnisse aus den Initiativermittlungen werden in einem einleitenden Vermerk zusammengefasst und in die Ermittlungsakte übernommen Die rechtlichen Grundlagen für die Informationsbeschaffung durch die Polizei lassen sich nach den gewonnenen Erkenntnissen auch heute noch vielfach den Ermittlungsakten nicht entnehmen. Die Polizei befürchtet, mit einem detaillierten Einleitungsvermerk ihre Ermittlungstaktik zu offenbaren.
Die Grundsätze von Aktenwahrheit und Aktenklarheit versuchen die Beamten zu wahren, indem die Vermerke der Wahrheit entsprechen, aber gewissermaßen einer Vollständigkeit entbehren.

9. Datenverarbeitung im Vorfeld

Die Polizei sammelt bei der Bekämpfung der Organisierten Kriminalität im Vorfeld neben Fakten auch weiche, also unbewertete Daten
(Kapitel E.III.1.a)).
Diese Daten müssen von den berechtigten Beamten zeitnah in Datenbanken eingestellt werden, will man daraus einen Mehrwert erzielen. Die Technik ermöglicht eine Begleitung mit Datenbanken von Verfahrensbeginn an. Obschon die Einsicht in die Notwendigkeit besteht, Daten anderen Dienststellen umgehend zur Verfügung zu stellen, sehen sich viele Polizeibeamte in einem Konflikt mit der Geheimhaltungsproblematik. Aus Angst vor Verrat werden immer noch wichtige Informationen zurückgehalten. Nach Einschätzung einer Führungskraft ist es jedoch schädlicher, wenn Zusammenhänge nicht erkannt werden können, als wenn einzelne Informationen verraten werden.

Die Polizeien der einzelnen Bundesländer nutzen für ihre Arbeit verschiedene Datenbanken mit unterschiedlichen Recherchemöglichkeiten (Kapitel E.III.1.b)).
Viele dieser Datenbanken sind untereinander nicht kompatibel, weshalb Daten nicht automatisch von einem System ins andere übertragen werden können und neu erfasst werden müssen, was in der Folge nicht immer geschieht.
Die neuere Technik bietet verschiedene Möglichkeiten, den Zugriff auf Daten einzuschränken beziehungsweise Verfahren über einen gewissen Zeitraum abzuschotten. Sofern Schnittstellen zwischen den Systemen vorhanden sind, können auf diese Weise Informationen zurückgehalten, aber auch landesweit weitergegeben werden. Der Austausch funktioniert jedoch nur dann, wenn die OK-Relevanz erkannt und Informationen weitergegeben werden. Berechtigungs- und Benutzerkonzepte regeln, in welcher Phase welche Dienststellen Zugang zu den Datenbanken haben.
Ein direkter Zugriff der Staatsanwaltschaften auf polizeiliche Daten besteht nicht. Die Staatsanwaltschaft erhält jedoch alle gewünschten Informationen, soweit diese nicht beispielsweise die Identität von Vertrauenspersonen betreffen.
Mit anderen Behörden, wie der Finanzverwaltung, mit denen anlassbezogen zusammengearbeitet wird, findet teilweise ebenfalls ein Austausch statt. Die Angaben dazu, ob die Polizei lediglich Informationen entgegennimmt oder auch eigene Erkenntnisse weitergibt, sind uneinheitlich.

Den Auswerte- und Analysestellen steht für die Datenverarbeitung moderne Software zur Verfügung (Kapitel E.III.1.c)).
Ein Softwarepaket, mit dem viele Dienststellen arbeiten, ist „Analyst´s Notebook“, mit dessen Hilfe erfasste Daten zu Schaubildern verarbeitet werden können. Die entstehenden graphischen Darstellungen können solche Verbindungen aufzeigen, welche aufgrund der Fülle der Informationen ohne Visualisierung möglicherweise nicht erkannt worden wären.

10. Organisation der OK-Bekämpfung

Die OK-Bekämpfung innerhalb der Polizei ist in den Bundesländern unterschiedlich organisiert (Kapitel E.IV.1.a)aa)).
Die Anzahl der OK-Dienststellen variiert und ist abhängig von Faktoren wie Fläche und Bevölkerungsdichte, aber auch von der politischen Entscheidung zu einem bestimmten Aufbau.
Die Mehrzahl der befragten Experten spricht sich für eine Beschränkung auf eine geringe Zahl von OK bearbeitenden Dienststellen aus. Auf diese Weise können Arbeitskraft, Logistik sowie Möglichkeiten der Datenverarbeitung und Datennutzung an einem Ort gebündelt und parallele Ermittlungen sowie die mit

der Dekonzentration verbundene Gefahr der Überforderung kleiner Dienststellen ausgeschlossen werden. Kriminalgeographische Räume sollen nicht mehr durch die Zuständigkeitsbereiche von OK-Dienststellen unterteilt werden und Erkenntnisse möglichst an einer Stelle gebündelt vorliegen.
In den großen Staatsanwaltschaften existieren Schwerpunktstaatsanwaltschaften zur OK-Bekämpfung. Um die Organisationsstrukturen der Strafverfolgungsbehörden aufeinander abzustimmen, haben alle Bundesländer bei ihren Generalstaatsanwaltschaften sogenannte OK-Koordinatoren, deren Aufgabe der Erfahrungs- und Informationsaustausch auf überörtlicher Ebene ist. Daneben haben einige wenige Bundesländer Zentrale Stellen OK, die bei den Generalstaatsanwaltschaften eingerichtet sind und zu deren Aufgaben die landesweite Beratung, Information und Unterstützung der Strafverfolgungsbehörden gehört. Diese Beratungs- und Koordinierungsfunktion erstreckt sich jedoch nicht auf den polizeirechtlichen Verantwortungsbereich der Initiativermittlungen.

Initiativermittlungen werden nach den gewonnenen Erkenntnissen im Idealfall von Ermittlungsgruppen bearbeitet, die ähnlich einer Sonderkommission speziell für das einzelne Verfahren zusammengesetzt werden (Kapitel E.IV.1.a)bb)).
Solche gemeinsamen Ermittlungsgruppen werden auch anlassbezogen mit Beamten der Bundespolizei, Steuerfahndung oder Finanzverwaltung gebildet. Die Definition der einzelnen Arbeitsbereiche wird in einem Projektplan festgeschrieben. Das Projektmanagement gewährleistet durch eine klare Zielsetzung und Auftragserteilung, durch Zeitvorgaben für die Abarbeitung einzelner Schwerpunkte, dass ein komplexes Verfahren systematisch vorwärts getrieben werden kann.

Die Trennung der Analysestellen von den Ermittlungsdienststellen hat nach den gewonnenen Erkenntnissen Vor- und Nachteile (Kapitel E.IV.1.a)cc)).
Durch eine örtliche Trennung der Arbeitsbereiche werden Analysten nicht im Bedarfsfall für Ermittlungstätigkeiten herangezogen. Die Trennung hat jedoch nach den vorliegenden Erkenntnissen teilweise auch zu einem eingeschränkten Kontakt und zum Verlust eines funktionierenden Informationsaustauschs zwischen Analysten und Ermittlern geführt. Ein Austausch über neue Phänomene und Entwicklungen wird aber als für beide Seiten unabdingbar angesehen. Insofern sprechen sich die Experten für regelmäßige Besprechungen und festgelegte Informationswege aus.
Seit ihrer Einrichtung haben die Analysestellen mit einem Akzeptanzproblem zu kämpfen, weil die Arbeit dieser Dienststellen nicht zu einem direkt messbaren Erfolg führt. Indem die Analysten auch über den Zeitpunkt des Einstiegs in das Ermittlungsverfahren hinaus mit ihrem Hintergrundwissen und der technischen Ausstattung unterstützend tätig bleiben, versucht man, diesem Akzeptanzproblem zu begegnen.

Eine gezielte und kontinuierliche polizeiinterne Kontrolle der Arbeitsbereiche Analyse und Auswertung existiert nicht (Kapitel E.IV.1.a)dd)).
Neben der Nachbereitung, die eine Kontrollfunktion hat, verhindern regelmäßige Berichtspflichten sowie das Erstellen einer Projektskizze, in der auch der Zeitrahmen festgeschrieben ist, dass sich die Analysten über einen langen Zeitraum erfolglos mit einem Phänomen beschäftigen.

Die Dienststellen, zu deren Aufgaben die VP-Führung gehört, sind regelmäßig räumlich und organisatorisch von den Ermittlungs- und Auswertestellen getrennt (Kapitel E.IV.1.a)ee)).
Die Nähe zur VP ist nach den vorliegenden Erkenntnissen jedoch sowohl für den Ermittler als auch für den Auswerter wichtig. Insofern wird zumindest ein direkter Kontakt zum VP-Führer gefordert, damit vermittelt werden kann, welche Informationen benötigt werden.

11. Zusammenarbeit

Die landesweite Zusammenarbeit zwischen den OK-Dienststellen der Polizei wird durch einen Austausch über das polizeiliche Intranet, sowie durch regelmäßige Tagungen oder Fachbearbeiterbesprechungen gewährleistet (Kapitel E.IV.1.b)).
Die Weitergabe von brisanten Informationen an andere Dienststellen setzt regelmäßig darüber hinaus einen engen Kontakt und ein persönliches Vertrauensverhältnis voraus.
Konflikte gibt es teilweise zwischen regionalen Dienststellen und den Zentralstellen, denen vorgeworfen wird, von arbeitsintensiven Verfahren ohne öffentlichkeitswirksamen Erfolg Abstand zu nehmen.

Keine einheitlichen Angaben liegen dazu vor, ob, wann und inwieweit die Staatsanwaltschaft von der Polizei bei Initiativermittlungen einbezogen wird (Kapitel E.IV.1.c)aa)).
Während Projekte teilweise in einem frühen Stadium an die Staatsanwaltschaft herangetragen werden, wird dies anderenorts von der Staatsanwaltschaft bezweifelt. Teilweise besteht die Vermutung, die Polizeibehörde beginne mit Initiativermittlungen, ohne die Staatsanwaltschaft einzubeziehen, verneine später die Frage des Anfangsverdachtes und sehe in der Folge von einer Vorlage bei der Staatsanwaltschaft ab.
Die Mehrzahl der befragten Experten bezeichnet das Verhältnis zwischen Polizei und Staatsanwaltschaft als eng und vertrauensvoll. Bewährt haben sich nach den gewonnenen Erkenntnissen die Einrichtung von Schwerpunktsstaats-

anwaltschaften OK ebenso wie regelmäßige Dienstbesprechungen der Polizei gemeinsam mit den OK-Koordinatoren der Staatsanwaltschaften. Eine enge Abstimmung wird auch von Seiten der Polizei im Hinblick auf das Konfliktpotential befürwortet, das sich aus der fehlenden gesetzlichen Regelung der justitiellen Belange im Vorfeld ergibt.

Während der Initiativermittlungsphase gibt es keine Kontrolle durch die Staatsanwaltschaft (Kapitel E.IV.1.c)bb)).
Maßnahmen, die auf strafprozessualer Ebene von Seiten der Staatsanwaltschaft abgelehnt werden, können, so die Befürchtung, unter Umgehung der richterlichen oder staatsanwaltlichen Kontrolle auf dem Polizeiwege durchgeführt werden.
Mit der Generierung von neuen Verfahren nimmt die Polizei darüber hinaus eine eigene Schwerpunktsetzung vor.

Die Polizei arbeitet nicht nur mit der Staatsanwaltschaft, sondern beispielsweise auch mit Beamten der Steuerfahndung oder der Bundespolizei zusammen (Kapitel E.IV.1.d)).
Wenn Menschenhandel und illegale Grenzüberschreitungen zusammentreffen, kann in gemeinsamen Ermittlungsgruppen mit der Bundespolizei, die nicht nur über eine besonders gute technische Ausstattung verfügt, sondern auch durch Verbindungsbeamte im Ausland vertreten ist, eine umfassende Verdachtsschöpfung betrieben werden.

In Vorfeld gibt es regelmäßig noch keinen strukturierten Informationsaustausch mit dem Ausland (Kapitel E.IV.1.e)).
Ein informeller Austausch findet jedoch teilweise über bereits bestehende Kontakte statt. Diese aufzubauen ist Aufgabe der einzelnen Dienststellen beziehungsweise Ermittlungsgruppen. Im Aufbau befindliche Europäische Informationssysteme, die aus Datenbanken der Mitgliedsländer beliefert werden, sollen Europol in Zukunft ermöglichen, grenzüberschreitende Fälle zu registrieren, damit eine Rückmeldung und bei Bedarf ein Austausch stattfinden kann.
Der Informationsaustausch im Vorfeld des Ermittlungsverfahrens wird mit Blick auf die grenzüberschreitenden Tätigkeiten krimineller Organisationen als immer bedeutsamer empfunden. Die Zusammenarbeit mit den verschiedenen Staaten wird nach den gewonnenen Erkenntnissen erschwert durch unterschiedliche Kulturen, unterschiedliche Rechtsordnungen, unterschiedliche Steuerungsmechanismen und unterschiedliche Kompetenzverteilung zwischen Polizei und Staatsanwaltschaft.
Da es nach den Erfahrungen der Experten letztendlich auch immer von der einzelnen Person abhängt, wie eine Zusammenarbeit funktioniert, wird der direkte Kontakt oft als der erfolgversprechendste angesehen.

Internationale Kontakte, die bereits im Vorfeld aufgebaut werden, sind mit dem Einstieg in das Ermittlungsverfahren bereits vorhanden und müssen nicht neu aufgebaut werden.

12. Rahmenbedingungen

Die Rahmenbedingungen für Initiativermittlungen werden auf polizeilicher Seite im Hinblick auf die technische Ausstattung und die verfügbaren Gesetzesinstrumentarien als gut bewertet (Kapitel E.V.1.).
Die Grenzen sind bei der Polizei wie auch bei der Staatsanwaltschaft durch die allgemeine Ressourcenknappheit beim Personal gesetzt. Neben dem generellen Personalmangel fehlt der Polizei im OK-Bereich erfahrenes Fachpersonal mit möglichst viel Ermittlungshintergrund und OK-Wissen.

13. Nachbereitung von OK-Verfahren

Nachbereitungen finden nach den gewonnenen Erkenntnissen nicht in allen Verfahren statt, obwohl ihre Notwendigkeit überwiegend anerkannt wird (Kapitel E.VI.1.).
Die Intensität, mit der Nachbereitungen vorgenommen werden, wird mit dem anderweitigen Arbeitsanfall in Verbindung gebracht. Teilweise wird vor dem Hintergrund der Dauer von OK-Verfahren auch eine Nachbereitung einzelner Verfahrensabschnitte befürwortet. Eine gemeinsame Nachbereitung durch Polizei und Staatsanwaltschaft ist nach den vorliegenden Erkenntnissen für einen möglichst effektiven Ressourceneinsatz von großer Bedeutung.

14. Resümee der Experten

Die Initiativermittlungen werden als das „Herzstück im Rahmen der Bekämpfung der Organisierten Kriminalität" bezeichnet und erfordern neben dem Einsatz modernster Technik kriminalistisches Gespür und die richtige Einschätzung (Kapitel E.VII.).
Grundlegende Voraussetzung für ein erfolgreiches Verfahren ist nach den gewonnenen Erkenntnissen ein strukturiertes Vorgehen zwischen den einzelnen Arbeitsbereichen und die systematische Zusammenarbeit mit den beteiligten Stellen wie der Staatsanwaltschaft in Form des Projektmanagements.

II. Folgerungen

Die vorliegende Untersuchung hat die Bedeutsamkeit von Initiativermittlungen, aber auch entscheidende damit verbundene Schwierigkeiten aufgezeigt.
Bei der Einordnung von OK hat sich als ein Problem die Abgrenzung von Organisierter Kriminalität zu qualifizierter Bandenkriminalität herauskristallisiert.
Die Übergänge werden als fließend beschrieben, weswegen mehrere Experten fordern, die getrennte Bearbeitung von OK und schwerer Bandenkriminalität generell aufzugeben.
Bei der Abgrenzung von Bandenkriminalität zur OK wird davon ausgegangen, Bandenkriminalität sei unterhalb der Schwelle zur OK anzusiedeln.
Orientiert man sich jedoch an der OK-Definition, so liegt OK vor, wenn neben den allgemeinen Merkmalen mindestens ein spezielles Merkmal erfüllt ist. Folglich wird auch die Tätigkeit einer Bande mit Erfüllung eines speziellen Merkmals zur OK, auch wenn die Bandenstruktur weiter besteht. Demzufolge ist OK zu einem großen Teil auch Bandenkriminalität.
Der Versuch einer Abgrenzung scheint vor allem akademischer Art zu sein und dient wenig der Verbesserung der Kriminalitätsaufklärung.

Im Hinblick auf die Entstehung von OK-Verfahren hat die Expertenbefragung Folgendes ergeben: Obwohl die Bedeutsamkeit von Initiativermittlungen aus der bisherigen empirischen Forschung bereits seit einiger Zeit bekannt ist, hat dies bislang nicht zu größeren Veränderungen im Hinblick auf die Entstehung von Verfahren geführt.
Kleinere OK-Dienststellen sind häufig mit den Verfahren ausgelastet, die an sie herangetragen werden. Teilweise müssen Verfahren von OK-Dienststellen schon aufgrund ihres Umfangs und nicht aufgrund der Zuordnung zur OK übernommen werden. Immer noch werden zu viele Kapazitäten durch immer neue Folgeverfahren im Bereich der Betäubungsmittelkriminalität gebunden.
Nur aus einer Dienststelle wurde bekannt, die entsprechende Erkenntnis habe dazu geführt, dass Betäubungsmittelkriminalität generell nicht mehr von der OK-Dienststelle bearbeitet wird.
Diese neue Organisationsform erscheint vielversprechend, weil eine zu einseitige Auslastung der OK-Dienststellen verhindert wird und die Kapazitäten für die Bekämpfung anderer Kriminalitätsformen, die der OK zugerechnet werden, zur Verfügung stehen.

Die Untersuchung hat darüber hinaus Schwierigkeiten bei der Einordnung der Initiativermittlungen in das Gesamtsystem in Bezug auf die Gesetzeslage aufgezeigt.

Während Untersuchungsgegenstand dieser Arbeit allein die Initiativermittlungen auf polizeirechtlicher Grundlage sein sollten, war es, wie sich in den Gesprächen zeigte, für die Interviewpartner offenbar schwierig, eine gedankliche Trennung zu entsprechenden Ermittlungen auf strafprozessualer Grundlage vorzunehmen. In der Praxis ist die Polizei nicht gezwungen, im konkreten Fall nach der Grundlage ihrer Tätigkeit zu fragen, weil in den vergangenen Jahren die verdeckten Ermittlungsmethoden im Polizeirecht und in der Strafprozessordnung weitestgehend angepasst wurden.
Die Schwierigkeiten ergeben sich jedoch auch aufgrund der fließenden Übergänge von den Ermittlungen auf polizeirechtlicher zu denen auf strafprozessualer Grundlage.
Die RiStBV, die von der Zulässigkeit von Initiativermittlungen sowohl auf polizeirechtlicher, als auch auf strafprozessualer Grundlage ausgehen, begünstigen dabei durch unklare Formulierungen die fehlende Differenzierung.
Die rechtliche Auseinandersetzung mit Sachverhalten, die an der Schwelle des Anfangsverdachtes i.S.d. § 152 II StPO liegen, beinhaltet für die Strafverfolgungsbehörden eine gewisse Schwierigkeit, weil der Frage, ob ein Anfangsverdacht gemäß § 152 II StPO vorliegt oder nicht, ein Beurteilungsspielraum immanent ist. In Folge können gleiche Sachverhalte unterschiedliches staatliches Handeln nach sich ziehen, je nachdem, ob die Strafprozessordnung oder die Polizeigesetze zur Anwendung kommen.
Berechtigt erscheint die Frage, ob es überhaupt möglich ist, den Anfangsverdacht, auch gegen Unbekannt, zu verneinen und dennoch Umstände anzunehmen, die so konkret sind, dass sie ein Tätigwerden der Polizei unter Hinweis auf die Befugnis zu Initiativermittlungen rechtfertigen.
Einzelne Staatsanwälte sind dementsprechend dazu übergegangen, unter Ausschöpfung ihres Beurteilungsspielraumes den Anfangsverdacht zum frühest möglichen Zeitpunkt zu bejahen.

Nach den Ergebnissen der Expertenbefragung findet eine Hinwendung zu Strukturermittlungen statt, wodurch die Grenze des Ermittlungsverfahrens ebenfalls an Kontur verliert.

Die Strafverfolgungsbehörden sind darum bemüht, den Blick weg von der massenhaft zu bewältigenden Kleinkriminalität den großen kriminellen Strukturen zuzuwenden. Bei der schweren Kriminalität, wie der Organisierten Kriminalität, handelt es sich um Strukturkriminalität.

Strukturermittlungen sind damit Mittel zur Verwirklichung des Zieles des Gesetzgebers geworden, der mit dem OrgKG auf Ermittlungsschwierigkeiten

gegen Organisationsstrukturen reagieren wollte[1083]. Damit kommt dem Begriff der Strukturermittlungen aber keine rechtliche, sondern eine kriminalistische Bedeutung zu. Strukturermittlungen setzen nicht zwangsläufig einen Anfangsverdacht voraus und können somit auch auf Grundlage der Polizeigesetze geführt werden.
Mit dieser Entwicklung wird aber gleichsam die Grenze des Ermittlungsverfahrens verwischt und das strenge Festhalten am Erfordernis eines Anfangsverdachtes erscheint nicht mehr zeitgemäß. Der Bekämpfung der Organisierten Kriminalität, die zunehmend an Bedeutung gewinnt, liegt ein ganz anderer Ansatz zugrunde. Während die Polizei in rund 80% der Fälle den Auftrag hat, eine angezeigte oder auf andere Weise zu ihrer Kenntnis gelangte Straftat aufzuklären, sieht sie sich schon heute in den übrigen 20% der Fälle kriminellen Strukturen gegenübergestellt, deren vermeintliche kriminelle Aktivitäten noch weitestgehend im Dunkeln liegen. Dann geht es darum, Straftaten aufzudecken oder bereits aufgedeckte Straftaten bestimmten Personen zuordnen zu können.
Entsprechend dieser strukturellen Veränderungen sind die Ermittlungsmethoden weiterentwickelt worden. Die Bedeutung proaktiver Ermittlungstätigkeit ist mehr in den Vordergrund gerückt. Mit dem Verlust der bestimmenden Bedeutung des Anfangsverdachtes hinsichtlich einer konkreten Einzeltat ist das Vorfeld als Raum der Verdachtsschöpfung hinzugetreten[1084].

Obwohl Initiativermittlungen nach den vorliegenden Erkenntnissen stetig an Bedeutung gewonnen haben, ist das Vorfeld eine rechtliche Grauzone für justitielle Belange geblieben. Während der Polizei nach dem status quo im Vorfeld unbestritten die Verfahrenshoheit eingeräumt ist, die sie faktisch schon aufgrund ihrer Informationshoheit inne hat[1085], sind die Informationsrechte der Staatsanwaltschaft nicht gesetzlich abgesichert und in erheblichem Umfang vom Mitwirken der Polizei abhängig.
Das führt in den Konstellationen zu Informationsdefiziten, in denen eine Polizeibehörde mit Initiativermittlungen beginnt und auf eine Einbeziehung der Staatsanwaltschaft verzichtet. Nimmt die Polizei nach einiger Zeit der Analyse- und Auswertetätigkeit für sich die Bewertung vor, die Initiativermittlungen hätten keine weitergehenden Erkenntnisse erbracht und stellt die Ermittlungen ein, so hat sie bis zu diesem Zeitpunkt bereits eine Reihe von Erkenntnissen zusammengetragen. Die Akten gelangen aber nicht zur Staatsanwaltschaft.
Da der Staatsanwaltschaft der unmittelbare Zugang zu den polizeilichen Informationssystemen verwehrt bleibt, ist sie jedoch auf Informationen der Polizei angewiesen, will sie ihren sich aus dem Legalitätsprinzip ergebenden Pflichten nachkommen. Bleibt die entsprechende Information aus, kann auch die Prüfung

1083 Vgl. hierzu die Begründung zum OrgKG BR-Drs. 12/929, S. 39.
1084 Rudolph, Antizipierte Strafverfolgung, S. 23.
1085 Vgl. Schaefer, Kriminalistik 2004, 753(753).

des Vorliegens eines Anfangsverdachtes durch die Staatsanwaltschaft nicht erfolgen.
Teilweise ist diese Erkenntnis bereits in die Gestaltung der Verwaltungsvorschriften eingeflossen. In die Richtlinien über die Zusammenarbeit von Staatsanwaltschaft und Polizei bei der Verfolgung der Organisierten Kriminalität wurde in der in Niedersachsen veröffentlichten Fassung[1086] in 6.4 die Regelung über die Zusammenarbeit von Polizei und Staatsanwaltschaft dahingehend ergänzt, dass „das Ergebnis der Initiativermittlungen mit den Vorgängen unverzüglich der Staatsanwaltschaft vorzulegen ist, sobald die Initiativermittlungen Anhaltspunkte für verfolgbare Straftaten (§ 152 Abs. 2 StPO) ergeben haben. Die Vorlage hat auch dann zu erfolgen, wenn aus polizeilicher Sicht unklar ist, ob Anhaltspunkte für verfolgbare Straftaten vorliegen".
Der von den Generalstaatsanwälten bereits auf ihrer Konferenz in Celle im Jahre 1999 erhobenen Forderung, „der Staatsanwaltschaft entsprechend der ihr im Rahmen der Strafverfolgung zugewiesenen Rolle die Möglichkeit zu geben, die in den polizeilichen Informationssystemen verwendeten Strafverfolgungsdaten zu kontrollieren", wurde bislang nicht nachgekommen.
Letzten Endes existieren also für die Staatsanwaltschaft im Bereich der Initiativermittlungen keine gesetzlichen Grundlagen, die ihr die Möglichkeit oder Verpflichtung einräumen, an den Ermittlungen oder Bewertungen der Polizei teilzuhaben oder auf deren Materialsammlungen zuzugreifen.

Nach den durch die Befragung der Experten gewonnenen Erkenntnissen wird mit der Entscheidung darüber, in welchen Bereichen proaktive Ermittlungstätigkeit stattfindet, außerdem bestimmt, wo Delikte vom Dunkel- ins Hellfeld transportiert werden. In Folge hat dies grundlegenden Einfluss darauf, wo Strafverfolgung stattfinden wird. In gewisser Weise stellt diese Richtungsgebung eine vorweggenommene Entscheidung darüber dar, wo später das Legalitätsprinzip realisiert wird. Dieses verpflichtet aber in besonderer Weise die Staatsanwaltschaft. Die Entscheidung darüber, wo mit Initiativermittlungen begonnen wird, sollte daher auch der Staatsanwaltschaft vorbehalten sein. Zumindest aber muss ihre Mitbestimmung gewährleistet werden. Derzeit wird diese Entscheidung nach den gewonnenen Erkenntnissen in vielen Fällen immer noch allein von der Polizei getroffen und steht damit vielfach unter dem Einfluss von Faktoren wie „verfügbarem Personal" und „schnellem Erfolg". Den Ergebnissen dieser Untersuchung zufolge ist eine Absprache mit der Staatsanwaltschaft der Ausnahmefall.
Die Frage, ob die Erkenntnis der Vergangenheit, dass die Polizei durch eigenmächtiges Handeln im Vorfeld Einfluss darauf nimmt, wo Ermittlungen ansetzten, zu wesentlichen Veränderungen geführt hat, muss verneint werden.

1086 Abgedruckt in: Nds. MBl. Nr. 7/2000, S. 116 ff.

Nach den durch die Untersuchung gewonnenen Erkenntnissen sollten nicht nur die Sachleitungsbefugnis im Vorfeld, sondern auch die derzeitige Organisation und die Zuständigkeiten der Staatsanwaltschaften überdacht werden.
Im Rahmen der Zentralstellenfunktion werden beim Bundeskriminalamt umfangreiche Datensammlungen zur Strafverfolgungsvorsorge angelegt und vorgehalten. Eine Aufsicht über diese Datensammlungen, wie sie etwa durch den Generalbundesanwalt wahrgenommen werden könnte, gibt es derzeit nicht, weil es an einer entsprechenden Zuständigkeit fehlt.
Vor allem aber existiert auf Seiten der Staatsanwaltschaft keine Stelle, die Initiativermittlungen, bei überregionaler Tätigkeit einer Gruppierung, auch in andern Bundesländern veranlassen und koordinieren kann.
Während eine Koordination auf Seiten der Polizei gegebenenfalls noch durch die LKÄ oder das BKA gewährleistet werden kann, gibt es auf Seiten der Staatsanwaltschaft keine Stelle, die diese Aufgabe bundesweit wahrnimmt. Eine Verfahrensinitiierung durch eine regional tätige Staatsanwaltschaft auf überregionaler Ebene ist aufgrund der Zuständigkeitsregelungen nicht möglich. Derzeit haben Staatsanwälte nur die als unbefriedigend empfundene Möglichkeit, bei den Staatsanwaltschaften, aus deren Zuständigkeitsbereich ebenfalls Erkenntnisse über das Auftreten des untersuchten Phänomens oder der Gruppierung vorliegen, proaktive Tätigkeit anzuregen.
In einigen wenigen Bundesländern wurden in der Vergangenheit „Zentrale Stellen Organisierte Kriminalität“ eingerichtet, die die Strafverfolgungsbehörden landesweit unterstützen. Diesen ist unter anderem die Aufgabe zugewiesen, bei überörtlichen Ermittlungskomplexen im Bereich der Verfolgung und Aufdeckung Organisierter Kriminalität Zuständigkeitsfragen zu klären[1087].
Eine entsprechende Einrichtung würde sich auch auf Bundesebene anbieten. Diese könnte Koordinationsaufgaben wahrnehmen sowie die beim BKA als Zentralstelle geführten strafverfolgungsvorsorgenden Datensammlungen beaufsichtigen.

Der Vergleich der Ländergesetze hat darüber hinaus gezeigt, dass die rechtssystematische Einordnung der Initiativermittlungen als Unterfall der Gefahrenabwehr zu einer fehlenden Rechtseinheit geführt hat[1088]. Die Länder sind in ihrer Gesetzgebung vom Musterentwurf eines einheitlichen Polizeigesetzes vom 25.11.1977, ergänzt durch den Verbesserungsentwurf zur Änderung des Musterentwurfs vom 12.03.1986, in unterschiedlich großem Maße abgewichen. Schon der Begriff der „vorbeugenden Verbrechensbekämpfung“ ist im Polizeirecht nicht einheitlich geregelt.

1087 Vgl. Errichtungsanordnung der ZOK Niedersachsen, abgedruckt in: Nds.Rpfl. 1996, 55.
1088 Einen Überblick über die Befugnisse der Länder gibt die Abbildung am Ende des Kapitels B. Rechtsgrundlagen.

Eine Regelung in den Polizeigesetzen ist auch insoweit problematisch, als den Länderpolizeien durch ihre Gesetzgeber in höchst unterschiedlichem Maße (besondere) Mittel der Datenerhebung zur Seite gestellt werden. Dadurch wird den Strafverfolgungsbehörden in einigen Bundesländern mehr als in anderen die Möglichkeit eingeräumt, das Legalitätsprinzip zu realisieren. Der Polizei sollten aber bundesweit die gleichen Mittel an die Hand gegeben werden, um erfolgreich Dunkelfeldforschung zu betreiben. Aufgrund der fehlenden Rechtseinheit müssen teilweise einzelne Maßnahmen, wie beispielsweise Observationen, dann beendet werden, wenn Landesgrenzen überschritten werden.

Die aufgezeigten Defizite der polizeirechtlichen Lösung ebnen den Weg für eine positive Begründung des strafprozessualen Charakters von Initiativermittlungen, die auf die Aufklärung von Straftaten ausgerichtet sind. Eine Unterscheidung zwischen strafprozessualen (repressiven) und polizeilichen (präventiven) Vorfeldermittlungen hat auch das Bundesverfassungsgericht in seiner Entscheidung zur vorbeugenden Telefonüberwachung auf der Grundlage des Niedersächsischen Polizeigesetzes vom 27.07.2005[1089] vorgenommen. Die Verhütung von Straftaten ist unbestritten Bestandteil der Gefahrenabwehr und somit sind die Polizeigesetze der richtige Regelungsstandort.
Nach Aussage der Richter des Ersten Senats geht es bei der Verfolgungsvorsorge hingegen um Beweisbeschaffung für die Zukunft, die somit zum gerichtlichen Verfahren im Sinne des Art. 74 Abs. 1 Nr. 1 GG gehört[1090].
Soweit Vorfeldermittlungen Ermittlungshandlungen im Bezug auf noch nicht begangene Straftaten darstellen, stehen sie dem Strafverfahrensrecht nahe.
Mehr Rechtsklarheit verspräche insofern eine Regelung repressiver Initiativermittlungen in der StPO.
Durch die Aufnahme einer entsprechenden Norm im Strafverfahrensrecht erhielte die Staatsanwaltschaft jedenfalls die Sachleitungsbefugnis für Initiativermittlungen mit repressivem Charakter im Vorfeld des Ermittlungsverfahrens.
Ausreichend wäre nach der hier vertretenen Ansicht eine Regelung, die keinen verpflichtenden Charakter hat, sondern Voraussetzungen und Grenzen einer Berechtigung bestimmt.
Dies würde zu einer verbesserten Handlungssicherheit der Strafverfolgungsbehörden beitragen.
Der Einfluss der Staatsanwaltschaft auf die Ausrichtung proaktiver Ermittlungstätigkeit würde auf diese Weise ebenfalls gestärkt.

1089 1 BvR 668/04.
1090 BVerfG NJW 2005, 2603(2605).

Schlussbetrachtung

In der Strafprozessordnung ist ein „Vorfeldermittlungsverfahren“ bis dato nicht geregelt.
Liegt kein Anfangsverdacht vor, so kommt nach der geltenden Rechtslage nur ein Tätigwerden der Polizei auf polizeirechtlicher Grundlage in Betracht. Damit ist vor allem für justitielle Belange das Vorfeld eine rechtliche „Grauzone“ geblieben.
Das Legalitätsprinzip im Strafverfahren verpflichtet die Strafverfolgungsbehörden, bei Verdacht einer Straftat von Amts wegen einzuschreiten. Es soll die Einhaltung des Grundsatzes der Gleichheit vor dem Gesetz sichern. Damit dies gewährleistet ist, muss die Staatsanwaltschaft in die Lage versetzt werden, die Frage nach dem Vorliegen eines Anfangsverdachtes selber überprüfen zu können. Richtlinien, die eine enge und vertrauensvolle Zusammenarbeit von Polizei und Staatsanwaltschaft bei Initiativermittlungen vorschreiben, sind nicht ausreichend.

Es ist eine Norm erforderlich, welche die Staatsanwaltschaft jedenfalls zur Mitentscheidung darüber, ob und wo Initiativermittlungen durchgeführt werden, berechtigt. Nur auf diese Weise kann die Staatsanwaltschaft ihre aus dem Legalitätsprinzip entstehende Pflicht vollumfänglich erfüllen. Die Einhaltung des Grundsatzes der Gleichheit vor dem Gesetz gebietet eine Ermittlung auch solcher Straftaten, die ohne proaktive Tätigkeit der Strafverfolgungsbehörden nicht offenbar werden. Nicht selten gehen derartige Initiativermittlungen in strafprozessuale Ermittlungen über. Die Frage der Strafverfolgung wird indirekt bereits mit der Einleitung von Initiativermittlungen getroffen. Zugleich bedeutet dies also eine vorweggenommene Entscheidung darüber, wo das Legalitätsprinzip realisiert wird. Die letzte Entscheidung darüber, in welchen Kriminalitätsbereichen Initiativermittlungen geführt werden, sollte folglich der Staatsanwaltschaft vorbehalten sein. Ein Entschluss der Staatsanwaltschaft würde auch nicht unbewusst von Rahmenbedingungen beeinflusst oder von Faktoren wie „schnellem Erfolg“ getragen.
Eine frühzeitige Nutzung staatsanwaltlicher Kompetenz ist darüber hinaus unerlässlich um sicherzustellen, dass für eine mögliche Hauptverhandlung „gerichtsverwertbares“ Beweismittel zur Verfügung steht.
Nach den Ergebnissen der vorliegenden empirischen Untersuchung erscheint eine Regelung repressiver Initiativermittlungen in der StPO sinnvoll. Eine solche Regelung verspricht mehr Handlungssicherheit für die Strafverfolgungsbehörden und gewährleistet die Sachleitung der Staatsanwaltschaft im Vorfeld eines Ermittlungsverfahrens.
Die schwere Kriminalität hat sich in den letzten Jahren weiterentwickelt und entsprechend haben sich auch die Aufgaben der Strafverfolgungsbehörden ver-

ändert. Im Unterschied zur herkömmlichen Ermittlungsarbeit der Polizei, bei der ausgehend von einer konkreten Tat ein Täter ermittelt wird, verfolgt die Polizei bei der OK-Bekämpfung vorrangig den strukturbezogenen Ansatz, also die Aufdeckung und Zerschlagung von Täterverbindungen. Damit hat die Polizei einen dem Phänomen angepassten Strategiewechsel vollzogen.
Ein entsprechender Wandel konnte bei Erlass der Strafprozessordnung am 1.2.1877 nicht vorhergesehen werden. Ohne Initiativermittlungen kann die Organisierte Kriminalität nicht wirksam bekämpft werden. OK wird nur selten von sich aus offenbar und Strafanzeigen werden häufig nicht erstattet. Das macht eine Vorverlagerung von staatlichen Ermittlungen in Bereiche unterhalb des strafprozessualen Anfangsverdachts unumgänglich.

Interviewleitfaden I: Polizei -Länder

1. Einleitende Angaben zur Person

Bitte machen Sie einige Angaben zu Ihrer Position und Ihren Arbeitsbereich.

2. Entstehung von OK-Verfahren und Ablauf von Initiativermittlungen

a. Wie werden OK-Verfahren als solche eingeordnet? Können Sie beschreiben, wie in der Praxis ein Fall von OK von anderen Fällen unterschieden wird?

b. Wie entstehen OK-Verfahren? Wodurch wird Ihre Dienststelle zur Aufnahme von Ermittlungen veranlasst?

c. Ordnen Sie die Entstehungsgründe nach ihrer Bedeutung.

d. Welche Bedeutung hat Ihrer Ansicht nach proaktive Ermittlungstätigkeit für die Entstehung von Verfahren im Bereich OK? Was tut Ihre Dienststelle um Informationen zu erlangen?

e. Beschreiben Sie den Verlauf der Initiativermittlungen. Lässt sich diese Phase in Abschnitte unterteilen? Wenn ja, in welche?

f. Bitte skizzieren Sie - wenn möglich anhand eines konkreten Beispiels – die Planung und den Ablauf eines Projektes?

g. Wird mit Verdachtgewinnungsstrategien (Konzepten) gearbeitet? Wenn ja, mit welchen?

h. In welchen Bereichen der OK finden Vorfeldermittlungen vermehrt statt?
Woran liegt das?
Wer trifft diese Entscheidung?
Wie bewerten Sie diese Tatsache?

i. Welche der benannten Faktoren bestimmen die Vorfeldermittlungen (und damit Richtung und Intensität der späteren Strafverfolgung)?

- Personal
- Organisation
- verfahrensökonomische Gesichtspunkte

3. Instrumentarien

a. Welche Maßnahmen sind von besonderer Bedeutung/Einsatzhäufigkeit bei Initiativermittlungen im Bereich OK:

- VE
- VP
- (längerfristige) Observation
- Lauschangriff
- sonstige technische Überwachungsmaßnahmen
- sonstige Maßnahmen?

b. Sind die in den „neueren" Polizeigesetzen zur Verfügung stehenden Instrumente ausreichend?

c. Falls nein, wo bestehen noch Probleme und mit welchen Maßnahmen könnten diese angegangen werden?

d. Welche technischen und außertechnischen Probleme sind mit der Anwendung technischer Ermittlungsmethoden verbunden ?

e. Welche Grenzen/Probleme zeigen sich beim Einsatz von VE/VP?

f. Wie sieht der Informantenschutz im Vorfeld aus?

g. Welchen Stellenwert haben die Maßnahmen beziehungsweise die durch sie gewonnenen Erkenntnisse für das weitere Verfahren?

4. Datenverarbeitung

a. Welche Daten werden polizeiintern mit Beginn der Ermittlungen im Vorfeld erhoben?

b. Werden nach Ihrer Erfahrung die gesammelten Informationen schon zu diesem Zeitpunkt in landes- bzw. bundesweite Datenbanken eingespeist?

c. Welche Daten sind wem zugänglich? Welche Stelle hat die Datenherrschaft?
Wie bewerten Sie diese Tatsache?

d. Findet ein Datenaustausch mit anderen Behörden (z.B. der Staatsanwaltschaft) statt?

e. Wie wichtig sind Auswertung und Analyse von Informationen bei der Bekämpfung von Organisierter Kriminalität?

f. Sollte dieser Bereich stärker gewichtet werden?

5. Organisation und Zusammenarbeit

a. Gewährleisten die strukturellen Bedingungen innerhalb der polizeilichen Organisation eine sachgerechte Beschäftigung mit OK-Phänomenen im Vorfeld von Ermittlungsverfahren?

- In welcher Organisationseinheit/-form sollten OK-Initiativermittlungen durchgeführt werden?
Warum?

- Halten Sie eine Herauslösung des Auswertungs-/ Analysebereichs aus einer OK-Einheit und Eingliederung in eine alle Bereiche erfassende zentrale Auswerte- und Analyseeinheit für sinnvoll?

- Ist es sinnvoll eine zentrale VP-Führung einzurichten?

b. Bestehen Ihrer Kenntnis nach Schwierigkeiten zwischen zentralen und regionalen Dienststellen?

Werden Informationen zwischen den Dienststellen weitergegeben?

c. Wie zeichnet sich das Verhältnis Polizei/Staatsanwaltschaft in dieser Phase aus?

d. Inwieweit ist die Staatsanwaltschaft konkret in die Vorfeldmaßnahmen eingebunden? Findet ein regelmäßiger Austausch statt? Können Sie die Art und Weise der praktizierten Zusammenarbeit erläutern?

e. Wie würden Sie die Zusammenarbeit bewerten?

f. Wo ergeben sich Probleme in der Zusammenarbeit mit der Staatsanwaltschaft? Wo sehen Sie Möglichkeiten der Optimierung?

g. Gibt es Kontrollen innerhalb der Polizei?
Finden Kontrollen von außen (durch die Staatsanwaltschaft) statt?

h. Findet in dieser Phase der Initiativermittlungen bereits eine Zusammenarbeit mit anderen inländischen und ausländischen Behörden statt?
Wenn ja, mit welchen und wie?

i. Wo ergeben sich gegebenenfalls Probleme bei Ermittlungen im Ausland?
Wie könnten diese gelöst werden?

6. Rahmenbedingungen

Wie werden die Arbeitsbedingungen im Hinblick auf

- interne Organisation
- Personal
- Ausstattung von Mitteln zur Datenverarbeitung
- sonstige technische Ausstattung
- gesetzliche Möglichkeiten

bewertet?

7. Nachbereitung

a. Werden alle OK-Verfahren nachbereitet?

b. Werden Konsequenzen gezogen, die sich auf die proaktive Ermittlungstätigkeit auswirken? Können Sie hierfür ein konkretes Beispiel anführen?

c. Können Sie von Verfahren berichten, die von der Staatsanwaltschaft und der Polizei gemeinsam nachbereitet wurden?

d. Wie werden generell die Erkenntnisse aus abgeschlossenen Verfahren für zukünftige Ermittlungen nutzbar gemacht?

8. Abschließende Bemerkungen

Möchten Sie noch Ergänzungen machen? Gibt es Aspekte im Zusammenhang mit der Thematik „Initiativermittlungen im Bereich der OK", die nach Ihrer Auffassung von Bedeutung sind und die bislang nicht angesprochen wurden?

Interviewleitfaden II: Staatsanwaltschaft

1. Einleitende Angaben zur Person

Bitte machen Sie einige Angaben zu Ihrer Position und Ihren Arbeitsbereich.

2. Entstehung von OK-Verfahren und Ablauf von Initiativermittlungen

a. Erläutern sie kurz, wie Ihrer Kenntnis nach OK-Verfahren entstehen und als solche eingeordnet werden.

b. Welche Bedeutung hat Ihrer Ansicht nach proaktive Ermittlungstätigkeit für die Entstehung von Verfahren im Bereich OK?

c. Beschreiben Sie den Verlauf, den Initiativermittlungen Ihrer Kenntnis nach nehmen?

   Lässt sich diese Phase in Abschnitte unterteilen?

d. Gibt es Projekte, die gemeinsam mit der Staatsanwaltschaft geplant werden? Wenn ja, bitte schildern Sie den Ablauf eines solchen Projektes?

e. In welchen Bereichen der OK finden Vorfeldermittlungen vermehrt statt?

   Woran liegt das?

   Wer trifft diese Entscheidung?

   Wie bewerten Sie diese Tatsache?

f. Welche Faktoren bestimmen nach Ihrer Ansicht die Vorfeldermittlungen (und damit möglicherweise Richtung und Intensität der späteren Strafverfolgung)?

- Personal
- Organisation
- verfahrensökonomische Gesichtspunkte

3. Instrumentarien

a. Welche Maßnahmen/Instrumente sind Ihrer Einschätzung nach bei Initiativermittlungen im Bereich OK von besonderer Bedeutung/Einsatzhäufigkeit:

- VE
- VP
- (längerfristige) Observation
- Lauschangriff
- sonstige technische Überwachungsmaßnahmen
- sonstige Maßnahmen?

b. Sind die der Polizei in den „neueren“ Polizeigesetzen zur Verfügung stehenden Möglichkeiten zum Einsatz der Instrumente ausreichend?

c. Falls nein, wo bestehen Ihrer Kenntnis nach Probleme und mit welchen Maßnahmen könnten diese angegangen werden?

d. Welchen Stellenwert haben die Maßnahmen beziehungsweise die durch sie gewonnenen Erkenntnisse für das spätere Verfahren?

4. Datenverarbeitung

a. Welche Daten werden bei den Staatsanwaltschaften vor Einleitung des Ermittlungsverfahrens erhoben?

b. Ab welchem Zeitpunkt werden Informationen im Bereich der Staatsanwaltschaften EDV-unterstützt verarbeitet?

c. Findet ein Datenaustausch mit anderen Behörden statt, beispielsweise durch Übermittlung von polizeilichen Informationen auf elektronischem Wege?

d. Welche Daten sind wem zugänglich? Wer besitzt die Datenherrschaft? Wie bewerten Sie diesen Umstand?

e. Wie wichtig sind Ihrer Meinung nach Auswertung und Analyse von Informationen im Rahmen der OK-Bekämpfung?

f. Sollte dieser Bereich stärker gewichtet werden?

5. Organisation und Zusammenarbeit

a. Gewährleisten die strukturellen Bedingungen innerhalb der polizeilichen Organisation Ihrer Einschätzung nach eine sachgerechte Beschäftigung mit OK-Phänomenen im Vorfeld von Ermittlungsverfahren?

-In welcher Organisationseinheit/-form sollten OK-Initiativermittlungen durchgeführt werden? (SOKO, OK-Dienstelle, sonstige Dienststelle) Warum?

- Sollte OK-Bekämpfung am effizientesten flächendeckend oder zentral organisiert werden?

- Halten Sie eine Herauslösung des Auswerte-/Analysebereichs aus einer OK-Einheit und eine Eingliederung in eine alle Bereiche erfassende zentrale Auswerte- und Analyseeinheit für sinnvoll?

b. Bestehen Ihrer Kenntnis nach Schwierigkeiten zwischen zentralen und regionalen Dienststellen?

c. Wie zeichnet sich das Verhältnis Polizei/Staatsanwaltschaft in dieser Phase aus?

d. Inwieweit ist die Staatsanwaltschaft konkret in die Vorfeldmaßnahmen eingebunden? Findet ein regelmäßiger Austausch statt?

Können sie die Art und Weise der praktizierten Zusammenarbeit erläutern?

e. Wie würden Sie die Zusammenarbeit bewerten?

f. Wo ergeben sich Probleme in der Zusammenarbeit mit der Polizei? Wo sehen Sie Möglichkeiten der Optimierung?

g. Finden Kontrollen der Polizei durch die Staatsanwaltschaft statt?

h. Zu welchem Zeitpunkt wird die Staatsanwaltschaft in der Regel in die Ermittlungen der Polizei eingebunden? Wie beurteilen Sie dies?

i. Findet in dieser Phase der Initiativermittlungen Ihrer Kenntnis nach bereits eine Zusammenarbeit mit anderen inländischen und ausländischen Behörden statt?

Wenn ja, mit welchen und wie?

j. Wo liegen nach Ihrer Ansicht die Probleme bei Auslandsermittlungen? Wie könnten diese gelöst werden?

6. Rahmenbedingungen

Wie beurteilen Sie die Arbeitsbedingungen bei der Polizei / der Staatsanwaltschaft im Hinblick auf

- interne Organisation
- Personal
- Ausstattung mit Mitteln zur Datenverarbeitung
- sonstige technische Ausstattung
- gesetzliche Möglichkeiten?

7. Nachbereitung

a. Wie oft werden Ihrer Kenntnis nach OK-Verfahren nachbereitet?

b. Wie bedeutend ist Ihrer Meinung nach die Nachbereitung?

c. Können Sie von Verfahren berichten, die von der Staatsanwaltschaft und der Polizei gemeinsam nachbereitet wurden?

d. Werden aus den Nachbereitungen Konsequenzen gezogen? Können Sie hierfür ein konkretes Beispiel für eine Umsetzung anführen?

e. Wie werden generell die Erkenntnisse aus abgeschlossenen Verfahren für zukünftige Ermittlungen nutzbar gemacht?

8. Abschließende Bemerkungen

Möchten Sie noch Ergänzungen machen? Gibt es Aspekte im Zusammenhang mit der Thematik „Initiativermittlungen im Bereich der OK", die nach Ihrer Auffassung von Bedeutung sind und die bislang nicht angesprochen wurden?

Interviewleitfaden III: Zentrale Stelle Organisierte Kriminalität und Korruption (ZOK)

1. Einleitende Angaben

a. Bitte machen Sie einige Angaben zu Ihrer Position und Ihren Aufgabenbereich.

b. Welche Aufgaben hat die ZOK?

c. Wie sieht die Arbeit der ZOK in der Praxis aus?

2. Initiativermittlungen

Welche Bedeutung hat Ihrer Ansicht nach proaktive Ermittlungstätigkeit für die Entstehung von Verfahren im Bereich OK?

3. Instrumentarien

a. Sind Ihrer Einschätzung nach die der Polizei in den „neueren" Polizeigesetzen zur Verfügung stehenden Instrumente ausreichend?

b. Falls nein, wo bestehen Ihrer Kenntnis nach Probleme (und mit welchen Maßnahmen könnten diese angegangen werden)?

c. Mit welchen Fragen zur Zulässigkeit verdeckter Ermittlungsmethoden im Bereich von Initiativermittlungen beschäftigt sich die ZOK aktuell oder hat sie sich kürzlich beschäftigt?

4. Datenverarbeitung

Gibt es Bestrebungen den Datenaustausch zwischen den Strafverfolgungsbehörden zu verbessern?

5. Organisation und Zusammenarbeit

a. Gewährleisten die strukturellen Bedingungen innerhalb der polizeilichen Organisation Ihrer Einschätzung nach eine sachgerechte Bearbeitung im Vorfeld von OK?

- Sollte die OK-Bekämpfung am effizientesten flächendeckend oder zentral organisiert sein ?

Wie sieht konkret die Wahrnehmung von Koordinationsaufgaben bei überörtlichen Ermittlungskomplexen (Verfahrenskonzentration) aus?

Gibt die ZOK nach Erstellung eines gemeinsamen Lagebildes mit dem LKA auch Anregungen für Initiativermittlungen?

b. Welche Konflikte bestehen Ihrer Kenntnis nach bei der Zusammenarbeit zwischen den Strafverfolgungsbehörden im Vorfeld von Ermittlungsverfahren?

6. Abschließende Bemerkungen

Möchten Sie noch Ergänzungen machen? Gibt es Aspekte im Zusammenhang mit der Thematik „Initiativermittlungen im Bereich der OK“, die nach Ihrer Auffassung von Bedeutung sind und die bislang nicht angesprochen wurden?

Übersicht Verteilung der Interviews[1]

		LKA	PP	Bundes-polizei	StA/ ZOK	Gesamt
		A	B	C	D	
Leiter OK-Abteilung	1	1			2	3
Leiter OK-Dezernat/ RG/OK-Dienststellenleiter/ Sachgebietsleiter Ermittlungen OK/ Ermittlungsgruppenleiter OK	2	3	6			9
Dezernent OK-Abteilung	3				1	1
Leiter ASTOK/ SG-Leiter Analyse OK	4	1	2			3
Auswerter	5	1		1		2
Gesamt		6	8	1	3	18

[1]Aus den Quellenangaben in den Fussnoten kann entnommen werden, in welchem Bereich der Interviewpartner um dessen Äußerung es sich handelt, tätig ist. "A1" bedeutet z.B., dass die Person Leiter der OK-Abteilung in einem Landeskriminalamt ist.

Literaturverzeichnis

Ahlers, Henrik: Grenzbereich zwischen Gefahrenabwehr und Strafverfolgung, Frankfurt am Main 1998.

**Ahlf, Ernst-Heinrich/
Daub, Ingo/
Lersch, Roland/
Störzer, Udo:** BKAG, Stuttgart 2000.

Albers, Marion: Die Determination polizeilicher Tätigkeit in den Bereichen der Straftatenverhütung und der Verfolgungsvorsorge, Berlin 2001.

Albrecht, Hans-Jörg: Rechtstatsachenforschung zum Strafverfahren, München 2005.

Artzt, Matthias: Die verfahrensrechtliche Bedeutung polizeilicher Vorfeldermittlungen, Frankfurt am Main 2000.

Brisach, Carl-Ernst: Proaktive Strategien bei der Kontrolle krimineller Strukturen.
Zur Bedeutung und Vorgehensweise einer zentralen, fallübergreifenden Auswertung, Kriminalistik 1997, 247-251.

**Büchler, Heinz/
Meywirth, Carsten/
Vogt, Sabine:** Braucht die kriminalpolizeiliche Auswertung eine Neuorientierung?, in: Festschrift für Horst Herold zum 75. Geburtstag, Wiesbaden 1998, 103.

**Büchler, Heinz/
Meywirth, Carsten/
Vogt, Sabine:** Kriminalpolizeiliche Auswertung. Ist eine Neuorientierung erforderlich? Kriminalistik 1997, 242-251.

**Büchler, Heinz/
Schneider, Heiko:** Perspektiven kriminalpolizeilicher Auswertung, Kriminalistik 1999, 463-469.

Bundeskriminalamt:
>http://www.bka.de/lageberichte/ok/2007kf/lagebild_ok_2007_kurzlage.pdf< abgerufen am 31.12.2008.

Diekmann, Andreas: Empirische Sozialforschung. Grundlagen, Methoden, Anwendung, 10. Auflage, Hamburg 2003.

Ebert, Frank/
Honnacker, Heinz/
Seel, Lothar: Thüringer Gesetz über die Aufgaben und Befugnisse der Polizei – PAG, 4. Auflage, Stuttgart 2005.

Eckhardt, Jens: Neue Entwicklungen der Telekommunikationsüberwachung, CR 2002, 770-775.

Ehrenberg, Wolfgang/
Frohne, Wilfried: Doppelfunktionale Maßnahmen der Vollzugspolizei, Kriminalistik 2003, 737-750.

Feest, Johannes/
Blankenburg, Erhard: Die Definitionsmacht der Polizei: Strategien der Strafverfolgung und soziale Selektion, Düsseldorf 1972.

Forstenhäusler, Dieter: Organisation der OK-Bekämpfung, Kriminalistik 1999, 738-744.

Fox, Dirk: Der IMSI-Catcher, DuD 2002, 212-215.

Gehm, Volker
Link, Martina: Organisierte Kriminalität, Kriminalistik 1992, 491-496.

Geppert, Klaus: Notwendigkeit und rechtliche Grenzen der >informatorischen Befragung< im Strafverfahren, in: Festschrift für Dietrich Oehler zum 70. Geburtstag, herausgegeben von Rolf Dietrich Herzberg, Köln 1985, 323-344.

Gusy, Christoph: Polizeirecht, 6. Auflage Tübingen 2006.

Gusy, Christoph: Polizeiarbeit zwischen Gefahrenabwehr und Strafverfolgung, StV 1993, 269-277.

Haas, Günter: Vorermittlungen und Anfangsverdacht, Berlin 2003.

Hellmann, Uwe: Strafprozessrecht, 2. Auflage Berlin 2006.

Herzberg, Rolf Dietrich: Festschrift für Dietrich Oehler zum 70. Geburtstag, herausgegeben von Rolf Dietrich Herzberg, Köln 1985.

Hettinger, Michael: Entwicklungen im Strafrecht und Strafverfahrensrecht der Gegenwart: Versuch einer kritischen Bestandsaufnahme, Heidelberg 1997.

Hetzer, Wolfgang: Polizeibehörde oder Geheimdienst? – Bundeskriminalamt: Abseits im Vorfeld? - , der Kriminalist 2002, 15-19.

Jäger, Wolfgang: Vorfeldermittlungen – Reizwort und Streitgegenstand Ein Befund widerstreitender Interessen, Kriminalistik 1995, 189-192.

Jordan, Stefan: W-LAN Scannen – rechtliche Einsatzmöglichkeiten bei der Strafverfolgung, Kriminalistik 2005, 514-519.

Kammann, Nicola: Der Anfangsverdacht, Hamburg 2003.

Karlsruher Kommentar zur Strafprozessordnung und zum Gerichtsverfassungsgesetz mit Einführungsgesetz, herausgegeben von Gerd Pfeiffer, 5. Auflage, München 2003.

Keller, Christoph: Der Einsatz technischer Mittel außerhalb von Wohnungen zu repressiven Zwecken, Kriminalistik 2006, 537-543.

Kindhäuser, Urs: Strafprozessrecht, 1. Auflage, Baden-Baden 2006.

Kinzig, Jörg: Die rechtliche Bewältigung von Erscheinungsformen organisierter Kriminalität, Berlin 2004.

Knape, Michael/
Kiworr, Ulrich: Allgemeines Polizei- und Ordnungsrecht für Berlin, 9. Auflage, Hilden 2006.

Kniesel, Michael/
Vahle, Jürgen: Polizeiliche Informationsverarbeitung und Datenschutz im künftigen Polizeirecht: Kommentierung der einschlägigen Bestimmungen des Vorentwurfs zur Änderung des ME PolG, Heidelberg 1990.

Kniesel, Michael/
Vahle, Jürgen: VE ME PolG, Musterentwurf eines einheitlichen Polizeigesetzes in der Fassung des Vorentwurfs zur Änderung des ME PolG – Text und amtliche Begründung, Heidelberg 1990.

Koch, Martin: Datenerhebung und –verarbeitung in den Polizeigesetzen der Länder, Baden-Baden 1999.

Koch, Martin: Datenerhebung in oder aus Wohnungen nach der Neufassung des Art. 13 GG, DuD 1999, 451-457.

Kötter, Matthias: Novellierung der präventiven Wohnraumüberwachung? – Konsequenzen aus der Lauschangriff-Entscheidung des BVerfG-, DÖV 2005, 225-234.

Krey, Volker: Zeugenschutz, Rasterfahndung, Lauschangriff, Verdeckte Ermittler –Kritische Stellungnahme zu den strafprozessualen Reformvorschlägen im Gesetzentwurf des Bundesrates zur Bekämpfung des illegalen Rauschgifthandels und anderer Erscheinungsformen der Organisierten Kriminalität (OrgKG)-, JR 1992, 309-315.

Kühne, Hans-Heiner: Strafprozessrecht – Eine systematische Darstellung des deutschen und europäischen Strafverfahrensrechts, 7. Auflage, Heidelberg 2007.

Lamnek, Siegfried: Qualitative Sozialforschung, Band 2 Methoden und Techniken, 3. Auflage Weinheim 1995.

Lange, Nicole: Staatsanwaltliche Vorermittlungen – ohne rechtliche Grundlage? Deutsche Richterzeitung 2002, 264-273.

Lange, Nicole: Vorermittlungen. Die Behandlung des staatsanwaltlichen Vorermittlungsverfahrens unter besonderer Berücksichtigung von Abgeordneten, Politikern und Prominenten, Frankfurt am Main 1999.

Lersch, Roland: Der Entwurf für ein „neues“ BKA-Gesetz, Kriminalistik 1995, 179-185.

Lisken, Hans/
Denninger, Erhard: Handbuch des Polizeirechts, 4. Auflage, München 2007.

LKA NRW:
>http://www1.polizei-nrw.de/lka/stepone/data/downloads/85/00/00/lagebild_ok_2005.pdf < abgerufen am 19.11.2007.

Löwe/
Rosenberg: Die Strafprozeßordnung und das Gerichtsverfassungsgesetz: StPO Dritter Band §§ 137- 212b, herausgegeben von Peter Rieß, 25. Auflage, Berlin 2004.

Marxen, Klaus: Straftatsystem und Strafprozess, Berlin 1984.

Meyer-Goßner, Lutz: Strafprozessordnung, 50. Auflage, München 2007.

Pfeiffer, Gerd: Karlsruher Kommentar zur Strafprozessordnung und zum Gerichtsverfassungsgesetz mit Einführungsgesetz, 5. Auflage München 2003.

Podolsky, Johann: Wahrnehmung, Ermittlung und Verfolgung neuerer Kriminalitätsformen in Deutschland
Analyse von Problemen des Einsatzes klassischer polizeilicher Ermittlungsmethoden, mit Blick auf die Notwendigkeit und Rechtmäßigkeit des Einsatzes von Verdeckten Ermittlern und V-Personen, Stuttgart 1995.

Pütter, Norbert: Der OK-Komplex: Organisierte Kriminalität und ihre Folgen für die Polizei in Deutschland, Münster 1998.

Rachor, Frederik: Vorbeugende Straftatenbekämpfung und Kriminalakten: zur Aufbewahrung und Verwendung von Informationen aus Strafverfahren durch die Polizei, Baden-Baden 1989.

Ranft, Otfried: Strafprozessrecht, 3. Auflage Stuttgart 2005.

Ratzel, Max-Peter/
Brisach, Carl-Ernst/
Soiné, Michael: Die Kontrolle der Organisierten Kriminalität durch das BKA
Zum Aufgabenverständnis und den gesetzlichen Regelungen nach dem BKAG
Kriminalistik 2001, 530-538.

Roggan, Frederik: Über das Verschwimmen von Grenzen zwischen Polizei- und Strafprozessrecht – ein Beitrag zur rechtspolitischen Diskussion-, KritV 98, 336-353.

Rudolph, Bernd: Antizipierte Strafverfolgung, Köln 2005.

Schaefer, Hans Christoph: Verhältnis von Staatsanwaltschaft und Polizei Gibt es eine Machtverschiebung zum Nachteil der Staatsanwaltschaft?, Kriminalistik 2004, 753-755.

Schenke, Wolfgang-Rüdiger: Polizei- und Ordnungsrecht, 5. Auflage, Heidelberg 2007.

Scheuch, Erwin K.: Das Interview in der Sozialforschung, in: Handbuch der empirischen Sozialforschung Band 2: Grundlegende Methoden und Techniken Erster Teil, herausgegeben von René König, 3. Auflage Stuttgart 1973, 66-190.

Schmidbauer, Wilhelm/
Steiner, Udo: Bayerisches Polizeiaufgabengesetz und Polizeiorganisationsgesetz, Kommentar, 2. Auflage München 2006.

Schmidt, Rolf: Bremisches Polizeigesetz. Kommentar, 1. Auflage, Grasberg bei Bremen 2006.

Schwemer, Holger/
Heinze, Arne: Hamburger SOG, Hamburg 2005.

Seel, Lothar: Die präventiv-polizeiliche Rasterfahndung -Bestandsaufnahme, Problemfelder und Lösungswege-, Die Polizei 2002, 192-202.

Sielaff, Wolfgang: Vorbeugung und Bekämpfung der organisierten Kriminalität aus Sicht einer Sicherheitsbehörde, in: Organisierte Kriminalität: Lagebilder und Erscheinungsformen Bekämpfung und rechtliche Bewältigung, herausgegeben von Christoph Mayenhofer und Jörg-Martin Jehle, Heidelberg 1996, 149-155.

Soiné, Michael: Proaktive Strategien zur Bekämpfung krimineller Strukturen Zentrale, fallübergreifende Auswertung von Akten und Dateien über personenbezogene Daten im Rahmen sogenannter Vor(feld)- bzw. Strukturermittlungen de lege lata, de lege ferenda, Kriminalistik 1997, 252-262.

Staats, Johann-Friedrich: Zur Aufgabenzuweisung in den Polizeigesetzen, DÖV 1979, 155-162.

Stümper, Alfred: Prävention und Repression als überholte Unterscheidung?, Kriminalistik 1975, 49-50.

Systematischer Kommentar zur Strafprozessordnung und zum Gerichtsverfassungsgesetz: herausgegeben von Hans Joachim Rudolphi, Jürgen Wolter, Neuwied, Loseblattsammlung; Stand 2007.

Tegtmeyer, Henning/
Vahle, Jürgen: Polizeigesetz Nordrhein-Westfalen, 9. Auflage, Stuttgart 2004.

Vassilaki, Irini E.: Telekommunikationsüberwachung – Eine Darstellung der aktuellen Rechtsfragen, RDV 2004, 11-15.

Wagner, Norbert: Verfahrensmanagement in komplexen Ermittlungsverfahren, Kriminalistik 2005, 152-155.

Wagner, Norbert/
Boberg, Martin/
Beckmann, Uwe: Analyse zum Gefährdungspotential Organisierter Kriminalität Denken auf Vorrat – die Beschäftigung mit der Zukunft,
Kriminalistik 2005, 85-91.

Weber, Klaus: BtMG Kommentar, 2. Auflage München 2003.

Weigand, Herbert/
Büchler, Heinz: Ermittlungs- und Sanktionserfolge der OK-Ermittlungen in Baden-Württemberg, Stuttgart 2002.

Weßlau, Edda: Vorfeldermittlungen
Probleme der Legalisierung „vorbeugender Verbrechensbekämpfung" aus strafprozessrechtlicher Sicht, Berlin 1989.

Zipf, Heinz: Kriminalpolitische Überlegungen zum Legalitätsprinzip, in: Festschrift für Karl Peters zum 70. Geburtstag, herausgegeben von Jürgen Baumann und Klaus Tiedemann,
Tübingen 1974, 487-502.

Regensburger Beiträge zum Staats- und Verwaltungsrecht

Herausgegeben von Gerrit Manssen

Band 1 Simone Maria Koitek: Windenergieanlagen in der Raumordnung. 2005.

Band 2 Barbara Reil: Reformüberlegungen zur Richtervorlage. Beitrag zur Funktionenverteilung zwischen Bundesverfassungsgericht und Fachgerichtsbarkeiten bei der Kontrolle des parlamentarischen Gesetzgebers. 2005.

Band 3 André Zorger: Der Beirat für Stadtgestaltung der Stadt Regensburg. Eine Untersuchung zur baurechtlichen und kommunalrechtlichen Zulässigkeit. 2005.

Band 4 Gerrit Manssen / Boguslaw Banaszak (Hrsg.): Religionsfreiheit in Mittel- und Osteuropa zwischen Tradition und Europäisierung. 2006.

Band 5 Markus Tändler: Umweltprüfung und Umweltkontrolle in der Bauleitplanung. Eine Bewertung aus juristischer und kommunalpraktischer Sicht. 2006.

Band 6 Christian Bartsch: Vorbeugender Hochwasserschutz im Recht der Raumordnung und Landesplanung. 2007.

Band 7 Anja Rösch: Das A-Modell im Bundesautobahnbau. Bau, Erhaltung, Betrieb und Finanzierung von Bundesautobahnabschnitten durch Private und Refinanzierung auf Grundlage der Autobahnmaut. 2008.

Band 8 Tanja Böhm: Nicht gemeldete erlaubnispflichtige Schusswaffen in Bayern. Eine empirische Untersuchung unter Sportschützen und Jägern. 2007.

Band 9 Gerrit Manssen (Hrsg.): Die Finanzierung von politischen Parteien in Europa. Bestandsaufnahme und europäische Perspektive. 2008.

Band 10 Stefan Diemer: Die Verantwortlichkeit der Organe öffentlich-rechtlicher Wettbewerbsversicherungsanstalten. Eine Darstellung unter besonderer Berücksichtigung der Versicherungskammer Bayern Versicherungsanstalt des öffentlichen Rechts. 2008.

Band 11 Martin Denecke: Das Selbstgestaltungsrecht der Gemeinde im baulichen Bereich. 2009.

Band 12 Albert J. Schmid: Die Eignung als Zugangskriterium für ein öffentliches Amt unter besonderer Berücksichtigung des Fragerechts des Dienstherren. 2009.

Band 13 Gerrit Manssen (Hrsg.): Die verfassungsrechtlich garantierte Stellung der Abgeordneten in den Ländern Mittel- und Osteuropas. 2009.

Band 14 Benedikt Grünewald: Die Betonung des Verfahrensgedankens im deutschen Verwaltungsrecht durch das Gemeinschaftsrecht. 2010.

Band 15 Marion Robl: Das beschleunigte Verfahren für Bebauungspläne der Innenentwicklung. Ein Aspekt des Innenstadtentwicklungsgesetztes („BauGB 2007“). 2010.

Band 16 Ines Jahnes: Initiativermittlungen im Bereich der Organisierten Kriminalität. 2010.

www.peterlang.de